ENZYKLOPÄDIE
DEUTSCHER
GESCHICHTE
BAND 90

ENZYKLOPÄDIE
DEUTSCHER
GESCHICHTE
BAND 90

HERAUSGEGEBEN VON
LOTHAR GALL

DIE KIRCHLICHE KRISE DES SPÄT-MITTELALTERS

SCHISMA, KONZILIARISMUS UND KONZILIEN

VON

HERIBERT MÜLLER

OLDENBOURG VERLAG
MÜNCHEN 2012

Bibliografische Information der Deutschen Nationalbibliothek

Die Deutsche Nationalbibliothek verzeichnet diese Publikation in der Deutschen Nationalbibliografie; detaillierte bibliografische Daten sind im Internet über <http://dnb.d-nb.de> abrufbar.

Rosenheimer Straße 145, D-81671 München
Internet: oldenbourg-verlag.de

Umschlagentwurf: Dieter Vollendorf
Titelbild: Konzil von Konstanz, aus: Chronik des Ulrich von Richental
Satz: le-tex publishing services, Leipzig
Druck und Bindung: Grafik+Druck GmbH, München

Dieses Papier ist alterungsbeständig nach DIN/ISO 9706.

ISBN 978-3-486-55864-7
eISBN 978-3-486-71350-3

Vorwort

Die „Enzyklopädie deutscher Geschichte“ soll für die Benutzer – Fachhistoriker, Studenten, Geschichtslehrer, Vertreter benachbarter Disziplinen und interessierte Laien – ein Arbeitsinstrument sein, mit dessen Hilfe sie sich rasch und zuverlässig über den gegenwärtigen Stand unserer Kenntnisse und der Forschung in den verschiedenen Bereichen der deutschen Geschichte informieren können.

Geschichte wird dabei in einem umfassenden Sinne verstanden: Der Geschichte der Gesellschaft, der Wirtschaft, des Staates in seinen inneren und äußeren Verhältnissen wird ebenso ein großes Gewicht beigemessen wie der Geschichte der Religion und der Kirche, der Kultur, der Lebenswelten und der Mentalitäten.

Dieses umfassende Verständnis von Geschichte muss immer wieder Prozesse und Tendenzen einbeziehen, die säkularer Natur sind, nationale und einzelstaatliche Grenzen übergreifen. Ihm entspricht eine eher pragmatische Bestimmung des Begriffs „deutsche Geschichte“. Sie orientiert sich sehr bewusst an der jeweiligen zeitgenössischen Auffassung und Definition des Begriffs und sucht ihn von daher zugleich von programmatischen Rückprojektionen zu entlasten, die seine Verwendung in den letzten anderthalb Jahrhunderten immer wieder begleiteten. Was damit an Unschärfen und Problemen, vor allem hinsichtlich des diachronen Vergleichs, verbunden ist, steht in keinem Verhältnis zu den Schwierigkeiten, die sich bei dem Versuch einer zeitübergreifenden Festlegung ergäben, die stets nur mehr oder weniger willkürlicher Art sein könnte. Das heißt freilich nicht, dass der Begriff „deutsche Geschichte“ unreflektiert gebraucht werden kann. Eine der Aufgaben der einzelnen Bände ist es vielmehr, den Bereich der Darstellung auch geographisch jeweils genau zu bestimmen.

Das Gesamtwerk wird am Ende rund hundert Bände umfassen. Sie folgen alle einem gleichen Gliederungsschema und sind mit Blick auf die Konzeption der Reihe und die Bedürfnisse des Benutzers in ihrem Umfang jeweils streng begrenzt. Das zwingt vor allem im darstellenden Teil, der den heutigen Stand unserer Kenntnisse auf knappstem Raum zusammenfasst – ihm schließen sich die Darlegung und Erörterung der Forschungssituation und eine entsprechend gegliederte Auswahlbibliographie an –, zu starker Konzentration und zur Beschränkung auf die zentralen Vorgänge und Entwicklungen. Besonderes Gewicht ist daneben, unter Betonung des systematischen Zusammenhangs, auf die Abstimmung der einzelnen Bände untereinander, in sachlicher Hinsicht, aber auch im Hinblick auf die übergreifenden Fragestellungen, gelegt worden. Aus dem Gesamtwerk lassen sich so auch immer einzelne, den jeweiligen Benutzer besonders interessierende Serien zusammenstellen. Ungeachtet dessen aber bildet jeder Band eine in sich abgeschlossene Einheit – unter der persönlichen Verantwortung des Autors und in völliger Eigenständigkeit gegenüber den benachbarten und verwandten Bänden, auch was den Zeitpunkt des Erscheinens angeht.

Lothar Gall

Inhalt

Vorwort des Verfassers

Einmal mehr gilt, was die Autoren dieser Reihe in ihren Vorworten immer wieder zum Ausdruck bringen: Hart war die Vorgabe rigoroser Konzentration und Beschränkung, Lücken und Ausfälle haben sie zur Folge. Zwar mag hier der präzisierende Untertitel auf gewisse Begrenzung und Überschaubarkeit deuten, doch erforderte die kirchliche Thematik wiederum Ausgriffe weit über den deutschen Rahmen hinaus – von beidem wird in der Einleitung die Rede sein – , und nicht zuletzt blieben gerade in den letzten Jahren merklich intensivere Forschungsaktivitäten zu berücksichtigen. Nach einem nicht zuletzt durch das II. Vaticanum mitbedingten ersten Aufschwung in den 60er und 70er Jahren des letzten Jahrhunderts, der sich in einer Fülle vor allem theologisch, ekklesiologisch und strikt kirchengeschichtlich ausgerichteter Literatur niederschlug, wird das Thema nunmehr verstärkt unter – uns besonders interessierenden – allgemeingeschichtlichen Aspekten behandelt. Solcher Zugang etwa zu den Konzilien des 15. Jahrhunderts als polyvalenten historischen Phänomenen ist wesentlich Erich Meuthen zu verdanken: Ihm, dem Lehrer, dessen Stimme in der Wissenschaft aufgrund schwerer Krankheit seit einem Jahrzehnt verstummt ist, sei dieses Buch in Dankbarkeit gewidmet.

Dank schulde ich auch all jenen, die sich über Jahre in Geduld und Zutrauen geübt haben, als neben den zeitraubenden Widrigkeiten heutigen Hochschullehrerdaseins vor allem die Verpflichtung auf besagt rigorose Beschränkung dem Abschluss entgegenstand: In Kürzung und Kürze liegt die Verzögerung mitbegründet. Vor allem ist hier Lothar Gall zu nennen, der mir weit mehr als Hauptherausgeber war, wie ich mich im Übrigen der ‚alten' Frankfurter Kollegenschaft fachlich und menschlich verbunden weiß. Auch Otto Gerhard Oexle als der für diesen Band zuständige, stetig mahnende und mit Kürzungsvorschlägen aufwartende Mitherausgeber sowie Gabriele Jaroschka sind anzuführen, die wohl nicht mehr so recht an die Ablieferung des Manuskripts glaubte, dieses aber, einmal vorgelegt, sogleich sorgfältig und umsichtig lektorierte.

Danken darf ich des weiteren einmal mehr Gabriele Annas, hat sie doch – reichstagsaktenerprobt sich auf Register aller Arten verstehend

– auch hier trotz eigener Verpflichtungen helfend mit Hand angelegt. Solche Hilfsbereitschaft zeichnet ebenfalls den langjährigen Freund Johannes Helmrath aus; der Band zeigt, so hoffe ich, wieviel die Forschung zum Thema ihm zu verdanken hat. Jenes Geben, Nehmen und Helfen, es ist uns Dreien nicht zuletzt selbstverständlich, weil wir es immer wieder bei Erich Meuthen erfahren haben – und wir versuchen, es weiterzugeben. Ein Echo darauf mag jene vielfältige wissenschaftliche und praktische Unterstützung sein, die ich durch die Mitarbeiterinnen und Mitarbeiter an meiner Frankfurter Professur erfahren habe; stellvertretend für sie seien Jessika Nowak und Christina Weitzel bedankt.

Nochmals zu Lücken und Ausfällen: Insbesondere bei Lektüre der Passagen zur Spätphase von Konzil und Konziliarismus wird man sie unschwer entdecken. Angesichts von Kürzungen und Streichungen gerade in diesem Bereich mag der Hinweis auf einen in Druck gehenden Band mit den Beiträgen zu einem Kolloquium „Das Ende des konziliaren Zeitalters (1440–1450)“ angebracht sein, das im Juni 2010 am Münchner Historischen Kolleg stattfand. Denn dies erlaubt am Ende den Dank des Unterzeichnenden an eine Institution, die ihm abseits der Hektik des universitären Alltags ermöglichte, letzte Hand an dieses Buch zu legen.

Frankfurt am Main, im Juli 2011 Heribert Müller

I. Enzyklopädischer Überblick

1. Einleitung: Krise des Spätmittelalters? – Krise der Kirche

Krise – beginnt das Buch gleich mit einem unangebrachten, ja falschen Begriff? Denn zweifellos ist die These von der Krise des Spätmittelalters seit längerem ihrerseits in der Krise, und wohl kaum ein Kenner der Materie dürfte sich heute noch ohne Wenn und Aber zu ihr bekennen, was im besonderen für deutsche Mittelalterhistoriker gilt. Dabei war hierzulande noch bis in die zweite Hälfte des 20. Jahrhunderts die Geschichte des Reichs in jener Epoche meist als eine beschrieben und beklagt worden, die nach früh- und hochmittelalterlicher Kaiserherrlichkeit mit dem Untergang der Staufer in Verfall und Auflösung versank oder bestenfalls in Stagnation und Bedeutungslosigkeit verharrte. Und zu solch düsterem Bild vom „Herbst des Mittelalters" und von Spätzeit trug die ansonsten nicht gerade im Interessenfokus traditioneller deutscher Mediävistik stehende Sozial- und Wirtschaftsgeschichte ihrerseits dunkle Komplemente, ja Grundierungen bei: Sie wies auf Klimaverschlechterungen, Naturkatastrophen und Missernten im früheren 14. Jahrhundert hin, auf das um die Mitte dieses Saeculums einsetzende große Sterben einer davon ohnehin geschwächten Bevölkerung infolge der großen Pest und deren Folgewellen, sie argumentierte mit der hieraus resultierenden Agrarkrise bzw. -depression, in marxistischer Sicht gar Auslöser einer Krise des Feudalismus, die wiederum mit Absatzproblemen und in der Folge mit großflächigem Aufgeben von Siedel- und Kulturland verbunden war. Adel, Bürger und Bauern revoltierten; der Hundertjährige Krieg wütete in Frankreich, doch er war beileibe nicht der einzige im gewalterschütterten Europa der Zeit. Und als um 1370/80 die letzten großen Monarchen starben, traten schwache oder kranke Nachfolger ihr Erbe an – wie im Reich, wo die rheinischen Kurfürsten schließlich Karls IV. Sohn Wenzel 1400 absetzten. Und waren Geißlerzüge und Judenverfolgungen, waren das Aufflammen von apokalyptisch-eschatologischen Vorstellungen, von Prophetien

Traditionelle Sicht: – Ein dunkler Herbst des Mittelalters

– Eine existentielle Katastrophe

und magischen Praktiken nicht charakteristische Manifestationen einer tiefgreifenden, existentiellen Kastastrophe?

Solches Bild des Jammers und Elends hat indes in den letzten Jahrzehnten – einhergehend mit einer positiveren Neubewertung des spätmittelalterlichen Reichs als einer Ordnung sui generis – erhebliche Korrekturen erfahren, da zum einen Regional- und Lokalstudien Thesen wie die einer allgemeinen Agrarkrise stark in Frage stellten und zum anderen die positiven Effekte der Krise akzentuiert wurden, indem man sie, gemäß dem weiteren Bedeutungshorizont des griechischen Begriffs Krisis und dessen Rezeption durch die medizinischen und ökonomischen Wissenschaften, nunmehr vornehmlich als klärendes Stadium des Durchgangs und des Scheidens hin auf eine Entscheidung interpretierte und von einer seitens der Betroffenen zwar als bedrohlich empfundenen, so doch strukturell zukunftsträchtigen Entwicklungs- und Anpassungskrise sprach. Wer im Niedergang schon Zeichen des Aufstiegs und im Veränderungsdruck auch den Fortschrittsfaktor erkennt, wer also Max Frisch zustimmt: „Krise ist ein produktiver Zustand, man muss ihm nur den Beigeschmack der Katastrophe nehmen“, der mag einer Interpretation des 14. und teilweise des 15. Jahrhunderts unter dem Vorzeichen einer „Dynamik durch Schrumpfung“ einen gewissen Charme abgewinnen.

Produktive Entwicklungs- und Anpassungskrise

Vor allem jedoch führte die späte, dafür aber umso stärkere Fokussierung der deutschen Mediävistik auf das Spätmittelalter zu einer in Breite wie Tiefe höchst intensiven Quellenerschließung, die von scheinbar festgegründeten Eindeutigkeiten vielfach abrücken ließ und stattdessen historische Phänomene differenzierender und nuancierender zu erfassen suchte. Francis Rapp konnte über eine sich so als immer facettenreicher, damit aber auch immer widersprüchlicher darbietende Epoche treffend bemerken: „son originalité véritable, c’est sa diversité“. Potenzierten sich an einem Ort geradezu die Krisenfaktoren, so traf andernorts das Gegenteil zu. Weit ausgreifende Synthesen wurden mit fortschreitenden mikrohistorischen Befunddichten immer obsoleter. Solch quellengesättigte Relativierung dürfte einer komplex-komplizierten historischen Realität gerechter werden, deren offensichtliche Kennzeichen Fülle, Zwiespalt, Widerspruch und vor allem verwirrende Unübersichtlichkeit waren.

Ein neues Bild vom Spätmittelalter: Differenzierung und Nuancierung

Bedürfnis nach Versicherung: *Quaerere securitatem*

Denn sie und eine daraus resultierende Verunsicherung, ja Orientierungslosigkeit scheinen – wohlgemerkt nur partiell, indes vielfach belegt – ein dominantes Lebensgefühl in damaliger Zeit gewesen zu sein. *Quaerere securitatem* aus einem Gefühl gesteigerter Sensibilität für Bedrohung und Verlust, das machte mit dem Pariser

Universitätskanzler Jean Gerson einer der führenden Geister der Epoche auch als bestimmendes religiöses Movens an der Wende des 14./15. Jahrhunderts aus. Wer aber nach Versicherung in unsicheren Zeiten suchte, nahm in der Regel Zuflucht bei jener Institution, die sich auf Erden als einzige Mittlerin himmlischen Heils anbot und damit auch als einzige den Menschen in seiner Totalität erfasste: der Kirche. Wenn Frömmigkeit zwischen Exzess und Kontemplation damals ungekannte Intensität erreichte, gründet dies sicherlich mit darin, dass das Elend menschlicher Existenz und die Angst vor einem jähen Tod noch stärker und unbarmherziger als ohnehin erfahren wurden, da einander folgende und sich kumulierende Katastrophen festgefügt-altvertraute Ordnungen zerbrechen ließen und zu einem identitätsbedrohenden Verlust der Mitte führten. Die Welt schien aus den Fugen geraten, ohne dass die Zeitgenossen um die tieferen Gründe solcher Unordnung oder gar um deren mögliche Zusammenhänge hätten wissen können – Unkenntnis aber wird, im Verein mit umherschwirrenden Gerüchten, wiederum Gefühle der Lähmung und dumpfen Ausgeliefertseins befördert haben. Und wie sollte man angesichts solcher Ohnmacht, angesichts der Beständigkeit allein des Unbeständigen noch Vertrauen in die Zukunft haben? Denn strafte Gott nicht die Seinen? Eine Pastorale der Angst mochte Tod, Teufel und ewige Verdammnis beschwören – zumal die Bedrohungen ja auch zu Reaktionen ungehemmt-exzessiven Diesseitsgenusses führten –, doch niemand konnte sagen, wie es denn nun konkret weiterzugehen habe, so man angesichts breit ausgemalter apokalyptischer Schreckensszenarien überhaupt an ein „Weiter“ glaubte. Aller Differenzierung und Relativierung zum Trotz, mit welch anderem Begriff als dem der Krise, genauer: einer Bewusstseins-, Sinn- und Ordnungskrise, sollte man benennen, was sich im dunklen Bannkreis von Not, Verlust und Schwarzem Tod tat? Damit handelt es sich um die wohl tiefstgreifende Form der Krise, bewirkten eine abnorme Intensität und Dauer einander obendrein potenzierender Fehlfunktionen doch, dass sie sich fest in den Köpfen der Betroffenen einnistete. A propos Köpfe: Väter der „Krise des Spätmittelalters“ mögen in der Tat Historiker gewesen sein, die von den Erfahrungen ihres eigenen krisengeschüttelten 20. Jahrhunderts geprägt waren, allein deren ausschließliche Kopfgeburt war sie wohl kaum. Wer ein gewisses Grundvertrauen in historisches Arbeiten und Urteilen auf Basis besagter Quellenerschließung und Differenzierung hat, dürfte im fernen Spiegel Spätmittelalter nicht nur die Vertreter des eigenen Fachs wiedererkennen.

Bewusstseins-, Sinn- und Ordnungskrise

Was aber, wenn die einzig wegweisende Institution ausfiel, wenn die alternativlose letzte Instanz Kirche selbst in tiefer Krise befangen war, wenn sie sogar weniger Teil des Problems war als vielmehr dafür ursächlich Mitverantwortung trug, wenn aus ihr selbst vielstimmige Klage über einen völligen Ruin ertönte, begleitet von steter, bis zur Topik erstarrter Forderung nach umfassender Reform; ja wenn die Diskrepanz zwischen den an sie gerichteten Erwartungen und deren chronisch defizitärer Erfüllung unüberwindbar wurde, weil die Antwort auf weit verbreitetes Verlangen nach Einfachheit und Klarheit nicht Reduktion, sondern eher noch Ausweitung ohnehin wuchernder Komplexität hieß? (Fast möchte man das Habermassche Modell der Legitimationskrise bemühen, allein bis auf wenige Außenseiter stellte aber kein Zeitgenosse bei aller Kritik an kirchlichen Zuständen und Personen die Legitimität der Institution als Monopolistin des Heils in Frage.) Auch hier hat eine ältere deutsche Geschichtsschreibung – diesmal vornehmlich protestantischer Provenienz, dann aber durchaus auch unter katholischer Beteiligung – ein besonders dunkles, von Reformunwilligkeit und -unfähigkeit bestimmtes Bild sich krisenhaft zuspitzender Missstände gezeichnet, das erst der Blitz- und Befreiungsschlag Reformation wieder in hellem Glanz erstrahlen ließ: Von der *deformatio* zur *reformatio*; nur aus solcher Perspektive schien deutsche Geschichte wieder interessant. Allein auch international führen zahlreiche Studien zur Kirche des Spätmittelalters – und zwar ältere wie neuere – das Wort Krise im Titel, und selbst Skeptiker, die generell von der „etwas altersschwach gewordene(n) These von der Krise des Spätmittelalters“ reden, glauben aus ihrer „überaus fruchtbaren Konkursmasse“ zumindest ein Faktum festhalten zu können: „Wenn es eine Krise gab, dann ist sie primär eine Krise der Kirche“ (J. Helmrath) – gerade hier ist der Begriff also angebracht und richtig.

Die Krise des Spätmittelalters – eine vorrangig kirchliche

Mit speziellem Blick auf das Reich mag man krisenhafte Verwerfungen auch aus einer Kurienferne erwachsen sehen, die auf Grund der Auseinandersetzungen Kaiser Friedrichs II. und Ludwigs d. Bayern mit dem Papsttum bereits im 13. und früheren 14. Jahrhundert ihren Anfang nahm; unter gesamtkirchlichem Aspekt – und diesen gilt es beim Thema Kirche auch im Rahmen deutscher Geschichte aus sachlichem Gebot vorrangig zu berücksichtigen – sind mit den Stichworten „Avignon“ und „Großes Schisma“ sicher die generell wichtigsten Krisenmomente benannt. Mit jenem verbinden sich tieferliegende strukturelle Gründe, mit diesem der offene Ausbruch einer Krise, das Evidentwerden einer „Dekomposition“, die in den folgenden Jahrzehnten aber auch in der Tat produktive neue Energien freisetzte: Konziliare Theorien und ihre praktische Umsetzung auf allgemeinen Konzilien, deren wichtigste zu Konstanz (1414–1418) und Basel (1431–1449) im Reich

Eine Reaktion: Konziliare Theorien und Reformversuche

tagten und dort entsprechende Sog- und Strahlkraft entfalteten, schienen die Möglichkeit zu eröffnen, die Kirchenverfassung „systemimmanent" durch die Akzentuierung korporativ-kollegialer Elemente auf eine breitere, konsensgeleitete Partizipationsbasis zu überführen und damit auch dringlich-überfällige Reformen ins Werk zu setzen. Von diesen krisenerwachsenen Aktivitäten handelt das Buch, und es handelt – samt einem kurzen Ausblick bis ins frühe 16. Jahrhundert – nur davon: Die Thematik erweist sich als weit gespannt und von eigenem Gewicht. Jene Geschichte des kirchlichen Alltags, der Frömmigkeitspraktiken vor Ort wird nur insoweit berücksichtigt, als diese von den „großen" Entwicklungen und Entscheidungen unmittelbar betroffen waren.

2. Das große abendländische Schisma (1378–1417)

2.1 Ausbruch und Perpetuierung des Schismas – Mächte und Obödienzen – Das Reich in der römischen Obödienz

Schon seit dem 13. Jahrhundert hatte sich die Kirche von ihrer Leitungsebene her zu einer zunehmend anordnenden und einfordernden Rechts- und Finanzinstitution entwickelt; sie formte ein Profil aus, das dann im Zeitalter des avignonesischen Papsttums (1309–1376) unter dem Vorzeichen eines verstärkten Zentralismus ungeachtet aller, teilweise gar von Päpsten selbst inspirierter Reformversuche quantitativ wie qualitativ entscheidende Ausprägung erfahren sollte. Lässt dieser Prozess aus der Rückschau – etwa mit Blick auf die Genese des von Administration und Schriftlichkeit bestimmten modernen Staats – durchaus auch zukunftsweisende Tendenzen erkennen, so bot für die betroffenen Zeitgenossen, die in einer durch Pest, Krieg und Not unsicher gewordenen Welt eben nach Versicherung im Heil verlangten, die Kurie an der Rhone indes das Bild eines Apparats, dessen Angehörige dieses Heil auf einem florierenden Markt für Geistliches vornehmlich als einträgliches Heilsgeschäft verstanden und dafür unablässig neue Ressourcen zu erschließen bemüht waren. Denn es galt ja ebendiesen, Hofhalt und Repräsentation wie Klientel- und Nepotenförderung umfassenden Apparat sowie des weiteren auch kostspielige politische und militärische Unternehmungen zu finanzieren, wobei aber zwei Faktoren beachtet sein wollen: Zum einen wurde solch kurialer Pfründenmarkt wesentlich durch entsprechende Nachfrage befördert; Avignon reagierte also (auch) auf Druck von außen. Zum anderen fand all dies in einer sich sprunghaft ausweitenden Überlieferung von Registern und Kam-

Avignonesisches Papsttum

merakten seinen Niederschlag, was wiederum nicht ohne Einwirkung auf moderne historische Bewertungen blieb.

Unter jenen Unternehmungen erwiesen sich die beiden großen Legationen des kastilischen Kardinals Gil Albornoz 1353–1357 und 1358–1367 als ebenso teuer wie erfolgreich. Mit außerordentlichem militärischen und organisatorischen Geschick restituierte er dem Papsttum das weitgehend abgegangene *Patrimonium Petri,* so dass schließlich Gregor XI. 1376/77 realisieren konnte, wozu ein Kaiser Karl IV. und Petrarca, eine Brigitta von Schweden und Katharina von Siena seine Vorgänger und ihn gedrängt hatten: Die unter solch zunehmendem Erwartungsdruck und zugleich aus eigenem Entschluss zustande gekommene Rückkehr zu den Apostelgräbern sollte jedoch anders als erwartet und erhofft ausfallen; Rom wie weite Teile des Kirchenstaats standen nämlich im offenen Aufruhr gegen ein Regiment und dessen Administratoren, die sich nach Jahrzehnten der Residenz im Schatten der französischen Krone vornehmlich eben aus Franzosen rekrutierten. Zudem war der Papst mit einer vielschichtigen Staatenwelt Italiens konfrontiert, in der man gegen eine befürchtete Ausdehnung französischer Macht Stellung bezog.

Rückkehr Gregors XI. in den Kirchenstaat

Nach Gregors XI. Tod am 27.III.1378 dominierten diese Faktoren auch die anstehende Papstwahl, zu der sich am 8. April 16 Kardinäle, darunter 12 Franzosen, versammelten. Denn mit dem unter tumultuarischen Umständen gewählten Italiener Bartolomeo Prignano, Erzbischof von Bari und Leiter der Kanzlei Gregors XI., gab sich die nach Jahrzehnten päpstlicher Absenz einen Römer als Nachfolger verlangende Volksmenge, die vor St. Peter zusammengekommen und alsbald in das Konklave eingedrungen war, schließlich zufrieden; der französischen Majorität im Kolleg mochte er wegen seiner Herkunft aus dem Neapel der Anjou tragbar erscheinen. Als Urban VI. fand Prignano in den ersten Wochen seines Pontifikats offensichtlich allgemeine Anerkennung – dies erweisen zeitgenössische Korrespondenzen ebenso wie die Ersuchen seiner Wähler um Gnaden und Privilegien.

Erhebungen Urbans VI. und Clemens' VII.

Wenn die französischen Kardinäle indes im August 1378 die Wahl nachträglich für ungültig, da von den Römern erzwungen erklärten, Anathem und Absetzung aussprachen und am 20.IX. ihrerseits den mit König Karl V. von Frankreich verwandten Kardinal Robert von Genf als Papst Clemens VII. erhoben, dann resultierte dies zum einen aus Urbans unerbittlichem Konfrontationskurs gegen die eigenen Wähler, deren Lebensstil und Verfehlungen der nie ins Kardinalat Aufgestiegene derart schroff und verletzend attackierte, dass gegen ihn, den Selbstüberheblichen und Starrsinnigen, zudem der Vorwurf der – im

Ausbruch des Schismas

Kirchenrecht allerdings nicht eindeutig definierten – Amtsunfähigkeit (*incapacitas*) laut wurde. Zum anderen manifestierten sich hier sowohl der Gegensatz zwischen italienischem Papsttum – unter den von Urban VI. am 18. September ernannten 25 Kardinälen waren die weitaus meisten Italiener – und einem bis dahin französisch beherrschten Kardinalskolleg als natürlich auch allgemein die Aus- und Nachwirkungen der von Frankreich dominierten Epoche des avignonesischen Papsttums, das die französischen Purpurträger nunmehr mit allen Mitteln in einem von ihnen kontrollierten Kirchenstaat fortzusetzen trachteten.

Obödienzen unter politischen Vorzeichen

Damit aber verlagerte sich die im Übrigen kaum eindeutig entscheidbare Legitimitätsdiskussion schon sehr bald von der kirchenrechtlichen auf die politische Ebene: Insbesondere Fronten und Koalitionen des Hundertjährigen Kriegs bestimmten die Obödienzen beider Prätendenten. Clemens VII. konnte sich ungeachtet einer zunächst abwartend-distanzierten, aber zunehmend unter Druck des französischen Hofs geratenden Pariser Universität auf das unter Karl V. wiedererstarkte Frankreich stützen. Das wiederum bedeutete Urbans Anerkennung in England mit Auswirkungen auch auf Irland und das – zunächst schwankende – Portugal, derweil Frankreichs Bundesgenossen Schottland und seit 1381 Kastilien wie auch später die Königreiche von Aragón und Navarra Clemens VII. anhingen. Die meisten italienischen Staaten wiederum folgten Urban VI., insbesondere dessen Heimat, das Königreich Neapel. Doch wirkten sich auch die wissenschaftliche Reputation der Universität Bologna und die moralische Autorität einer Katharina von Siena ebenso wie die Furcht vor französischer Herrschaft über Italien und die von Petrarca inspirierte Distanz italienischer Humanisten gegenüber Paris als Hort scholastischer Tradition mit zu Urbans Gunsten aus. Wenn zudem der größte Teil des Reichs samt dessen nördlichen und östlichen Nachbarn seiner Obödienz angehörte, so gründete dies in der Entschlossenheit des alten Kaisers Karl IV., ungeachtet seiner engen, noch zu Beginn des Jahres 1378 durch eine Reise nach Paris dokumentierten Bindungen an Frankreich, eine weitere Vorherrschaft der Franzosen an der Kirchenspitze nicht mehr hinzunehmen, sowie vor allem in Urbans Bereitschaft, dem Wunsch des Luxemburgers entsprechend dessen Sohn Wenzel als Nachfolger im römisch-deutschen Königtum zu approbieren. Darob erklärte sich dieser wiederum 1379 mit rheinischen Kurfürsten im „Urbansbund" für den römischen Pontifex: Ob Hundertjähriger Krieg oder deutsche Thronfolge, politische Konstellationen und Interessen dominierten also von Beginn allenthalben ein Schisma, das gemeinhin „groß" genannt wird, doch dies allein mit Blick auf seine vierzigjährige Dauer war.

Das Reich in der römischen Obödienz

Allerdings bedeutete der deutsche Entscheid für Urban keineswegs die Rückkehr zu jenen intensiven (wenn auch oft spannungsvollen) Beziehungen zwischen Reich und Rom des frühen und hohen Mittelalters; deutsche Stimmen waren am Papsthof relativ selten zu hören. Denn die schon mit den späten Staufern einsetzende und verstärkt seit dem Zerwürfnis Ludwigs des Bayern mit dem avignonesischen Papsttum zu konstatierende Kurienferne hatte weiterhin Bestand, wenn auch etwas gemindert, da es manchen Deutschen – insbesondere aus den für die Papstfinanz wichtigen Kirchenprovinzen Köln und Mainz – durchaus gelang, nach dem Weggang französischer Bediensteter freigewordene Stellen vor allem in niederen Kollegien wie denen der Skriptoren und Abbreviatoren zu erlangen bzw. zu kaufen. Doch stützte Urban VI. sein Regiment vornehmlich auf Männer seiner Heimat; eine Entwicklung, die unter seinem gleichfalls aus Neapel kommenden Nachfolger Bonifaz IX. schließlich zu einem sich eng verwoben über die Kurie spannenden Personalnetz neapolitanischer Familienclans führte.

Kurienferne der Deutschen im Spätmittelalter

Profile der Kurien Urbans VI. und Clemens' VII.

Größere Qualität und Effizienz eignete hingegen der vor allem dank traditionell hoher französischer Zahlungen ungleich besser ausgestatteten Kurie zu Avignon, wohin Clemens VII. 1379 übersiedelte, nachdem der Versuch gescheitert war, sich mit Hilfe Ludwigs von Anjou in Italien durchzusetzen. Mit dem neuen Papst hatten auch viele erfahrene Amtsträger zur nach wie vor voll funktionsfähigen Residenz an der Rhone zurückgefunden, und die Berufung des aus einer Vasallenfamilie der Grafen von Genf stammenden François de Conzié zum apostolischen Kämmerer und Generalvikar vor Ort erwies sich als außerordentlich erfolgreich; seine hohe Kompetenz ließ ihn für Jahrzehnte zum unentbehrlichen Partner für Päpste und Könige werden. Rom seinerseits versuchte in der Folge, die durch das Schisma bedingten finanziellen Einbußen u. a. mit der Einführung alsbald schon inflationärer *ad instar*-Plenarablässe sowie einer Steigerung von Reservationen und Exspektanzen auszugleichen.

Vereinzelte anfängliche Anerkennung Clemens' VII. im Reich

Eine gewisse Bedeutung hatte diese alt-neue Kurie zu Avignon ungeachtet der noch von Karl IV. vorgezeichneten Linie zunächst auch im Reich: Geld, Gnaden und die Aussicht auf landesfürstliche Kirchenherrschaft ließen den Habsburger Leopold III. von Österreich Clemens VII. anerkennen; in diesem Umfeld wurden auch einige geistliche Fürsten wie Salzburg, Brixen, Chur, Basel, Straßburg und ebenso weltliche Herren und Städte wie etwa Württemberg, Baden oder Freiburg zeitweise zu clementinischen Parteigängern oder sie verstanden sich auf einträgliche Schaukelpolitik, doch konnte es darüber wie etwa 1384 im Bistum Konstanz zur Spaltung kommen. Nach Leopolds Tod 1386 in der

Schlacht von Sempach gegen die Eidgenossen brach aber für Avignon dieser ohnehin fragile Vorposten weg. Damals war auch der generell geringe Anteil an Deutschen in den Supplikenregistern dieses Papstes – im ersten Jahr seines Pontifikats belief er sich auf 4,5 % – schon erheblich gesunken, um nach 1388 kaum mehr als 1 % zu betragen.

Obödienzproblematik im Westen des Reichs

Etwas anders stellt sich indes die Lage in den Gebieten im äußersten Westen des Reichs dar: Hier, im heutigen niederländisch-belgischen, nord- und ostfranzösischen Raum, war die Grenze der Obödienzen oft fließend, hier konnte sie durch Fürstentümer, Städte, Klöster und Stifte, ja einzelne Familien hindurchgehen und selbst das akademische Leben spalten; hier häuften sich Doppelbesetzungen geistlicher Stellen, und allzuoft entschied weltliche Gewalt, wer vor Ort für Christi Sache amten durfte. Doch noch öfter verstand man sich auf pragmatisches Arrangement, das nicht zuletzt auch einem mit dem 13./14. Jahrhundert einsetzenden Vordringen französischen Einflusses Rechnung trug: So tat man von der urbanistischen Metropolitankirche Trier aus offensichtlich wenig gegen die clementinische Dominanz in den Suffraganbistümern Metz, Toul und Verdun, und in Cambrai nahm man bei generellem Vorwalten der avignonesischen Obödienz die römische Gefolgschaft in den flandrischen Teilen der Diözese ebenso wie frühe Neutralitätstendenzen etwa in Brüssel oder Antwerpen einfach zur Kenntnis, wie es auch in Straßburg gegenüber einigen wenigen Anhängern Clemens' VII. geschah. Wer sich wie der aus Preußen stammende Wanderprediger Johannes Malkaw hier oder später auch in Köln als fanatischer Kämpfer gegen vermeintliche Gefahren für die römische Obödienz gerierte, landete gar selbst vor dem Inquisitor; besser war eben für alle Beteiligten, man arrangierte sich. Der weitaus größte Teil des Reichs folgte – wie gesagt – Rom. Dies galt auch für die Universitäten, deren Gründung bzw. Reorganisation in jenen Jahren wesentliche Impulse durch deutsche Gelehrte wie Heinrich von Langenstein oder Konrad von Gelnhausen und Marsilius von Inghen erhielt, die sich angesichts des Parteienstreits an ihrer Pariser Hochschule nach Wien und Heidelberg begaben.

Gewalt und Arrangement

Absenz des Schismas im kirchlichen Alltag vor Ort

Im kirchlichen und religiösen Alltag war das Schisma kaum präsent, hier stieß es auf Gleichgültigkeit und Lethargie, solange alles seinen gewohnten Gang nahm, und die große Spaltung die kleine Welt vor Ort nicht traf. Die Verhängung von Exkommunikation und Interdikt über Gefolgsleute und Gebiete des Gegners schien durch häufigen Ge- und Missbrauch zur ohnehin stumpfen Waffe geworden; vor allem aber ließ sie sich in so geschlossen ‚römischem' Gebiet wie dem Reich vom gegnerischen Papst gar nicht durchsetzen: Nur wenn es wirklich keinen Priester mehr gegeben hätte, der Messen las, Sakramente spendete und Tote bestattete, wenn mithin das Seelenheil in Gefahr gewesen wäre, dann erst hätte das Schisma bedrohliche Wirkkraft vor Ort entfaltet. Grund zu Klagen indes gaben die unter Urbans Nachfolger Bonifaz IX. (1389–1404) weiter intensivierten Bemühungen um Einnahmen, die den Konstanzer Bischof Markward von Randegg ihm schreiben ließen, es heiße in Deutschland, er giere nach Gold und presse die Welt und besonders eben die Deutschen aus und damit auch deren früheste Christen, die braven Alemannen.

Wenzel und Ruprecht: Thronstreit und Schisma

Doch konnte sich Bonifaz IX. sowohl der Gefolgschaft Wenzels als auch des gegen diesen im August 1400 von den rheinischen Kurfürsten zum römischen König erhobenen Ruprecht von der Pfalz sicher sein. Indes waren diese Herrscher lediglich auf Wahrung der römischen Obödienz bedacht, derweil Karl VI. von Frankreich und dessen königliche Verwandte immer wieder und nicht zuletzt auch im Reich für aktive Fürsteninterventionen zur Beendigung des Schismas werbend auf den Plan traten. Schon 1394 hatten der Königshof und die Pariser Universität versucht, die sofortige Wahl eines Nachfolgers für den am 16.IX. verstorbenen Clemens VII. zu unterbinden. Der dennoch in

Benedikt XIII.

Avignon als Benedikt XIII. erhobene Pedro de Luna war als Kardinal zwar durchaus um die Wiederherstellung der Einheit bemüht gewesen und hatte dies im Konklave auch durch eine entsprechende Verpflichtung unterstrichen. Sein bald aber schon deutlich werdendes Festhalten am Papat – gegründet in tiefer Überzeugung des Kanonisten, einzig rechtmäßiger Nachfolger Petri zu sein – verhärtete sich noch angesichts starker Tendenzen an Hof und Hochschule zu Paris, dem Schisma auf dem Wege totalen Obödienzentzugs und anschließender Deposition der Päpste durch die im Konzil vereinte Kirche ein Ende zu bereiten. Eine Reihe in Paris seit 1395 zusammentretender Klerusversammlungen beratschlagte über diese Materie; im Juli 1398 hatte der Wortführer der Substraktionspartei, der im Dienst des Herzogs von Berry emporgestiegene lateinische Titularpatriarch von Alexandrien, Simon de Cramaud, schließlich sein Ziel erreicht, worauf sich auch einige Bistümer und Städte im Westen des Reichs – teilweise, wie in Cambrai, auf französische Einwirkung hin – für neutral erklärten. In der Folge sollten mehrere Gesandtschaften ins Reich, an denen u. a. Cramaud selbst beteiligt war,

Versuchte französische Einflussnahmen auf die Haltung des Reichs

dort König und Fürsten überzeugen, ihrerseits auf die *via substractionis* einzuschwenken. Man wusste aber im Reich, dass eine mächtige Hofpartei, die des königlichen Bruders Ludwig von Orléans, ganz andere Ziele als die Substraktion anstrebte, plante dieser mit einer Mailänderin verheiratete Herzog doch, im Verein mit Benedikt XIII. nach Italien auszugreifen, und eine neue Pariser Synode 1403 zeigte denn auch, dass der Entscheid von 1398 keineswegs endgültig war.

In das Pariser Macht- und Ränkespiel zwischen Orléans und dessen Gegner Burgund aber wollte man sich im Reich nicht hineinziehen lassen; umgekehrt hielten die beiden königlichen Prinzen trotz gewisser Präferenzen für Wenzel (Orléans) bzw. Ruprecht (Burgund) im Thronstreit Distanz. Dies aber hatte zur Folge, dass auch die Obödienzen unverändert blieben, ja im Reich durch den Pfälzer wegen seines Strebens nach Anerkennung seitens Bonifaz' IX. sowie aufgrund seiner Romzug- und Italienpläne sogar noch schärferes Profil erhielten. Entscheidende Bewegung in die ebenfalls im gesamteuropäischen Rahmen weitgehend erstarrten und durch die Wahl zweier neuer Päpste römischer Obödienz, Innozenz' VII. (1404) und Gregors XII. (1406), eher noch vertieften Fronten aber brachten einmal mehr Ereignisse in Paris: Dort waren um die Jahreswende 1406/07 und im Herbst 1408 weitere Synoden zusammengetreten, deren Teilnehmer unter vorwaltendem Einfluss von Universität und Parlament die angeblichen alten *libertates ecclesiae gallicanae* einforderten. Daraufhin sprach der Hof eine Neutralitätserklärung aus, was die Synodalen wiederum mit Beschlüssen konkreter Maßnahmen zur Errichtung einer Landeskirche begleiteten. Dies aber zeitigte weite Wirkung, zumal damals der Machtkampf der Herzöge am 23.XI.1407 mit der Ermordung Ludwigs von Orléans durch Männer des Johann Ohnefurcht von Burgund sein vorläufiges Ende gefunden zu haben schien und Benedikt XIII. damit seines mächtigsten Protektors verlustig gegangen war. Erst jetzt in dieser Lage zeigte er sich bereit, die *via conventionis* oder *compromissi* in Erwägung zu ziehen, indes zum in Aussicht gestellten Treffen mit Gregor XII. in Savona kam es nicht. Dazu trugen großes Misstrauen im Verein mit tiefer Überzeugung der Rechtmäßigkeit allein der eigenen Position ebenso wie politische Aktionen italienischer Mächte und Frankreichs bei.

Ruprecht und Bonifaz IX.

Folgen der Pariser Synoden und der Ermordung des Herzogs von Orléans

Dies ließ wiederum die Mehrzahl der Kardinäle beider Obödienzen im August/September 1408 ein Konzil nach Pisa einberufen, unter Rekurs auf die kanonistische Lehre, im Notstand devolviere das Berufungsrecht auf sie bzw. den Kaiser, doch geschah dies nicht zuletzt auch aus Furcht, das französische Beispiel von Substraktion und Neutralität könne Nachahmer finden und sie ihrer Existenzgrundlage berauben. Hierfür umwarben sie in der Vorbereitungsphase Könige, Fürsten und Republiken und räumten dabei auch erstmals Universitätsabsolventen das Recht der Teilnahme ein, die ihr Vorgehen mit fachlicher Autorität fundieren und begleiten sollten. Ob ihnen aber auch etwa jener Bürger aus Florenz, so sie denn überhaupt von ihm wussten, zu denken gab,

Einberufung eines Konzils durch Kardinäle beider Obödienzen

der noch zu Beginn jenes Jahres in der Ratsversammlung vorgebracht hatte, er wünsche sich zum Wohle der Stadt zwölf Päpste, und man solle in der Konzilssache keine Aktivitäten entwickeln? In jedem Fall dürfte eine solche, die Situation allein zu eigenem Vorteil ausnutzende Haltung weiter verbreitet gewesen sein, als es die schriftliche Überlieferung spiegelt, und sie gehört darum ebenso in das vielfältige Spektrum zeitgenössischer Reaktionen auf das Große Schisma wie die 1429, also noch viel später getroffene Äußerung des Prokurators des Deutschen Ordens in Rom, ein Schisma käme den Orden politisch günstiger als selbst ein diesem wohl gesonnener Papst zu stehen.

2.2 Theoretische Lösungsversuche: Der Konziliarismus

Das Konzil von Pisa war also der Versuch einer Beilegung des Schismas *via concilii*, nachdem sich alle anderen Wege – es wurden ihrer bis zu 32 gezählt – als ungangbar erwiesen hatten, da für sie eine konstruktive, die Möglichkeit eigener Abdankung einschließende Haltung beider Papstprätendenten erforderlich gewesen wäre. Erst deren sich perpetuierende Verweigerung ließ manch namhaften Theologen und Kirchenrechtler der Zeit, der diesen Weg des Konzils zunächst keineswegs favorisiert hatte, ihn immer mehr als theologisch legitimierte und kanonistisch fundierte Möglichkeit ins Kalkül ziehen.

An dieser Stelle gilt es nun, jene Theorien, welche die *via concilii* juristisch und theologisch begründeten, im systematischen, die gesamte hier zur Debatte stehende Epoche, also auch die Zeit der Konzilien von Konstanz und Basel einschließenden Kurzüberblick darzustellen, wobei zu berücksichtigen bleibt, dass jenseits aller prinzipiellen und theoretischen Erwägungen die Konzilslösung auch immer wieder aus konkreten Interessen ins Spiel gebracht wurde. Gerade die Haltung der Kardinäle 1408 dürfte von handfesten Opportunitäten mitbestimmt gewesen sein.

Kollegial-korporative Traditionen in der Kirche

In der Einberufung eines Konzils durch die Majorität beider Kardinalskollegien manifestierte sich nun gleich doppelt jenes kollegial-korporative Prinzip, das seit den Tagen des Apostelkonzils in der Kirche stets seinen Platz hatte, ja deren zweites Fundament bildete, das indes neben dem monarchischen seit dem Aufstieg des Papsttums im Hochmittelalter und dessen die *plenitudo potestatis* betonenden Amtsverständnisses sowie angesichts der in solchem Geist zwischen 1123 und 1215 im Lateran gefeierten „Papstkonzilien" zunehmend an Wirkkraft verlor. So nimmt es kaum wunder, dass in der mit dem großen Schisma ausbrechenden und sich zu bislang ungekannter Intensität verdichtenden Diskussion um dessen Liquidation durch ein allgemeines Konzil solche Erwägungen schon bald insbesondere von päpstlicher Seite als Ausfluss häretischen Gedankenguts eines Wilhelm von Ockham und Marsilius von Padua gebrandmarkt wurden – ein Urteil, das vor allem von der katholischen Geschichtsschreibung bis weit ins 20. Jahrhundert fortgeschrieben werden sollte.

Wilhelm v. Ockham und Marsilius v. Padua: Väter des Konziliarismus?

Mögen beide Autoren auch gewissen Einfluss auf die Ausbildung konziliarer Theorien genommen haben, so griffen die „Konziliaristen" doch zuvörderst auf innerkirchliches Traditionsgut zurück, wie es vor allem bei den – aufs Ganze eher „papalistisch" eingestellten – Dekretisten und Dekretalisten des 12. und 13. Jahrhunderts seinen Niederschlag gefunden hatte (und teilweise wiederum von Ockham und Marsilius rezipiert wurde). Als folgenschwer erwies sich in diesem Kontext ein Satz aus dem *Decretum Gratiani*, dass der Papst von niemandem gerichtet werden dürfe, außer er falle vom Glauben ab (*nisi a fide devius;* D.40, c.6). Dann aber war er ein Häretiker, und ebendies galt, so schon die *Summa Decreti* des Rufinus († um 1192), auch für den Fall hartnäckigen Verharrens im Schisma. Solchen Nachweis zu führen und dem gelungenen Nachweis die Absetzung des Papstes folgen zu lassen, sei, so hieß es zunächst beiläufig, dann aber deutlich unter Hinweis auf das Wohl der Gesamtkirche bei Johannes von Paris (Jean Quidort, † 1306), Aufgabe des Konzils. Dessen Autorität wurde zudem biblisch mit dem Verweis auf Mt. 18,20: *Ubi enim sunt duo vel tres congregati in nomine meo, ibi sum in medio eorum* fundiert und erhielt weitere Wirkkraft durch den wohl erstmals von dem Dekretisten Huguccio († 1210) vorgenommenen Rekurs auf einen Satz aus dem römischen Privatrecht: *Quod omnes tangit, ab omnibus tractari et approbari debet* (Dig. 5, 59, 5, § 2). Sodann trugen dazu im folgenden wesentlich auf der Rechtsfigur der *persona ficta* basierende Vorstellungen von Juristen des 14. Jahrhunderts bei, wonach ein allgemeines Konzil die Gesamtkirche repräsentiere und die *congregatio fidelium* im Konsens abbilde, während deren Leiter nicht mit unumschränkter Gewaltenfülle, sondern nur als beauftragter und rechenschaftpflichtiger *minister* regieren dürfe. Ein so verstandenes Haupt (*caput*) bilde mit den Gliedern (*membra*) die organische Einheit der Gesamtkirche (*ecclesia universalis*). Und mit der Übertragung einer auf dem Repräsentationsgedanken beruhenden Korporationstheorie auf die sich im Generalkonzil abbildende Gesamtkirche wurden recht eigentlich die Fundamente des Konziliarismus gelegt, während die früheren Kanonisten lediglich punktuelle Möglichkeiten aufgezeigt hatten, wie überhaupt die Generalsynode einen wohlgemerkt nur nachgeordneten Platz in einem hochmittelalterlichen Kirchenrecht einnimmt, das sich natürlich auch ganz in päpstlichem Sinne einsetzen ließ.

Rekurs auf innerkirchliches Traditionsgut: Kirchenrecht des Hochmittelalters

Das allgemeine Konzil als Repräsentanz der Gesamtkirche

Wilhelm Durandus d. Jüngere

Hinzu kam nun eine auf dem Konzil von Vienne (1311/12) propagierte, aus Reformanliegen inspirierte Forderung des Bischofs Wilhelm Durandus d. Jüngeren von Mende († 1330), Generalsynoden im regelmäßigen Abstand von zehn Jahren einzuberufen. Das alles, ja selbst der im Übrigen schon bei Papst Gregor d. Großen begegnende Grundsatz *orbis maior est urbe*, dass der Erdkreis größer als die Stadt sei, d. h. in Glaubensdingen die Gesamtkirche über Rom stehe, bedeutete aber zunächst wohlgemerkt keine Kampfansage an das Papsttum, das seinerseits nicht müde wurde, auf Mt.16,18 hinzuweisen: *tu es Petrus, et super hanc petram aedificabo ecclesiam meam.* Konziliaristen verstanden sich als „systemimmanente" Reformer, wollten alte christliche Traditionen wiederbeleben; ihnen ging es grundsätzlich um ein Austarieren der Gewaltenfülle beider höchster kirchlicher Repräsentanzen, wobei das konsensuale Miteinander zwischen Papst und Konzil und nicht etwa die Superiorität eines über Schismapäpste richtenden Generalkonzils natürlich als Regelfall galt.

Selbstverständnis der Konziliaristen als „systemimmanenter" Reformer

In der sich perpetuierenden Ausnahmesituation des großen Schismas gewannen nun diese bislang eher schlummernden Ideen unvorhersehbare Aktualität, ja entwickelten geradezu explosive Wirkkraft, da man sich auf den Ausnahmefall, die Bewältigung eines *aktuellen* Notstands *via concilii*, konzentrieren musste und ebendies nunmehr zunehmend mit dem Gedanken einer *grundsätzlichen* Überordnung des Generalkonzils über das – in seiner Existenz nicht angezweifelte, aber „konstitutionell" zu begrenzende – Papsttum verknüpfte. Von einer einsträngigen Entwicklung kann dabei indes ebenso wenig die Rede sein wie von einem geschlossenen Lehrgebäude des Konziliarismus, dessen einziges Thema die Grundfrage der Gewichtung der beiden höchsten Kirchengewalten gewesen sei. Denn schon bald galt es sich auf den Konzilien von Konstanz und Basel zusätzlich der Vorstellungen eines Wiclif und Hus von einer Geistkirche der Auserwählten durch die Betonung der hierarchischen Verfasstheit der Institution Kirche zu erwehren, die andererseits nach Vorstellung der nunmehr an zwei Fronten um eine Ekklesiologie ringenden Väter aber eben nicht mehr am Leitbild päpstlicher Oberherrschaft ausgerichtet sein sollte. Wiclif und Hus wollten eine gänzlich andere Kirche, die Konziliaristen hielten an der bestehenden Institution Kirche fest, wollten deren Gewalten indes anders gewichtet wissen.

Ausformung des Konziliarismus im großen Schisma

Breite und Unterschiede der Lehren von der konziliaren Superiorität

Das Gesamtbild ist, bei genereller Betonung der Oberhoheit des ökumenischen Konzils über den Papst, dabei höchst vielschichtig und zeigt im einzelnen unterschiedlichste Nuancen: Von der Frage etwa, wem die Berufung einer Generalsynode im Schisma zustehe, bis hin zu der des Kreises der Einzuladenden divergieren die Autoren; namhafte Konziliaristen integrierten durchaus papalistische Positionen in ihre Traktate, derweil Papalisten konziliares Gedankengut rezipierten. Die Debatte fand eben vornehmlich unter differenzierenden Intellektuellen statt, unter Universitätsgelehrten von Paris bis Krakau und von St. Andrews bis Padua, wobei die französische Alma Mater immer noch als Vorort der Hochschultheologie galt.

Die erste Generation: Langenstein und Gelnhausen

Hier, in Paris, waren es in der Frühphase des Schismas vor allem zwei aus dem Hessischen stammende Professoren, der Theologe Heinrich von Langenstein († 1397) und der Kirchenrechtler Konrad von Gelnhausen († 1390), die um 1380 prokonziliare Positionen verfochten. Man mag ihre Traktate als erste der – im Vergleich mit Werken von Franzosen, Italienern und später auch Spaniern – aufs Ganze nicht sehr zahlreichen deutschen Beiträge zum Thema werten, allein beide schrieben vorrangig als Mitglieder einer internationalen Gelehrtenkommunität und obendrein in einer französischen Hauptstadt, wo mit dem Übergang des Königtums auf den noch unmündigen Karl VI. die Regierung der Prinzen seit 1380 großen Druck auf die Hochschule ausübte, sich zugunsten Clemens' VII. zu positionieren.

Beide Autoren, die angesichts solcher Pression Paris verließen und ihre akademische Karriere in Wien (Langenstein) bzw. Heidelberg (Gelnhausen) und damit in urbanistischer Obödienz fortsetzten, verwiesen – unbeschadet erheblicher Unterschiede im einzelnen – gemeinsam auf die Gültigkeit des *Quod omnes tangit*-Prinzips in der Ausnahmesituation eines Schismas, das sich zudem mit Hilfe des auf den Normalfall abhebenden Rechts nicht beseitigen lasse. Deshalb sei der Grundsatz der Epikie in Anwendung zu bringen: Nach aristotelisch-scholastischer Anschauung konnte ein vom Recht nicht erfasstes außergewöhnliches Einzelproblem mit außergewöhnlichen Maßnahmen, indes unter steter Beachtung des Prinzips der Billigkeit, einer Lösung zugeführt werden. Solcher Epieikeia, *aequitas*, genüge jetzt im Schisma das Generalkonzil; ein Gedanke, der in Verbindung mit der vor allem von Langenstein betonten Notwendigkeit von Konzilien für eine Kirchenreform fortan in der Diskussion bleiben sollte.

Epikie

Dieser Rekurs auf das allgemeine Konzil nahm in der Folge aufgrund der Hoffnung, andere Wege seien einfacher und erfolgversprechender als die *via concilii*, indes zunächst eher ab, bis er dann angesichts der Ernüchterung ob der Fortdauer des Schismas seit der Jahrhundertwende erneut an Intensität gewann. Mit dem Pariser Universitätskanzler und späteren Kardinal Pierre d'Ailly († 1420), mit dessen Schüler und Nachfolger Jean Gerson († 1429) und dem Padua-

Die zweite Generation: d'Ailly, Gerson, Zabarella

ner Kirchenrechtler Francesco Zabarella († 1417), seit 1411 Kardinal wie d'Ailly, erreichte sie gar einen Höhepunkt: Eine zweite Generation, schon mit der Krise des Schismas aufgewachsen, trug das Ihrige dazu bei, die Theorien fortzuentwickeln und dann in Pisa und Konstanz praktischer Erprobung und Bewährung zu unterziehen. Ohne hier die jeweiligen persönlichen Profile nachzeichnen zu können, sei nur darauf hingewiesen, dass d'Ailly noch als Gefolgsmann Benedikts XIII. 1402/03 in seinem *Tractatus de materia concilii* schon über den Nutzen eines Konzils, allerdings nur innerhalb der avignonesischen Obödienz, handelte und dies im Anschluss an Langenstein mit der Reformthematik verknüpfte, derweil Gerson aufgrund seines von Pseudo-Dionysius geprägten Denkens abgestufter Einheit die Kirche als *corpus mysticum* ansah, das von hierarchischer Ordnung bestimmt sei und seine Repräsentanz in einem Generalkonzil finde, welches seine Gewalt direkt von Gott herleite und deshalb – mit allen Folgen für den Lehrprimat – unfehlbar sei. Während der die Epikie stark betonende Gerson als bibelorientierter Theologe argumentierte, fasste Zabarella als wohl renommiertester Kanonist seiner Zeit in *De Scismate* (um 1403) die konziliaren Elemente im Kirchenrecht zu einem korporationsrechtlich akzentuierten Ganzen zusammen: Die irrtumslose Gesamtkirche – eine Körperschaft, deren erster Diener der Papst sei – bilde sich im Generalkonzil ab; bei diesem finde sich die *plenitudo potestatis* „gleichsam im Fundament und im Papst gleichsam als erstem Vollstrecker". Gemeinsam ist allen dreien ein eher konservativer Grundton, ein Wille zur Veränderung innerhalb eines Systems, dem sich insbesondere d'Ailly und Zabarella als Kardinäle verpflichtet wussten, was auch ihre Haltung in Konstanz gegenüber der Dekretierung von *Haec Sancta* bestimmt haben mag.

Dietrich von Niem

Einen deutschen Akzent in dieser Sache setzte der aus dem westfälischen Brakel stammende Dietrich von Nie(hei)m († 1418), der als Amtsträger an der römischen Kurie und seit 1409 an derjenigen der Pisaner Päpste entsprechenden Aktenzugang hatte und auf Grund seines starken Interesses an der Reichsgeschichte in seine dezidierten Reformvorschläge sowohl Kirche als auch Reich einschloss.

Kirchen- und Reichsreform

Erfahrungsgesättigte Kurienkritik, die Verurteilung des päpstlichen Zentralismus verband er mit konkret-detaillierten Reformvorschlägen, die u. a. auf eine Stärkung der episkopalen Befugnisse zielten, wie er den Bischöfen auch neben Kaiser und weltlichen Fürsten ein Recht zur Einberufung allgemeiner Konzilien zusprach, in denen er, so sie denn regelmäßig tagten, ein wirksames Mittel der im Übrigen durch Provinzialsynoden umzusetzenden Reform sah.

Von ihm stammt auch das viel zitierte Dictum, keine hundert Kamele genügten für den Abtransport all der damals die Konzilsmaterie traktierenden Schriften – dies gilt erst recht für die Basler Epoche, beflügelte jener Herbst der konziliaren Ära doch nochmals zahlreiche Autoren in nunmehr dritter Generation. Vieles war zwar in den letzten Jahrzehnten bereits gesagt worden, was Zusammenfassungen nahelegte. Im Fall des Traktats *De superioritate inter concilium et papam* (1434) aus der Feder des Kirchenrechtlers und lateinischen Titularpatriarchen von Antiochien, Jean Mauroux († 1437), wurde daraus eine simplifizierende Handreichung für die offene Konfrontation mit Rom, die Konziliarismus fürs Grobe bot, aber damit – der Verbreitung in über 50 erhaltenen Handschriften nach zu urteilen – die größte Resonanz überhaupt fand. Ein Mauroux ließ zumindest für kurze Zeit die ungleich originäreren (und teilweise noch nicht erschlossenen) Beiträge einer zur Zeit des Basiliense schreibenden Autorenriege in den Hintergrund treten, zu der etwa neben einem Andreas Escobar, Juan González, Gilles Carlier oder Geoffroy de Montchoisi aus dem Reich der Wiener Theologe Thomas Ebendorfer und der – durch seine Lullus-Rezeption seinerseits auf Nikolaus von Kues einwirkende – Löwener Philosoph Heymericus de Campo, der Magdeburger Domherr Heinrich Toke oder auch der papstverbundene Koblenzer Inquisitor Heinrich Kalteisen gehörten.

Die dritte Generation: Basler Konziliaristen

Der Vereinfacher: Jean Mauroux

Stimmen aus dem Reich: Ebendorfer, de Campo, Toke, Kalteisen

Die Basler Spitzenleistungen aber gingen noch weiter; sie brachen jene Begrenzung auf die Superioritätsdiskussion auf und weiteten sich insbesondere aufgrund der damaligen hussitischen Herausforderungen einerseits und päpstlicher Ansprüche andererseits zu einer geschlossenen Lehre von der Kirche: „Von zwei Wetzsteinen geschliffen" (J. Helmrath), entwickelte sich etwa mit dem – schon vom Titel her als Gegenentwurf zu Hussens Werk erkennbaren – *Tractatus de ecclesia* (1437) des aus Kroatien stammenden Pariser Dominikanertheologen Johannes von Ragusa († 1443) eine konziliar akzentuierte Ekklesiologie, die wiederum sein Ordensgenosse Johannes von Torquemada († 1468) mit der papalistisch grundierten, indes auch konziliare Elemente integrierenden *Summa de ecclesia* beantwortete: Vernunft wie Heiliger Schrift entspreche der gottgewollte monarchische Papat, der allerdings nicht von der Notwendigkeit – nachgeordneter – Konzilien enthebe, welche indes kein Instrument für Notfälle seien, da auf diese das Kardinalskolleg rascher reagieren könne. Torquemada stand für die Position der schließlichen Sieger; dies sollte dem Werk, nicht zuletzt auch durch den Druck, ungleich größere Verbreitung sichern als den meisten prokonziliaren Traktaten und darüber hinaus der katholischen

Johannes v. Ragusa

Der papalistische Gegenpart: Johannes v. Torquemada

Ekklesiologie im konfessionellen Zeitalter einen spanischen Akzent verleihen. Allerdings gründete der Erfolg auch in einer Stringenz und Systematik, die dagegen dem umfangreichen Oeuvre eines Ragusa und besonders eines Johannes von Segovia († 1458) abging, der ebenso lauter wie idealistisch-weltfremd Basler Positionen geradezu idealtypisch vertrat. Dafür mag exemplarisch seine Lehre von der Identitätsrepräsentation stehen, die zur fatalen Gleichsetzung von irrtumslosem Basler Konzil und Gesamtkirche führte, was der Realität einer schrumpfenden Restsynode in den vierziger Jahren natürlich Hohn sprach. (Nach der Liquidation des Basiliense sollte der Desillusionierte in seinem Spätwerk allerdings einen „episkopal gefärbten Konziliarismus" (Th. Prügl) vertreten.)

Johannes von Segovia

Obwohl auf dem Konzil entstanden, ragt vollends die 1434 abgeschlossene *Concordantia catholica* des Nikolaus von Kues († 1464) als erratischer Solitär weit aus der Basler Traktatliteratur heraus. Zwar forderte auch er eine Begrenzung päpstlicher *plenitudo potestatis* und ein Ende des römischen Zentralismus, doch er wollte mehr: Sein Werk ist ein letzter mittelalterlicher Versuch des Entwurfs einer Kirche wie Reich umfassenden universal-christlichen Ordnung aus dem Geist der Eintracht (Konkordanz) von Hierarchie und Konsens. Hier schrieb ein (auch) historisch arbeitender Visionär, der die Auflösung des Gegensatzes von Papst und Konzil vermittelnd bewirken zu können vermeinte, wenn von der Gemeinde an – also unter Einschluss von Laien – stufenweise Repräsentanten bis hinauf in den Papat gewählt würden. Das Konzil steht dabei als Repräsentanz der Gesamtkirche zwar über dem Papst, wird indes von diesem einberufen und kann ohne seine Zustimmung keine Beschlüsse fassen.

Nikolaus v. Kues: *De concordantia catholica*

Angesichts der oft doch eher schmalen Überlieferung dieser Traktate stellt sich aber die Frage nach der Wirkkraft ihrer Autoren. Es handelt sich in erster Linie um Werke einer intellektuellen Elite, mithin eines kleinen Zirkels theologischer und juristischer Gelehrter. Und in dieser ihrerseits die Konzilien in bislang ungekanntem Maße prägenden Welt des Geistes nahmen die Beteiligten, wie sich z. B. bis in entsprechende eigenhändige Vermerke des Cusanus in seinen Handschriften zeigt, einander genau wahr. Nur, von welchem Einfluss war dieser interne Triumph der Theorie auf die eigentlichen Entscheidungsträger, auf Fürsten und Höfe? Sicher, ein Gelnhausen schrieb im Auftrag Karls V. von Frankreich, doch selten kamen Gelehrsamkeit und Macht so zusammen wie bei diesem Monarchen. Ob aber etwa jene Fürsten auf den Reichsversammlungen von Mainz und Frankfurt in den frühen vierziger Jahren des 15. Jahrhunderts, als es um eine Entscheidung für Papst

Einfluss konziliarer Theorien: – Auf die Politik der Zeit

oder Konzil ging, überhaupt willens und fähig waren, den stundenlangen subtilen theologischen Ausführungen eines Johannes von Segovia oder seiner Widersacher auf päpstlicher Seite zu folgen? Oder schickten sie ihre akademisch gebildeten Räte als Hörer vor? Studierte man später in Ruhe die schriftlichen Ausarbeitungen? Das Wort des Realisten Enea Silvio Piccolomini, auch er den damaligen Ereignissen nah, stimmt skeptisch: *Stultus qui putat libellis et codicibus moveri reges*. Fürsten hatten Interessen; im Falle des französischen Königshofs lässt sich nachweisen, dass aller intellektueller und rhetorischer Aufwand von „Papalisten" und „Konziliaristen" vergebens war, weil ein Karl VII. konsequent der von seinem Rat unter Führung seines Beichtvaters Gérard Machet vorgezeichneten Linie der Etablierung einer königlichen Landeskirche folgte.

– Auf das Verfassungsdenken der Neuzeit

Andererseits waren die Ideen in der Welt, und nahe liegt die Frage, ob bzw. inwieweit sie auch auf das spezifisch deutsche Phänomen einer Reichsreform und generell auf das Verfassungsdenken der Neuzeit mit Blick z. B. auf ständische Mitbestimmung und Parlamentarismus eingewirkt haben. Vorsicht scheint indes geboten, mit einer bisweilen allzu euphorischen angelsächsischen Forschung einen Bogen von Gerson unmittelbar zu Grotius zu schlagen oder mit dem konziliaren Gedankengut einen zur Glorious Revolution von 1688 führenden Weg geebnet zu sehen. Aber gewisse Spuren lassen sich schon in den Werken etwa eines John Major, George Buchanan, Jacques Almain oder William Prynne, Richard Hooker und George Lawson im 16./17. Jahrhundert auffinden, so dass durchaus von einem begrenzten Ideentransfer in die Moderne auszugehen ist.

2.3 Von der Theorie zur Praxis: Das Konzil von Pisa (1409) und die pisanische Obödienz im Reich

Konzil v. Pisa 1409

Zur ersten Umsetzung dieser Ideen: zum Konzil der Kardinäle, dem Pisanum. Am 25.III.1409 zusammengetreten, setzte es Benedikt XIII. wie Gregor XII. als der Zitierung vor die Synode Widerstand leistende, verstockte Schismatiker und Häretiker am 5.VI. unter vorheriger Feststellung von Ökumenizität und richterlicher Kompetenz der – weitgehend in den Formen eines Gerichtsverfahrens ablaufenden – Versammlung ab und ließ die Kardinäle einen neuen Papst wählen: das Konzil als Konklave, ein Novum. Mit Alexander V., dem aus dem venezianischen Kreta stammenden Franziskaner Petros Philargi(s), Erzbischof von Mailand und Kardinal, der an den Universitäten von Paris und Pavia einen guten Ruf als Theologe erworben hatte, schien sich

Wahl Alexanders V. – Drei Päpste

das Schisma jedoch angesichts der Weigerung Benedikts wie Gregors, die Deposition zur Kenntnis zu nehmen, nur noch weiter zu vertiefen; aus der „unseligen Zweiheit“ war die „verfluchte Dreiheit“ geworden, die Kirche schien nunmehr ein *monstrum trikephale*. Die Abgesetzten hatten ihrerseits Konzilien einberufen, so schon im November 1408 Benedikt XIII. in das zur Krone Aragón gehörende Perpignan, für Juni 1409 der Venezianer Gregor XII. in das im Einflussbereich seiner Heimatstadt liegende Cividale del Friuli. Selbst wenn es Gründe gibt, Pisa die Ökumenizität abzusprechen – so etwa, weil eigentlich ja die Kardinäle einer Obödienz nicht rechtmäßig sein konnten –, bleibt indes zu berücksichtigen, dass sich dort immerhin zwischen 600 und 800 Teilnehmer aus fast 30 der 50 Kirchenprovinzen der lateinischen Christenheit eingefunden hatten, während Benedikt in Perpignan zur neuerlichen Rechtfertigung seiner Position (*informatio seriosa*) nicht einmal die Hälfte an überdies fast ausschließlich aus den spanischen Königreichen stammenden Vätern um sich scharen konnte und Cividale gar zum völligen Misserfolg wurde: Gregor musste alsbald feststellen, dass sich selbst Venedig der pisanischen Obödienz annäherte, und war am Ende gar gezwungen, aus der Stadt zu fliehen.

Synoden v. Perpignan 1408 und Cividale 1409

Die Anhängerschaft des Pisaner Papstes blieb auch nach dem frühen Tod Alexanders V. und der Wahl Johannes' XXIII. (1410–1415), des schon unter seinem Vorgänger dominierenden Kardinals Baldassare Cossa, die weitaus größte, da sie von Skandinavien bis Portugal und von Irland bis Ungarn reichte. (Wenn der Roncalli-Papst seit 1958 ebenfalls als Johannes XXIII. amtierte, gründet dies in der Festlegung der Kurie des 16./17. Jahrhunderts auf die alleinige Gültigkeit der römischen Obödienz im großen Schisma.) Ohne Zweifel wurde mit dem Konzil von Pisa der „Barrierecharakter“ der bisherigen Obödienzen durchbrochen, schien das unlösbare Legitimationsproblem *via facti* fast geklärt, die endgültige Einheit nur mehr eine Frage der Zeit. Auch im Reich zeichnete sich diese Entwicklung ab. König Ruprecht versuchte dagegen mit Strafmaßnahmen anzugehen, zudem mit theologischen Argumenten des an seiner pfälzischen Landesuniversität Heidelberg lehrenden Konrad Koler von Soest, der mit der antifranzösischen Grundierung seiner ‚Postillen‘ zugleich die politischen Motive solcher Haltung aufscheinen ließ: Nicht ohne Grund befürchtete der Herrscher von dem Pisaner Konzil einen Zuwachs französischer Macht; zudem stützte er als „kleiner“ und nach wie vor in Konkurrenz zu Wenzel stehender Herrscher sein Regiment auf die ihm von Bonifaz IX., also von römischer Seite, erteilte Approbation. Sodann suchte er die auf seinem Territorium gelegenen Kirchen von Worms und Speyer praktisch zu Landesbistümern zu

Johannes XXIII.

Zunahme der pisanischen Obödienz (auch) im Reich

Widerstand Ruprechts

machen; damit zeichnet sich hier episodisch und regional eine gesamteuropäisch grundlegende Entwicklung ab, die ja schon im Frankreich der Zeit zu beobachten war: Fürsten nutzten Krisen der Kirchenspitze zum Auf- und Ausbau landesherrlichen Kirchenregiments. Doch am Ende war kaum mehr als ein Zehntel der Diözesen in der einst im Reich so mächtigen römischen Obödienz verblieben, und sogar hier konnte man nicht mehr von einer Geschlossenheit des Klerus ausgehen, zumal die Metropoliten und Bischöfe ihren eigenen Obödienzentscheid selbst nicht mehr in ihren Kirchen, sondern allenfalls noch in ihren eigenen Hochstiften durchsetzen konnten.

König Sigismund und die Kirchenfrage

Als nun 1410/11 der ungarische Herrscher Sigismund auf Ruprecht im römisch-deutschen Königtum folgte, schlug der Luxemburger in der Kirchenfrage zunächst einen für seine gesamte Herrschaft charakteristischen und wegen der vielfältig an sein Regiment andrängenden Forderungen auch schlicht überlebensnotwendigen Kurs vorsichtig-verbindlicher Offenheit gegenüber den Parteien ein. Damit verfolgte er die Wiederherstellung einer von allen Beteiligten getragenen Einheit, für deren Realisierung ihm ein neuerliches Konzil *vor allen dingen das hoeste, das nutzlichst und das notdurftigst ... bedunckt*. Geschickt nutzte er dabei die inneritalienische Zwangslage des durch den neapolitanischen König Ladislaus aus Rom vertriebenen und in Florenz abgewiesenen Johannes XXIII. aus, da er von ihm die Zustimmung zu einem neuen allgemeinen Konzil in seinem Machtbereich erreichte. Mit den von Johannes entsandten Kardinälen Zabarella und Challant einigte er sich in Como Ende Oktober 1413 auf Konstanz als Tagungsort. Anfang Dezember berief der Papst die Synode auf den 1.XI.1414 an den Bodensee. Auch Sigismund lud seinerseits dorthin, um so den Obödienzen Gregors XII. und Benedikts XIII. eine Teilnahme ohne Preisgabe ihrer Rechtsstandpunkte zu ermöglichen.

Einberufung eines neuen Konzils

3. Das Konzil von Konstanz (1414–1418)

3.1 Zum allgemeinen Profil des Konzils

Konzil v. Konstanz 1414–1418

Mit Konstanz war die Wahl auf einen jener in den Alpenvorräumen gelegenen Orte gefallen, die von Lyon I bis zum Tridentinum die spätmittelalterlich-frühneuzeitliche Konzilslandschaft im allseits gut erreichbaren Schnittpunkt der zentralen Mächte der lateinischen Christenheit bildeten. Der zünftisch beherrschte Rat der damals zwischen 6000 und 8000 Einwohner zählenden, dem König angeblich von einem Grafen aus dem benachbarten Hegau empfohlenen Reichs- und Bischofsstadt scheint die bei einer solchen Großveranstaltung andrängenden Probleme von Unterkunft über Lebensmittel und Preise bis hin zu Sicherheitsmaßnahmen trotz der Klagen eines Oswald von Wolkenstein (*Do ich gedacht an Podemsee, ze stund tet mir der peuttel we*) aufs Ganze recht gut bewältigt zu haben, wobei es sich bei der Versammlung um das bis dahin größte und längstdauernde allgemeine Konzil überhaupt handelte.

Die Stadt zur Zeit des Konzils

Ob bei dem deutschen Kurialkleriker Dietrich von Niem oder italienischen Humanisten, Konstanz hatte eine „gute Presse", allein solch positiver Eindruck mag vor allem durch die von Ulrich Richental, dem Sohn eines Stadtschreibers, um 1420 in einer ersten Fassung vollendete Chronik des Konstanzer Konzils mitbedingt sein. Sie bezieht zum einen aus der lokal-bürgerlichen Sicht auf ein universales Ereignis und aus dessen Illustrationen ihren spezifischen, das Konzilsbild der Nachwelt prägenden Reiz, zum anderen aber sucht der Autor die – auf Zeit zum Mittelpunkt der Welt gewordene und solche Herausforderung aus seiner Sicht bravourös meisternde – Stadt gegen Anschuldigungen in Schutz zu nehmen, das Leben sei hier zu Konzilszeiten gefährlich, teuer und sittenlos gewesen. Zwar hat die seit einigen Jahren an der Konstanzer Hafeneinfahrt steingewordene Erinnerung an die Kurtisane Imperia nur einen fiktiven Hintergrund, nämlich den eines der „Contes drôlatiques" von Balzac, doch weiß der als Quartiermeister wohlunterrichtete Richental selbst von immerhin rund 700 wohl nicht nur von Köchen, Kutschern und sonstigen Bediensteten frequentierten *hipsch frowen* am Ort zu berichten; manche Besucher dürften nach einem viel zitierten Zeugnis des Poggio Bracciolini zudem Badehäuser der Umgebung geschätzt und etliche auch *ein concilium kind* am Ort hinterlassen haben.

Ulrich Richentals Konzilschronik

Als zukunftsträchtig sollte sich Poggios Aufenthalt auf ganz anderem Gebiet erweisen, da mit ihm im Umfeld der Konzilien von Konstanz und dann auch von Basel eine Suche von oft als Kurialen, Sekretären oder Gesandten anreisenden italienischen Humanisten nach Handschriften mit Werken antiker Autoren nördlich der Alpen einsetzte; eine Suche, die in den Klöstern der Region geradezu Züge einer Kampagne annahm. Diese Thematik, die noch Conrad Ferdinand Meyer zu seiner Novelle „Plautus im Nonnenkloster" anregte, gehört in den größeren Kontext der Funktion von Konstanz und später Basel als Bücher- und Kopiermarkt. Beide Synoden bewirkten zwar noch keine unmittelbare Diffusion des Humanismus im Reich, doch antizipierten und propagierten sie künftige kulturelle Tendenzen.

Konzil als Bücher- und Kopiermarkt

Konzil und Humanismus

Abgesehen von seiner damaligen Bedrängnis durch Ladislaus

von Neapel hatte Johannes XXIII. letztlich dem Constantiense in der Hoffnung zugestimmt, auf ihm nunmehr allgemeine und endgültige Anerkennung als Papst zu finden, wobei er insbesondere mit der Unterstützung seiner Landsleute rechnen durfte, die auf der am 5.XI.1414 im Münster eröffneten Versammlung die Mehrheit der Teilnehmer stellten. Ihre Arbeit begann die Synode eigentlich erst, als der von seiner Aachener Krönung herbeigeeilte König am 24.XII. am Bodensee eingetroffen war. Seiner Aufgabe als *advocatus et defensor ecclesiae* bewusst, trat Sigismund fortan auf den Plan; die universale Tradition seines Amtes konnte er allerdings nicht zuletzt deshalb nochmals zur Geltung bringen, weil für England und Frankreich damals eine neue Phase ihres Hundertjährigen Kriegs begann. In der drängendsten Konzilsmaterie, der *causa unionis*, strebte der König im Verbund mit führenden Konzilsvätern, insbesondere dem bischöflichen „Mars-Kreis", alsbald eine Zession aller drei Prätendenten an. Mithin erkannte er deren wichtigstem, Johannes XXIII., keineswegs einen Vorrang zu; einige dem scheinbar widersprechende frühere Gesten und Akte des Entgegenkommens hatten letztlich nur dessen Einwilligung in ein Konzil bezweckt, mit dem König und Papst also fundamental unterschiedliche Absichten verbanden.

Absichten Johannes' XXIII. und Sigismunds

Sigismund Wahrer der universalen Tradition des römisch-deutschen Königtums

Zustatten kam dem Herrscher in solch für ihn ohnehin außergewöhnlich günstiger Situation zudem, dass er in allen Konzilsnationen auf ihm gewogene Anhänger zählen durfte. Solche Aufteilung der Christenheit und der sie repräsentierenden Generalkonzilien in *nationes* war nicht grundsätzlich neu; Ansätze zu einer nach Himmelsrichtungen bzw. an regionaler Differenzierung orientierten Nationseinteilung lassen sich bereits seit dem zweiten Konzil von Lyon (1274) wie zuletzt recht deutlich auch in Pisa feststellen. Ihrerseits ging die Konstanzer Gliederung in vier Nationen – eine italienische, französische, deutsche und englische – auf jene bekannte Extravagante *Vas electionis* Benedikts XII. (1336) zurück, die zunächst nur eine gerechte Aufteilung der kirchlichen Prokurationen bezweckt hatte. Gerade die deutsche Nation mit ihrem Einschluss nord- und osteuropäischer Reiche verdeutlicht, dass hier jedwede moderne Vorstellung von Nation fehl am Platze wäre; hier standen vielmehr die im weitesten Sinne landsmannschaftlichen Organisationseinheiten universitärer *nationes*, allen voran wohl der Pariser Artesfakultät, Pate. Wenn allerdings im späteren Verlauf des Konzils von französischer Seite den Engländern die Qualität einer eigenständigen *natio principalis* abgesprochen wurde und man sie kurzerhand auf den Status einer *natio particularis* innerhalb der deutschen Nation herabgestuft wissen wollte, dann standen dahinter schon

Konzilsnationen

natio principalis – natio particularis

politische Absichten, die wesentlich im damals neu aufgeflammten Hundertjährigen Krieg gründeten, wie auch die Sitz- und Rangstreitigkeiten zwischen Vertretern einzelner Königreiche und Fürstentümer ein sich schärfendes Profil der diversen politischen Potenzen andeuteten.

Besuch und Mitgliederprofil

Konstanz wie Basel waren bezeichnenderweise nicht mehr nur rein kirchliche Versammlungen, sondern eben auch von den Mächten mit Gesandtschaften beschickte europäische Kongresse, wobei für Konstanz, was die Väter selbst anlangt, von mindestens 2300 Teilnehmern auszugehen ist. Die Prälaten waren dabei gegenüber jenen Delegierten und den zahlreichen Prokuratoren kirchlicher Körperschaften sowie der Welt der Gelehrsamkeit in der Minderzahl. Allgemein verbindliche, eindeutige Zulassungskriterien wurden nie formuliert; die Vergabe von Sitz und Stimme blieb den einzelnen Nationen überlassen. Aufs Ganze sollen im Verlauf des Konzils – so eine bei Richental nachgetragene Zahl – gut 70000 Gäste in der Stadt geweilt haben, die sich wesentlich aus den großen Gefolgen von Fürsten und Prälaten rekrutierten: So reiste Sigismund mit 1000, der Mainzer Erzbischof mit über 400, der Salzburger Metropolit mit 360 Personen an.

Aufnahme der Arbeit im Rahmen der Nationen

Als die Arbeit in Gang kam, fasste die Synode den Beschluss künftiger Abstimmung *per nationes* statt *per capita*, wobei jeder Stimmgruppe/Nation, unabhängig von ihrer Größe, nur ein einziges, von ihrem Präsidenten in der *sessio publica* abzugebendes Votum zukam; drei zustimmende Voten waren für die Verkündung eines Beschlusses als Konzilsdekret vonnöten. Jedes Votum resultierte seinerseits aus der nationsinternen Abstimmung, an der sich auch nichtbischöfliche Teilnehmer beteiligen durften. So wurden die Nationen in Konstanz zu den eigentlichen Diskussionsforen. Zunächst einmal manifestierte sich in solcher Ordnung vornehmlich der konkrete Wille zur Abwehr einer Majorisierung durch die italienischen Konzilsväter. Dies musste Johannes XXIII. ebenso Warnzeichen sein wie der von Sigismund im Januar 1415 durchgesetzte Entscheid, Legationen Gregors XII. und Benedikts XIII. in Konstanz ebenfalls als päpstliche Gesandtschaften aufzunehmen. Und vor allem musste er erkennen, dass bei ihm, dem einzigen vor Ort Anwesenden und obendrein wegen seiner Amts- und Lebensführung Verrufenen, die *cessio omnium* ihren Anfang nehmen sollte. Betrieben wurde sie, wie gesagt, vom König im Verein mit führenden Konzilsvätern, die zumeist Mitglieder einer sich zu einer Art „Vordenkergremium" formierenden *congregatio doctorum* waren, welche auch unter der Bezeichnung *facultas theologica* firmierte.

Bedrängnis Johannes' XXIII.

3.2 *Causa unionis: Von der Flucht Johannes' XXIII. bis zur Wahl Martins V./Haec Sancta und Frequens*

Als Johannes XXIII. daraufhin in der Nacht vom 20. auf den 21. März sein Heil in der Flucht nach Schaffhausen zu Herzog Friedrich IV. von Österreich, Sigismunds politischem und persönlichem Gegner, suchte und als er am 23.III. den zu Konstanz weilenden Kurialen unter Androhung des Ämterverlusts sich bei ihm einzufinden befahl, da schlug die Stunde des Jean Gerson. Noch am selben Tag ließ er sich in seiner Predigt *Ambulate dum lucem habetis* über die Grenzen päpstlicher Macht aus: Diese Macht müsse um des Allgemeinwohls der Kirche willen durch das Generalkonzil reguliert und beschränkt werden. Deshalb habe der Papst in der jetzigen Situation auch alle von der Synode vorgeschriebenen Maßnahmen zur Beendigung des Schismas auszuführen, die bis zur eigenen Deposition reichen könnten, denn unauflöslich sei allein der Bund zwischen Kirche und Christus, nicht aber der von Kirche und Papst; mithin schulde dieser gleich jedem anderen Glied der Kirche dem Konzil Gehorsam.

Flucht

Intervention des Jean Gerson

In solch kritischer Situation entfalteten also die im Großen Schisma wesentlich von Vertretern der Universität Paris mitgeprägten konziliaren Lehren in ihrer Gersonschen Spielart unmittelbare Wirkkraft, als es während der nächsten Tage um die Sicherung der weiteren Existenz der Versammlung sowie alsdann um die nunmehr allein *conciliariter* zu lösende Aufgabe der Liquidation des Schismas ging. Dabei anerkannten die Kardinäle, so sie sich nicht zu Johannes XXIII. begeben hatten, dass die Synode zwar auch weiterhin *in sua integritate et auctoritate* gegründet sei, doch lehnten sie in Sorge um die seit dem Scheitern von Pisa ohnehin schwindende Autorität ihres Standes wie auch angesichts möglicher eigener Nachfolge auf dem Stuhle Petri alle über eine Beseitigung des aktuellen Notstandes hinausgehenden und damit generell die Konzilsautorität festigenden Maßnahmen ab, die hingegen von der französischen, deutschen und englischen Nation befürwortet wurden. Als nun bekannt wurde, dass sich Johannes XXIII. inzwischen auf Herzog Friedrichs Veste Laufenburg begeben hatte, womit Rückkehr oder gar Einvernehmen endgültig auszuschließen waren, konnten die Nationen, und in ihnen offenbar die Theologen stärker als die Juristen, ihre weitergehenden Vorstellungen auf der 5. Session am 6.IV.1415 größtenteils mit dem Dekret *Haec Sancta* zur Geltung bringen:

Wirkkraft der konziliaren Lehren

„Diese heilige Synode von Konstanz, die ein Generalkonzil bildet und zum Lob des allmächtigen Gottes im Heiligen Geist rechtmäßig versammelt ist zur Ausrottung des gegenwärtigen Schismas (*praesen-*

Haec Sancta

tis schismatis), zur Verwirklichung der Einheit und Reform der Kirche Gottes an Haupt und Gliedern, ordnet … Folgendes an: Erstens erklärt sie: Die im Heiligen Geist rechtmäßig versammelte [Synode], die ein Generalkonzil bildet und die streitende katholische Kirche repräsentiert, hat ihre Gewalt unmittelbar von Christus. Ihr ist jeder, unabhängig von Stand oder Würde, selbst der päpstlichen (*etiam si papalis existat*), in dem, was den Glauben und die Ausrottung des besagten Schismas und die allgemeine Reform der Kirche Gottes an Haupt und Gliedern betrifft, zum Gehorsam verpflichtet. Zweitens erklärt sie: Jeder – unabhängig von Stellung, Stand und Würde, wäre sie auch päpstlich –, der den Befehlen … dieser heiligen Synode oder jedes weiteren rechtmäßig versammelten Generalkonzils (*huius sacrae synodi et cuiuscumque alterius concilii generalis legitime congregati*), die bezüglich des oben Gesagten oder dazu Gehörenden erlassen sind oder noch erlassen werden, hartnäckig den Gehorsam verweigert, unterliegt, falls er nicht wieder zur Vernunft kommt, der entsprechenden Buße und wird gebührend bestraft, wobei nötigenfalls auch auf andere Rechtsmittel zurückgegriffen wird". Aufgrund ihrer so definierten Autorität untersagten die Väter im folgenden Johannes XXIII. jede Verlegung der Kurie aus Konstanz wie auch die Zitierung von Kurialen und erklärten etwaige zum Schaden der Versammlung getroffene Anordnungen für null und nichtig.

Frequens

Ein weiteres, nicht minder berühmtes Dekret, zwar erst am 9.X.1417 im Rahmen einer Reihe von Reformbestimmungen erlassen, auf die der anschließend zu wählende Papst verpflichtet werden sollte, steht der Sache nach in engem Zusammenhang mit *Haec Sancta*, und beide Texte finden sich denn auch immer wieder zusammen überliefert und zitiert: Mit *Frequens* wollten die Väter unter Rekurs auf eine bis zu Wilhelm Durandus d. Jüngeren zurückreichende konziliare Tradition das Generalkonzil als periodische Veranstaltung im Leben der Kirche verankern, *Haec Sancta* gleichsam institutionalisiert wissen, was der allgemeinen Synode zudem eine künftigen Schismen vorbeugende bzw. diese umgehend liquidierende Kompetenz verlieh:

„Die häufige Feier der Generalkonzilien ist eine vorzügliche Weise, den Acker des Herrn zu pflegen … Daher verfügen … wir durch diesen für immer gültigen Erlass (*edicto perpetuo*), dass von jetzt an Generalkonzilien in folgender Weise gefeiert werden: das erste fünf Jahre nach Beendigung dieses Konzils, das zweite sieben Jahre danach. Von da an wird in Zukunft alle zehn Jahre ein Konzil gefeiert, und zwar an Orten, die der Papst einen Monat vor Beendigung des jeweiligen Konzils mit Billigung und Zustimmung des Konzils oder – falls er es versäumt – das Konzil selbst bestimmen und festsetzen muss. Auf diese

Weise soll in gleichsam ununterbrochener Fortsetzung ein Konzil stets entweder gerade im Gange sein oder dank des bevorstehenden Termins in Aussicht stehen". Hierauf (*Si vero*) folgen einschlägige, auch Ausnahmesituationen erfassende, in jeder Lage aber den Papst bindende Verfahrensvorschriften sowie ein Katalog schismavorbeugender bzw. im Falle neuerlicher Spaltung anzuwendender Maßnahmen.

Charakter und Validität von *Haec Sancta*

Mit den beiden Dekreten sollte die Existenz eines papstlos gewordenen Konzils gesichert und zugleich dessen Autorität in einer Weise definiert werden, die es zum einen zur Liquidation eines fast vier Jahrzehnte währenden Schismas wie auch künftiger Spaltungen legitimierte und es zum anderen vor dem Hintergrund solcher Erfahrung erstmals in der Geschichte der Kirche in den Rang einer periodisch am Regiment dieser Kirche teilhabenden Institution erhob. Die Validität insbesondere von *Haec Sancta* – durch *Frequens* wurde ja vornehmlich dessen konkrete Umsetzung bezweckt – war schon sehr bald, nämlich zwischen Basler Konzil und Eugen IV., ebenso umstritten wie im 17. Jahrhundert zwischen Gallikanern und Rom, und noch zu Zeiten des II. Vaticanum gab es eine intensive innerkatholische Diskussion, ob das Dekret nur der Beseitigung eines aktuellen Notstands dienen sollte oder ihm permanente oder gar dogmatische Verbindlichkeit eigne. Nicht minder intensiv wurde und wird von Profanhistorikern und Politologen insbesondere angelsächsischer Provenienz besagte Frage nach der Relevanz beider Dekrete für das Verfassungsdenken und den Parlamentarismus der Moderne erörtert, wobei ein englischer Gelehrter *Haec Sancta* gar als revolutionärstes offizielles Dokument der Weltgeschichte bezeichnete.

Haec Sancta zwischen situationaler und genereller Gültigkeit

Mochte den Redaktoren des Texts auch manche – der damaligen dramatischen Situation wie dem Zeitdruck geschuldete – Unstimmigkeit unterlaufen sein, so verdichten sich in dieser „Magna Charta des Konziliarismus" doch gleichsam in Kurzform konziliare Lehren, Erfahrungen und Kompetenzen in einer Weise, die über ein konkret situationales Verständnis hinaus auch gewollt-kunstvoll die Möglichkeit einer Lesart im Sinne permanenter Gültigkeit offen hielt, worauf zudem die Erklärung konziliarer Superiorität gleichfalls in Fragen der Reform sowie der zitierte Passus mit den Strafandrohungen und der Hinweis auf jedes weitere Konzil deuten. Zwar wird „nur" Gehorsam, nicht aber Glauben verlangt – es handelt sich mithin nicht um eine dogmatische Definition –, allein des grundsätzlichen Problems der inhärenten Tendenz zur Dauer und deren potentieller Sprengkraft schienen sich die Kardinäle sehr bewusst gewesen zu sein, da sie der Dekretverkündigung entweder fernblieben oder aber ihre Teilnahme nicht als Zustimmung verstanden wissen wollten, sondern so nur Aufsehen zu vermeiden suchten. *Haec Sancta*: eine von diesen betriebene Notstandsmaßnahme mit von den Nationen intendiertem Modellcharakter im Sinne eines Rechtssatzes von unbefristeter Verbindlichkeit; situativ geltend und doch auch als gültig für die Zukunft gedacht, als Notrecht in Permanenz zu den kirchlichen Möglichkeiten gehörend (J. Ratzinger) und durch seine Offenheit Betroffenen wie Nachwelt divergierende Möglichkeiten der Auslegung bietend.

Suspension und Deposition Johannes' XXIII.

Auf Grundlage des Dekrets konnte nunmehr der auch Gerüchte aufgreifende und mit Suspension und Deposition am 29.V.1415 endende Prozess gegen Johannes XXIII. geführt werden, dessen Gefangennahme und Unterwerfung vor allem Sigismunds erfolgreichem Krieg gegen Herzog Friedrich IV. geschuldet war. Vielleicht hat damals Francesco Zabarella ältere Papstvatizinien zu einem Werk mit insgesamt 30 Weissagungen vereinigt, um so Johannes selbst zum Rücktritt zu bewegen, da dieser als prophezeit, also gottgewollt, dargestellt wurde. Der Abgesetzte ergab sich in das Schicksal vierjähriger Haft unter Aufsicht des Konzilsprotektors Ludwig III. von der Pfalz in dessen Feste Mannheim, bis er, gegen hohes Lösegeld freigelassen, als noch von Martin V. ernannter Kardinalbischof von Tusculum 1419 in Florenz starb. Und wenn nunmehr auch Gregor XII. resignierte, so gründete dies im fast völligen Verlust seiner italienischen Obödienz. Am 4.VII.1415 ließ er zu Konstanz durch Carlo Malatesta, Herrn von Rimini und letzte ihm verbliebene Stütze, seine Abdankung verkünden.

Abdankung Gregors XII.

Sigismunds Verhandlungen mit Benedikt XIII. in Perpignan

Ganz anders jedoch der in der ehemaligen Templerfeste Peñiscola (nördl. von Valencia) residierende Benedikt XIII. Für seine Gegner ein starrsinnig-verschlagener Greis, seinen Anhängern ein unbeugsam-geradliniger Wahrer legitimer Ansprüche, verweigerte er sich jedem Ansinnen eines Rücktritts gegenüber dem in Begleitung einer Konzilsdelegation eigens zu ihm nach Perpignan gereisten Sigismund. Indes bedeuteten die daraufhin am 13.XII.1415 in Narbonne mit Aragón getroffenen Abmachungen für den Herrscher einen weiteren Erfolg auf dem Weg zur Kircheneinheit, leiteten sie doch in den nächsten Monaten den Übergang auch der anderen spanischen Königreiche nach Konstanz ein. Nunmehr mit der spanischen als fünfter Nation hatte das Konzil zu unbezweifelter faktischer Ökumenizität gefunden, und mit der nach langwierigem Prozess am 26.VII.1417 ausgesprochenen Absetzung des auf eine unbedeutende Restobödienz im spanisch-französischen Grenzraum verwiesenen, allein unbeugsam auf Peñiscola, „der Arche Noah der wahren Kirche“, verharrenden Benedikt XIII. wurde der Weg zur Wahl eines neuen Papstes frei.

Beitritt der spanischen Königreiche zum Konzil

Absetzung Benedikts XIII.

Doch war die Wahl erst einmal erfolgt, dann stand nach Ansicht zahlreicher Teilnehmer – insbesondere aus der deutschen und englischen Nation – und auch nach Meinung Sigismunds zu befürchten, dass jene andere große Aufgabe der Versammlung, die *causa reformationis*, wieder unerledigt bliebe. Als man schließlich zu einem Kompromiss in Gestalt von fünf auf der 39. Session am 9.X.1417 verabschiedeten Dekreten fand, die – wie *Frequens* – allerdings stärker auf Konzilsautorität und Schutz vor bzw. bei Spaltungen denn auf durchgreifende Reformen *stricto sensu* abhoben, konnte das Konklave, das vor allem die auf rasche Papstwahl drängenden Kardinäle verlangten, im städtischen Kaufhaus am See stattfinden. Derart schnell und einvernehmlich einigte man sich auf den Römer Oddo Colonna, dass dessen Wahl am 11.XI.1417, welche ihn den Namen des Tagesheiligen Martin annehmen ließ, Zeitgenossen als Geschenk des Himmels erschien. Dieser, von Innozenz VII. 1405 zum Kardinal kreiert, Johannes XXIII. als Protektor seiner Familie verbunden, hatte sich in Konstanz nach anfänglicher Parteinahme für den nach Schaffhausen geflohenen Papst kaum mehr engagiert und profiliert. Doch gerade dies im Verein mit seiner wohlwollend-freundlichen Verbindlichkeit, ja vielleicht auch sein mangelndes intellektuelles Profil – es bedeutete keineswegs fehlende Weltklugheit – ließen ihn wohl zum allseits akzeptablen Kandidaten werden. Mit der Wahl eines *verus, unicus et indubitatus pontifex* hatte das Konzil seine dringlichste Aufgabe, die *causa unionis*, vordergründig gelöst.

Die Wahl Martins V.: Lösung der *causa unionis*

3.3 Causa reformationis: Reformarbeit und deren Grenzen

Nur vordergründig: weil es nach wie vor die wahren Ursachen eines Übels auszurotten galt, das im Schisma ja nur eine seiner Ausdrucksformen gefunden hatte. Alle kirchlichen Bereiche und Ebenen – so insistierten tieferdringende Geister der Zeit von Nicolas de Clamanges bis zu Matthäus von Krakau – bedurften nämlich grundlegender Reform. Neben, ja eigentlich vor die *causa unionis* hatte die *causa reformationis in capite et membris* zu treten. Eine reiche, teilweise erst seit kurzem erschlossene Überlieferung, die im Idealfall den Weg von der ersten Eingabe bis zum Dekret nachzuzeichnen erlaubt, zeigt, dass ungeachtet der die Aufmerksamkeit der Väter über Jahre hin nahezu absorbierenden Unionsfrage die Beratungsintensität in Sachen Reform zumindest zeitweise recht groß gewesen sein muss.

causa reformationis in capite et membris

Fraglich erscheint allerdings, ob der Ertrag mehrerer Reformatorien allem Aufwand und Engagement entsprach. Einigkeit bestand eigentlich nur in der Überzeugung, dass eine generelle und deshalb von einem Generalkonzil zu leistende Reform dringlich sei. Vage blieben indes schon die Vorstellungen, was denn darunter alles zu verstehen sei und wie die Rückkehr zu alter Form und Norm, wie der wiederherzustellende *status pristinus* auszusehen habe, den man wohl in der *ecclesia primitiva*, einer idealisierten Alten Kirche, aber auch in einer unbestimmten Zeit vor dem avignonesischen Papsttum und Bonifaz VIII. ansiedelte. Und schließlich vermochte alle Betriebsamkeit nicht Divergenzen in der Sache selbst zu überdecken, denn wie viele von unterschiedlichen, ja gegensätzlichen Interessen geleitete und obendrein vor Ort in vielfältige Ordnungen eingebundene Stände und Gruppen umfasste diese Kirche. Zudem wollten alle zu den Gestaltern und Gewinnern, wollte niemand zu den Umgestalteten und Verlierern gehören. Jeder Stand wünsche eine umfassende Reform mit Ausnahme seiner selbst: Diese zu Basel getroffene Feststellung des Johannes von Segovia hat auch für Konstanz, ja als anthropologische Konstante Gültigkeit. Keiner der beiden meist als ‚Reformkonzilien' apostrophierten Versammlungen gelang auch nur in Ansätzen eine Gesamtreform; innerkirchliches Leben in seinen sittlichen und spirituellen Dimensionen wurde von ihnen kaum erfasst, Ordensreformen etwa beschränkten sich punktuell gerade einmal auf die Konzilsorte und deren umliegende Regionen. Hinter den Begriff „Reformkonzilien" ist für Konstanz wie Basel zwar nicht von deren Selbstverständnis her, sehr wohl aber mit Blick auf die Ergebnisse ein Fragezeichen zu setzen.

Divergierende Reforminteressen

Unterbleibende Gesamtreform

Aus naheliegenden Gründen konzentrierte man sich auf eine Beschränkung von Kompetenzen der Kirchenspitze vornehmlich im Bereich von Benefizial- und Fiskalmaterien und hoffte also, mit administrativ-ökonomischen Maßnahmen den auswuchernden römischen Zentralismus beschneiden zu können. Dies geschah aus der weit verbreiteten Überzeugung, dass in Kurie, Kammer und päpstlicher Vollgewalt seit den Tagen Avignons der Hauptgrund für die gravierenden Missstände beschlossen liege.

Einschränkung päpstlicher Kompetenzen in Benefizial- und Fiskalmaterien

Nach der Erhebung Martins V. waren es, wie auch schon im Vorfeld von dessen Wahl, als man über die Priorität dieser Wahl oder der Reform gestritten hatte, ungeachtet allgemeiner Konzilsmüdigkeit wiederum die Deutschen, welche drängten, man dürfe nicht wie in Pisa auseinandergehen, ohne in der *causa reformationis* Substantielles erreicht zu haben. Dies mag sich aus der Situation eines Reichs miterklären, das zumindest auf der höheren Ebene weder personell noch in der Sache mehr über nennenswerten Einfluss an der Kurie verfügte und darum diese nicht mehr in bisherigem Umfang zu finanzieren bereit war. Obendrein erfolgte sie vielleicht auch in der Hoffnung, in einer

Reforminsistenz der Deutschen

erneuerten Kirchenspitze eben wieder stärkere Repräsentanz und Mitsprache erreichen zu können – eine der ersten von Sigismund noch im November 1417 gegenüber dem neu gewählten Papst erhobenen Forderungen galt jedenfalls der Bestellung zweier deutscher Kardinäle. In der Tat kam es zwar noch auf der 43. Sessio am 21.III.1418 zur Verabschiedung sieben weiterer Dekrete, die sogar zentrale Punkte wie Simonie, Exemtion, Residenzpflicht oder Abschaffung diverser Zahlungen aufgriffen, doch sie wurden durch eine Vielzahl promissorischer und relativierender Klauseln sogleich wieder im Sinne des Papsttums eingeschränkt. Und jene am selben Tag bestätigten Konkordate stellten sich – bis auf den Ausnahmefall des kirchlich ohnehin weitgehend unabhängigen England – als auf fünf Jahre, mithin nur bis zum nächsten Konzil gültige, vorläufige Vereinbarungen Martins V. mit den einzelnen Konzilsnationen eben in Benefizial- und Finanzsachen dar. Reservationen, Annaten, Servitien und Exspektanzen waren damit zwar nicht abgeschafft, doch in je nach Nation unterschiedlicher Höhe begrenzt. Langfristig leitete dies eine 1418 in ihren Auswirkungen noch nicht absehbare, dann durch Basel wesentlich bestärkte, generelle Entwicklung hin zu partieller und fallweise totaler Reduktion und Verweigerung von Zahlungen mit entsprechenden Folgen für die Einnahmen des Hl. Stuhls ein, der übrigens auch aus diesem Grund fortan wesentlich auf seine Einkünfte aus dem sich zunehmend als italienische Territorialmacht etablierenden Kirchenstaat angewiesen war.

Reformdekrete vom 21.III.1418

Konkordate Martins V. mit den Konzilsnationen

Allein das Thema Generalreform, so man es nicht überhaupt als Unmöglichkeit, als Mythos abtun will, blieb einmal mehr unerledigt, nach dem Prinzip Hoffnung aufgeschoben bis zum nächsten allgemeinen Konzil. Die Frage liegt nahe, ob ein temporär oder auch ein periodisch tagendes Konzil, das ja über keine Organe verfügte, die permanent Reformmaßnahmen durchführen und kontrollieren konnten, aber strukturell überhaupt zu deren Umsetzung fähig war. Um innerhalb des Systems etwas zu bewegen, hätte es völliger Übereinstimmung mit einem Papsttum bedurft, das die eigene Existenz zwar der Synode verdankte, unter Martin V. aber sogleich auf Distanz zu ihr ging, da es die sich aus *Haec Sancta* und *Frequens* ergebenden Konsequenzen allenfalls formal zu respektieren bereit war.

3.4 Causa fidei: Johannes Hus

Systemsprengende böhmische Alternative

Ein systemsprengendes Alternativmodell begann sich indes in Konstanzer Zeiten mit der böhmischen Herausforderung abzuzeichnen, auf die das Konzil nur mit Verurteilung und Scheiterhaufen zu antworten wusste. Die Väter beabsichtigten Reformen im Rahmen der bestehenden Institution Kirche, sie wollten deren Regiment anders akzentuiert, jedoch nicht umgestürzt sehen. Reformer verbrannten die Reformer Jan Hus und Hieronymus von Prag, weil diese für sie nicht der personifizierte Notschrei nach Kirchenreform, sondern zum Schutz der Rechtgläubigkeit auszumerzende Ketzer waren. Die Konstanzer maßen obendrein dieser *causa fidei* eher geringe Bedeutung bei, zumal selbst Sigismund, als künftiger Erbe Böhmens von der dortigen Entwicklung direkt betroffen, ihnen anfänglich bedeutet hatte, sich von ihrer eigentlichen Arbeit nicht durch das *factum Johannis Hus et alia minora* abhalten zu lassen. Wichtiger als die Person des damals außerhalb seines direkten Wirkungskreises noch wenig bekannten Hus schien ihnen dessen Nähe zu Wiclif, dessen Irrlehren es erneut zu verurteilen und deren Verbreitung es zu verhindern galt. Mit der Verbrennung des böhmischen *Wiclefista* glaubte man ein abschreckendes Exempel für Anhänger und Nachfolger des Engländers statuiert zu haben und legte doch damit den Flächenbrand: Denn „erst, da Hus tot war, wurden seine Gedanken eigentlich lebendig" (Ranke), und der Scheiterhaufen des 6. Juli 1415 prägte sich der Nachwelt bis heute als schlechthin zentrales Konzilsereignis ein.

causa fidei: Johannes Hus

Der Prozess

Auf dem Konzil, das Hus nicht eigens geladen hatte, da es den Prozess als Fortsetzung eines an der Kurie Johannes' XXIII. bereits gegen ihn laufenden Verfahrens betrachtete (während Hus in Erwartung einer freien Diskussion nach Konstanz reiste und dies mit Zustimmung Wenzels tat), konzentrierte sich das – formal im wesentlichen korrekt vorgehende – Gericht unter Führung der Pariser Theologie also ganz auf den Vorwurf der Verbreitung wiclifschen Gedankenguts. Mochte Hus auch manche jener schon zu Lebzeiten des Engländers auf der Londoner Synode 1382 verworfenen und seitdem noch mehrfach verurteilten Lehren ablehnen (*nec teneo nec tenui*) oder deren Authentizität anzweifeln, mochten zahlreiche seiner radikalen moralischen Forderungen wie etwa der nach Besitzlosigkeit des Klerus überhaupt nichts mit Häresie zu tun haben, ja mochten viele Vorwürfe der Väter strittig oder gar unbegründet und mochte deren Verhalten widersprüchlich sein, wenn sie etwa Johannes XXIII. wegen dessen persönlicher Lebensführung attackierten, Hus aber das Recht auf Einforderung individueller Dignität kirchlicher Amtsträger absprachen, entscheidend war ein anderer, fundamentaler Sachverhalt: Hus setzte dem hierarchisch-sakramentalen und gerade seitens der Konziliaristen institutionell akzentuierten Kirchenbegriff sein spiritualistisches Verständnis einer allgemeinen, die Laien gleichberechtigt einschließenden Geistkirche der Prädestinierten eben im Sinne Wiclifs entgegen. Gleich dem Engländer erklärte er die

Hussens Verständnis von Kirche

Heilige Schrift – unter Verwerfung der gelehrten Tradition der Kirche und deren juristisch geprägten Selbstverständnisses – zur ausschließlichen Autorität für die allein zur Befolgung der Gesetze Gottes angehaltenen Gläubigen.

Sigismund, dessen Geleitbrief mit der ausdrücklichen Zusicherung freier Rückkehr nach Böhmen Hus erst nach dessen Eintreffen in Konstanz ausgehändigt wurde, versuchte sich vergeblich an einem Ausgleich wie ein Teil der offensichtlich von der Integrität des *vir praeter fidem egregius* (Poggio) überzeugten Väter mit ihren geradezu flehentlichen Bitten an Hus um eine Abschwörung. Dazu zeigte er sich nur um den Preis vorheriger Widerlegung seiner Lehren bereit, weil er ansonst als Lügner der Verdammnis anheimzufallen fürchtete. Zudem war er im Prozess auf größtmögliche Einheit mit seinen Gesinnungsfreunden in der Heimat bedacht und vermied alles, was bei seinen Anhängern auch nur den Anschein des Verrats hätte erwecken können, wie am Ende ein neuer, zentraler Punkt des Verfahrens erweisen sollte: Bei jenen hatte sich 1414 unter Führung des Jacobellus von Mies die Spendung der Eucharistie unter beiden Gestalten und damit der Laienkelch nicht zuletzt auch als Zeichen des öffentlichen Bekenntnisses durchgesetzt. Hierzu befragt, nahm Hus zunächst verhalten, dann offen zustimmend Stellung. Den Vätern aber galt ein bis ins frühe 13. Jahrhundert allgemein üblicher Brauch nunmehr als Signum einer häretischen Bewegung; die von ihnen für verbindlich erklärte Kraft der Tradition gründete gerade einmal in den beiden letzten Saecula. Als Hus schließlich erklärte, für jede weltliche Autorität gelte, was auf einen kirchlichen Jurisdiktionsträger zutreffe: im Stande der Todsünde habe sie vor Gott ihr Amt verwirkt, fühlte Sigismund sich nicht mehr an sein Geleitversprechen gebunden und trat für die Hinrichtung ein.

vir praeter fidem egregius

Laienkelch

Inconvictus et inconfessus ging Hus, degradiert und der weltlichen Gewalt übergeben, am 6.VII.1415, als man auch einmal mehr Wiclifs Lehren verurteilte, in den Tod; das Konzil aber fühlte sich nun offenbar zum entscheidenden Schlag gegen die Häretiker ermutigt, da es über Prag das Interdikt verhängte, Johannes Železny, den eisernen Bischof von Leitomischl, mit außerordentlichen Vollmachten zur Ketzerbekämpfung ausstattete und einen an den Bodensee geeilten Verteidiger Hussens, Hieronymus von Prag, ebenfalls verbrannte. Böhmen, dessen Nachbarn und der Kirche standen fortan unruhige, gewalterfüllte Jahre bevor, denn ungeachtet aller inneren Spannung und Radikalisierung, die noch weit über eine Konfrontation von Calixtinern, gemäßigten Befürwortern des Laienkelchs, und egalitär-kommunistischen Taboriten hinausging, sollten die Hussiten sich in den zwanziger Jahren dank

Verurteilung und Verbrennung

Reaktion in Böhmen

Feldherren wie Prokop d. Kahlen oder Jan Žižka mehrfach gegen Kreuzfahrerheere behaupten, so dass ihnen schließlich die Väter zu Basel unter dem Diktat militärischer Unterlegenheit gewähren mussten, was Hus eingefordert hatte: den Dialog unter Gleichberechtigten. Hinsichtlich der politischen Dimension von Glaubensfragen stellen Hus und Hussitentum sicherlich ein exzeptionelles, weil die tschechische Nation über Jahrhunderte bis hin in die Gegenwart konstituierendes Faktum dar, ein von Historikern wie Palacký oder Politikern wie Masaryk, ja selbst dem Stalinisten Gottwald immer wieder beschworenes Ferment der Einheit.

3.5 Das Verfahren gegen Johannes Falkenberg – Der Ausgang des Konzils

Auch zwei weitere in Konstanz anhängige *causae fidei*, der Prozess gegen den Pariser Dominikaner Jean Petit wegen dessen proburgundischer Rechtfertigung der Tötung des Herzogs von Orléans als Tyrannenmord sowie die Auseinandersetzung zwischen Deutschem Orden und Polen und das damit verbundene Verfahren gegen einen zur Vernichtung des Tyrannen Władysław Jagiełło und seiner Untertanen aufrufenden Dominikaner Johannes Falkenberg, erweisen eine solche Interdependenz von Politik und Religion wie im Fall von Hus. Falkenbergs Ende 1416 auf der Synode bekanntgewordene *Satira* stellte eine fundamentale Attacke auf die Existenz von Polen und Litauern wie auf deren Herrscher dar: Der seit 1386 in Personalunion über beide Reiche regierende und anlässlich seiner Thronbesteigung getaufte Władysław Jagiełło sei, so Falkenberg, ein Götzendiener und Häretiker, der sich nur zum Schein bekehrt habe und mit Heiden im Bund stehe. Wie er, der Tyrann (*malus presidens*), seien auch seine Untertanen zu vernichten, die sich dagegen nicht aufgelehnt, sondern dessen Verbrechen sogar unterstützt hätten. Wer sie nicht vertilge, mache sich eines todeswürdigen Verbrechens schuldig; wer dies aber tue, erwerbe sich das Himmelreich, handle es sich doch um das Werk einer Gottesgemeinschaft auf Kreuzzug gegen Ungläubige. Ob die Abfassung dieser wohl schon 1412 unter dem Eindruck der Niederlage des Ordens in der Schlacht von Tannenberg gegen die Polen-Litauer entstandenen Schrift in offiziellem Auftrag erfolgte, ist unklar; sicher aber stellt sie die radikalste in einer Reihe von Publikationen dar, mit denen die Ritter ihre seit dem Akt von 1386 fragwürdig gewordene Existenz zu verteidigen suchten. In Konstanz festigten die sich verdichtenden Nachrichten über eine gewaltlose und erfolgreiche Samaitenmission unter polnisch-litauischen Vorzeichen den Eindruck

Die causa Falkenberg

vieler Väter, dass es des dem Orden im Übrigen bereits von Bonifaz IX. untersagten Heidenkriegs nicht mehr bedurfte, worin sie auch der Kanonist Paulus Vladimiri, Rektor der Krakauer Universität und Mitglied der polnischen Konzilsgesandtschaft, eindrücklich zu bestärken verstand. Gegen ihn sollte nun Falkenberg für den Orden auf der Synode Position beziehen; das (späte) Auftauchen seiner Schmähschrift trug dem Dominikaner eine Häresieanklage ein. Dabei konnte er ebenso wenig auf Sigismunds Hilfe zählen wie der vom Herrscher anfänglich noch unterstützte Orden selbst, weil dieser sich gegen die königlichen Absichten einer Eingliederung seines Landes *under dem reiche aleyne* wehrte. Obendrein hatte der Orden ein Zusammengehen des Monarchen mit Polen-Litauen wegen dessen durch die Türken bedrohten ungarischen Reichs zu befürchten, zumal die Ritter sich ihrerseits jeglicher Verlagerung ihrer Aktivitäten auf den Balkan verweigerten, wie sie der König seit der Niederlage gegen die Osmanen vor Nikopolis 1396 einforderte. Wenn Falkenberg nicht als Ketzer verurteilt wurde, so hatte er dies einer von Italienern und Engländern zum Tätigwerden aufgeforderten – auch Polen umfassenden – *natio germanica* zu verdanken, in der Nikolaus von Dinkelsbühl streng theologisch darlegte, dass die Sätze des Beschuldigten zu verdammen seien, jedoch nicht als Häresie. Die Verurteilung erfolgte alsbald ordensintern und führte zur Haft des Dominikaners im päpstlichen Gewahrsam der Engelsburg.

Paulus Vladimiri vs. Johannes Falkenberg

Schon die Konstanzer Frühphase des Streits, Auftakt zu weiteren Konfrontationen zwischen Deutschem Orden und Polen-Litauen im 15. Jahrhundert, sollte vielfältige Aus- und Fernwirkungen zeitigen; diese wie auch die Konzilsereignisse selbst durchzogen dann in unseliger Weise die Darstellungen vieler deutscher und polnischer Geschichtsbücher im 19. und bis weit ins 20. Jahrhundert; unter apologetischen wie aggressiven Vorzeichen dienstbar gemacht für outrierte Nationalismen und Chauvinismen, wobei fraglich bleibt, ob man die unleugbaren Aussagen des „doktrinären Fanatikers“ Falkenberg (H. Boockmann) mit neueren Theorien über den Völkermord – Vladimiri sprach von einem *ad finalem exterminationem* führenden Weg – und die Konstanzer Konklusionen des Zabarellaschülers wiederum mit den Anfängen des modernen Völker- und Menschenrechts in direkte Verbindung bringen kann.

Auswirkungen der Konfrontation von Deutschem Orden und Polen

Als nun auf der Synode selbst kein Urteil gegen Falkenberg erging, was wohl wie im Falle Petit in der Scheu der Väter vor einer definitiven Stellungnahme zum Problem eines mit politischen Implikationen verbundenen Tötungsrechts gründete, da drängten die Polen nach der Wahl Martins V. auf ein solches Urteil mit Hilfe des neuen Paps-

Erklärungen Martins V. vom 22.IV. und 10.V.1418

tes und drohten andernfalls mit der Appellation an das nächste Konzil. Dies veranlasste Martin seinerseits zu Reaktionen, die seine Haltung zu Generalkonzil und insonderheit zu *Haec Sancta* (bewusst?) unklar erscheinen lassen; ein wohl aufgrund scharfer Intervention Gersons nicht publizierter Bullenentwurf deutet aber bereits auf äußerste Distanz. Wer theologische und kirchenrechtliche Inkonsequenzen und Widersprüche sucht, dürfte überhaupt in Konstanz überaus fündig werden. Größe und Grenzen dieses Konzils hat ebendieser Jean Gerson in der Stille des Klosters Melk, wo er aus Furcht vor den seit 1418 in Paris dominierenden Burgundern Zuflucht nahm, in die Worte gefasst: „Dies eine weiß ich, daß der Eifer für die Union der Kirche angesichts des hoffnungslosen und so lange währenden Schismas vieles hinnehmen ließ, was man unter anderen Umständen niemals hätte dulden dürfen".

Ein Konzil in der Ausnahmesituation

Auch mancher Quartierwirt, Handwerker und Geschäftsmann hatte am Ende einiges hinzunehmen, blieben doch beim allgemeinen Aufbruch Mitte Mai 1418 trotz königlicher Ermahnung etliche Verbindlichkeiten unbeglichen – so bei Sigismund selbst, denn das von ihm verpfändete Gut war nicht gut, was noch zu langjährigen Verhandlungen und Streitereien führte. Allerdings, so gab der Herrscher zu bedenken, solle man nicht vergessen, *das er das concilium gen Costentz geleit hett*, was der obendrein von ihm privilegierten Stadt Ehre und Reichtum eingetragen habe. Vom fast vier Jahre währenden Großereignis hieß es sich indes wieder auf die Alltagswirtschaft umzustellen. Das zeitigte entsprechende Konsequenzen für die städtische Konjunktur und war mit ein Grund für Unruhen in der Folgezeit – 1428 lebten wohl fast Zweidrittel der Einwohner am Rande des Existenzminimums oder noch darunter.

Ende des Konzils/ Auswirkungen auf die Stadt

4. Zwischen Konstanz und Basel (1418–1431)

4.1 Martin V. und die Reformen im Reich

Zur Einheit der Kirche aber war man zurückgekehrt, da die Neuerer von Konstanz die alte Institution Papsttum in einer von der lateinischen Christenheit allgemein anerkannten Weise wiederhergestellt hatten, und Martin V. verstand sich mit all dem römischen Erfahrungswissen eines Colonna klug darauf, sie als italienische Territorialmacht zu fundieren und darüber hinaus, was gerade das Beispiel der Kirchen im Reich erweist, sie auf althergebrachten, indes erneuerten Wegen zu festigen. Gewissenhaft arbeitend, gelang ihm bei gleichzeitiger Reduktion der

(Reform-) Aktivitäten Martins V. im Reich

Ämterkäuflichkeit eine Verbesserung der Geschäftsgänge in Kanzlei, Rota und Poenitentiarie, so dass es zu einer effizienteren Bearbeitung der alsbald massenhaft eingehenden Ersuchen kam, welche – wie etwa das Beispiel Salzburg mit mehr als 2500 Petenten zeigt – insbesondere von einem niederen Klerus gestellt wurden, der damit einheimische Machtstrukturen zu konterkarieren suchte. Sie stammten aber auch aus der Welt der Universitäten, denn in diesem oft konzilsgeneigten Milieu waren, wenn es um den eigenen materiellen Vorteil ging, römische Interventionen durchaus erwünscht; schon in Konstanz hatte Martin V. begonnen, *Rotuli* mit Bitten um Benefizien zu signieren. Das verschaffte den Betroffenen Unterhalts- und somit Lebenssicherheit; seinerseits erwuchs dem Hl. Stuhl daraus die Chance, über solches Alltagsgeschäft seinem Primats- und Jurisdiktionsanspruch auf Dauer wieder größere Geltung zu verschaffen – insgesamt sind in vatikanischen Quellen nicht weniger als 43000 Stücke bzw. Einträge allein mit deutschen Betreffen aus Martins V. Pontifikat überliefert. Der Befestigung päpstlicher Position sollten auch Reformaktivitäten eigenen Profils dienen, welche, wie erwähnt, im Reich von päpstlichen Legaten ausgingen, die teilweise im Verbund mit Bischöfen und Landesherren bzw. mit gelehrten Räten, Ordensleuten und Universitätsprofessoren aus deren Umkreis standen. Andererseits wussten diese Landesherren sich fallweise aber auch des Drohmittels der Konzilsappellation zu bedienen. So riefen die Münchner Herzöge gegen Martins V. Provision des Nicodemo della Scala mit dem Freisinger Stuhl 1422 das künftige Generalkonzil von Pavia an, und Herzog Albrecht V. von Österreich drohte, sich an diese, mittlerweile in Siena tagende Synode zu wenden, als er mit seinen Wünschen im Passauer Bistumsstreit bei Martin V. erfolglos geblieben war.

Konzilsdrohungen als politisches Instrument

1422 hatte der Papst zudem die Metropoliten zur Abhaltung von Provinzialsynoden aufgefordert, die sich der Reform mit Blick auf das im nächsten Jahr zusammentretende allgemeine Konzil widmen sollten, wo diesem Thema noch vor Griechenunion, Häresiebekämpfung und der Beseitigung eines unbedeutenden Restschismas in Person von Benedikts XIII. Nachfolger Clemens VIII. eine beherrschende Rolle zugedacht war. Der Aufruf fand im Reich jedoch ein recht verhaltenes Echo, da ihn nur Mainz, Köln und Trier umsetzten; in den anderen Kirchen bestand offensichtlich wenig Interesse an einer Materie, die man, wie etwa in Salzburg, teilweise bereits selbständig im unmittelbaren Anschluss an Konstanz auf einem Provinzialkonzil und nachfolgenden Diözesansynoden 1418/19 aufgegriffen hatte – doch bald schon waren derlei Aktivitäten versandet. Reform: Manche Vertreter auf Leitungsebenen mochten das Wort vielleicht nicht mehr hören, andere sich davor

Konzils- und Reformthematik im Reich nach 1418

fürchten, und für nicht wenige mochte es, wie niederrheinische Beispiele lehren, vorrangig wirtschaftliche Konsolidierung bedeuten. Nur in einigen Interventionen auf der Mainzer Synode scheint das Thema konziliaristisch akzentuiert worden zu sein – gleichsam ein Nachhall der Konstanzer Tage. Doch trat Martin V., von einer propäpstlichen Opposition unterrichtet, sogleich bei Erzbischof Konrad von Dhaun mit Erfolg auf den Plan, denn die Statuten der Versammlung lassen keine Spuren jener Stellungnahmen mehr erkennen.

4.2 Das Konzil von Pavia-Siena (1423/24)

Konzil v. Pavia-Siena 1423/24

Ebenso verhielt Martin V. sich gegenüber dem Generalkonzil, das am 23.IV.1423 durch drei der vier von ihm bestellten Präsidenten in Pavia eröffnet wurde. Formal respektierte er mithin *Frequens*, auch erhoffte er sich von auf allen kirchlichen Ebenen veranstalteten Synoden durchaus Rat und Hilfe – nur hatten sie nachgeordnete Kollegialorgane in einer von ihm konsequent restituierten Papstkirche zu sein. Keineswegs intendierte er um jeden Preis ein Scheitern der Paveser Versammlung; dass sie schwach besucht war und pestbedingt sich scheinbar selbst, tatsächlich jedoch unter geschickter Regie der päpstlichen Präsidenten, am 22.VI.1423 in das ihm genehmere Siena verlegte, mochte von Vorteil sein, falls sich dort Tendenzen wie in Mainz manifestieren sollten. Auf Vorsicht und Misstrauen – oder gar bewusste Demonstration? – deutet auch sein Fernbleiben von der Synode, denn wenn er selbst den Weg in das Rom nahe Siena nicht fand, so lässt sich dies allein mit einem in Italien umtriebigen Alfons' V. von Aragón kaum begründen.

Gliederung nach Nationen

Zu Pavia hatte man sich ohne Debatte wiederum nach dem Konstanzer *nationes*-Prinzip organisiert, und bald schon stand auch hier vor dem Hintergrund eines inzwischen voll entbrannten Hundertjährigen Kriegs die Existenz der englischen Nation zur Diskussion. Sie und die deutsche Nation gaben Martin V. allerdings keinen Anlass zur Intervention. Zum Zeitpunkt des Übergangs nach Siena soll die *natio germanica* gerade einmal vier Mitglieder umfasst haben, und im ganzen Konzilsverlauf dürften es unter Einschluss aller Funktionsträger kaum mehr als 20 Väter bei einer Gesamtzahl von gerade einmal 200 Teilnehmern gewesen sein. Mehrere deutsche Kuriale wie etwa der Protonotar Hermann Dwerg, ein Vertrauter Martins V., oder der Rotarichter Hartung von Kappel boten obendrein Gewähr für eine Einflussnahme in päpstlichem Sinne – sie stehen im Übrigen für die unter Martin V. relativ kulminierende Bedeutung von Deutschen in den Kollegien der Skriptoren, Abbreviatioren und Rotaauditoren, ohne dass es bei ihnen

Marginalität der deutschen Nation

jedoch, wie häufig etwa bei Italienern, zur Ausbildung von „Kurialen-Familien“ gekommen wäre. Der Streit zwischen Deutschem Orden und Polen bewegte die kleine Nation diesmal weit weniger als noch in Konstanz; allenfalls verdächtigte Johannes Tiergart, Ordensprokurator an der Kurie, den der *natio germanica* präsidierenden polnischen Bischof Andreas Laskaris-Goslawicky von Posen, dass er zusammen mit dem Bischof von Leslau auf einen – im Übrigen auch von Martin V. seit 1422 geforderten – Einsatz der Ritter im Hussitenkampf hinwirke, um so Druck von seinem eigenen Land zu nehmen.

Antipäpstliche Tendenzen in anderen Nationen

Die eigentlichen Spannungen und Verwerfungen, welche die Väter nicht ein einziges Reformdekret verabschieden ließen und die Verlängerung bzw. Neufassung der Konstanzer Konkordate und damit jeden Niederschlag von Reformbemühungen verhinderten, brachen vielmehr in einer sich zunehmend in Papstanhänger und -gegner spaltenden italienischen sowie in einer von Alfons V. von Aragón durch dessen Gesandten Guillermo Armengol zu eigenen politischen Zwecken instrumentalisierten spanischen und schließlich in einer selbst für Pfarrrektoren und einfache Kleriker offenen französischen Konzilsnation auf. Für deren mehrheitlich dezidiert konzilsverpflichtete Haltung stehen jene Proteste und Polemik des Zisterzienserabts Jean Picart von Ourscamp, die sich gegen eine pointiert die päpstliche Reformkompetenz betonende Predigt des Dominikaners Hieronymus von Florenz am Dreikönigsfest 1424 richteten. Ourscamp kam wie seine Mitväter, die an der Pariser Alma Mater lehrenden Johannes von Ragusa und Jean Beaupère, wie Philibert de Montjeu, Jean Le Sénéchal oder der Abt Alexander von Vézelay aus jenem angloburgundischen Frankreich, dessen politische Führer, die Herzöge von Bedford und Philipp d. Gute, zwar Rom nahestanden, das aber vor allem wegen der noch immer ausstrahlenden Kraft eben der hauptstädtischen Universität als konziliaristische Kernregion schlechthin zu gelten hatte.

Konzilsauflösung durch Vertreter Martins V.

Die Erfahrung der handstreichartigen Auflösung des Konzils am 6./7.III.1424 durch die päpstlichen Vertreter wegen solcher, Martin V. gefährlich erscheinender Tendenzen prägte diese Männer tief: Sieben Jahre später zählten sie allesamt zu den ersten und engagiertesten Vätern, die sich in Basel einfanden, das noch von den päpstlichen Präsidenten unter weitgehendem Ausschluss des Plenums auf einer Geheimsitzung am 19.II.1424 als Ort des nächsten Generalkonzils bestimmt worden war. Man wusste eben, warum man Frankreich einmal mehr mied, mochte ein Gesandter Karls VII., Abt Thomas Murray aus dem mit dem Königreich verbündeten Schottland, auch dagegen protestieren. Allerdings hieß es zudem der sich zuspitzenden Kriegs-

Basel als künftiger Konzilsort

situation im Land Rechnung zu tragen. Doch Basel war für Franzosen wie Italiener gut erreichbar; wie schon im Fall von Konstanz mag die günstige Lage der Stadt ausschlaggebend für diese Ortswahl gewesen sein.

„Scharnierfunktion" des Konzils v. Pavia-Siena

Selbst wenn man Pavia-Siena allenfalls formal ökumenische Geltung zuerkennen mag, so bleibt doch die der Synode ebenfalls aus formalem, in *Frequens* beschlossenem Grund zuwachsende „Scharnierfunktion" zwischen Konstanz und Basel zu beachten: Jene in Konstanz unter dem Zwang zur Einheit noch verdeckte, wesenhafte Spannung zwischen papaler Vollgewalt und konziliarer Superiorität zeichnet sich in Ansätzen hier schon krisenhaft, d. h. nach einer Entscheidung drängend ab – und das Ende des Konzils lässt erahnen, dass diese Entscheidung nicht unbedingt im theologischen Diskurs fallen musste, sondern durchaus von Taktik und Macht bestimmt sein konnte.

5. Das Konzil von Basel (1431–1449)

5.1 Papst und Konzil im Konflikt

Konzil v. Basel 1431–1449

Bei dem am 23.VII.1431 zusammentretenden Basiliense deutete zunächst Vieles auf eine Wiederholung von Pavia-Siena. Einem konzilsskeptischen Eugen IV., der sich zwar formal gleich seinem Vorgänger an *Frequens* hielt, boten der schleppende Beginn mit nur wenigen Vätern in einer von Kämpfen zwischen den Herzögen von Burgund und Österreich heimgesuchten Region sowie alsbald ein für ihn geradezu skandalöser Umstand den Anlass zur Verlegung bzw. Auflösung: Nach einer am 12.XI.1431 erlassenen ersten Verfügung, die er noch mit der Einberufung einer neuen Synode in 18 Monaten zu Bologna – also im Kirchenstaat – und der Aussicht auf eine danach in zehn Jahren zu Avignon stattfindende Versammlung verbunden hatte, verschärfte Eugen IV. am 18.XII. seine Anordnung, als er nämlich von einer Einladung der Basler an die hussitischen Ketzer zu freiem Glaubensgespräch erfahren hatte.

Aufgaben des Konzils: Reform – Glaube – Friede

Kampf zwischen Papst und Konzil

Damit aber war das Leitthema des Konzils vorgegeben: Neben, ja noch vor den Arbeiten an den selbstbenannten Aufgaben Kirchenreform, Beseitigung der Häresie und Wiederherstellung des Friedens in der Christenheit sollten der Kampf gegen den Papst und die damit verbundenen Anstrengungen um theoretische und faktische Selbstrechtfertigung die meisten Jahre seiner langen Existenz beherrschen. An der bislang ungekannten Schärfe trug die in programmatischen Erklärungen (*Cogitanti*, 3.IX.1432) wie im Alltagsgeschäft von den Vätern ostentativ betonte Attitüde konziliarer Superiorität ebenso Schuld wie das schroffe Verhalten Eugens IV. – das Drama um Basel wird schlicht auch in menschlichen Unzulänglichkeiten gründen. So bewirkte Eugen schon zu Anfang das Gegenteil seiner Absichten: In Reaktion auf seine Bullen vom 12.XI./18.XII.1431 strömten in immer größerer Zahl Kirchenmänner an den Rhein; von Bedeutung war auch, dass die weltlichen Fürsten in ihrer Mehrzahl die Synode anerkannten und mit Gesandten beschickten; andererseits hatte der Papst es Herrschern wie Sigismund und Karl VII. zu verdanken, dass die ihm mehrfach von den Vätern angedrohte Suspension nicht Wirklichkeit wurde.

Anerkennung durch die Fürsten

Im Dezember 1433 musste Eugen IV. schließlich kapitulieren und ein Konzil anerkennen, das bereits auf seiner zweiten Sessio am 15.II.1432 feierlich *Haec Sancta* erneuert und erklärt hatte, gegen seinen Willen könne es weder verlegt noch aufgelöst werden, und das seit März 1432 ein Siegel führte, dessen Bild die Väter im Halbkreis um die vom segnenden Christus ausgehende Taube des Hl. Geistes versammelt zeigt – für den Papst blieb da nur noch am Rande Platz. Die Anerkennung durch Eugen IV. war jedoch nur ein scheinbar vollkommener Triumph der Synode: Von einem gedemütigten Papst, den allein äußere Umstände zur taktischen Aufgabe gezwungen hatten, stand kaum zu erwarten, dass er nunmehr überzeugt dem Konzil adhärieren würde, schrieb Eugen IV. doch im selben Jahr 1433 an den Dogen im heimatlichen Venedig, lieber verzichte er auf die Tiara und gebe sein Leben preis, als Verantwortung dafür tragen zu müssen, dass das päpstliche Amt dem Konzil untergeordnet werde.

Konzilssiegel

(Vorläufige) Anerkennung durch Eugen IV.

5.2 Zum allgemeinen Profil des Konzils

Schon die Zusammensetzung der Synode musste Eugen IV. als Kampfansage eines egalitären Konziliarismus erscheinen: Stets blieben die Bischöfe, nach traditionellen Vorstellungen die Träger eines Konzils, von ihrer Zahl her in hoffnungsloser Minderheit; wesentlich stärker als noch in Konstanz dominierten zu Basel insbesondere die Vertreter der gelehrten Welt sowie die mittleren, seit den vierziger Jahren gar die niederen Kirchenämter, was die auf eine Topik für Minderqualifizierte rekurrierenden Gegner von einem Konzil der Köche und Trossknechte sprechen ließ. Die Synode bedurfte des theologischen und kanonistischen Sachverstands; zudem hatten hier Pisa und Konstanz die Wege geebnet, so dass die Universitätsgelehrten zwar ohne offiziellen Gruppenstatus, indes als *periti* schon wie selbstverständlich zum konziliaren

Besuch und Mitgliederprofil

Alltag gehörten, wobei sie nicht unbedingt Vertreter ihrer Hochschulen sein mussten. Die Universitäten selbst, mit Ausnahme der Pariser, nahmen als Institution nie entscheidend Einfluss auf die Synoden des 15. Jahrhunderts, schon weil sie die Kosten für längere Gesandtschaften am Konzil kaum aufzubringen vermochten; sehr wohl taten sie dies aber über die Bereitstellung prokonziliar-gelehrter Kompetenz.

Repräsentanz der Gesamtkirche?

Bei ungefähr 3500 Teilnehmern – und einer bis auf 150.000 geschätzten Gesamtzahl an Gefolge und Gästen – in den Jahren 1431 bis 1449 dürften selbst in der Blütezeit Mitte der Dreißiger nie mehr als 450 bis 500 Väter zugleich getagt haben, von denen selten mehr als ein Zehntel Bischöfe oder infulierte Äbte waren. Insofern stand der am Anfang aller offiziellen Dokumente betonte Anspruch, vollgültige Vertretung der Gesamtkirche zu sein (*sacrosancta generalis synodus … universalem ecclesiam repraesentans*), in der Realität auf schwachen Füßen, worüber auch nicht das in Basel vorherrschende Modell einer Repräsentation in Identität hinwegtäuschen konnte, wie es ein Johannes von Segovia formulierte (*generalis synodus repraesentat ecclesiam catholicam per modum identitatis*). Die gerade und zufällig Anwesenden – und wenn es sich am Ende gar nur noch um einige Wenige handelte – bildeten danach das vom Hl. Geist geleitete, unfehlbare Konzil und standen somit nach ihrem Selbstverständnis für die gesamte Kirche: fürwahr eine Realität sui generis, worauf die päpstliche Seite hinzuweisen nicht müde wurde.

Die Stadt zur Zeit des Konzils

Auf den Zustrom dieser Teilnehmer hatte sich Basel, das Zwischenhandels- und Verkehrszentrum am Oberrhein, damals mit ungefähr 9.000 bis 10.000 Einwohnern etwas größer als Konstanz, seit 1424 unter Beistand eines es mehrfach privilegierenden Königs vorbereiten können. Anders als im stärker vorsorgenden Konstanz scheint der Basler Rat aber oft erst auf Klagen und Missstände hin aktiv geworden zu sein und so auch auf die durch Missernten bedingten Versorgungsengpässe und die daraus resultierenden Nöte und Seuchen der Jahre 1437 bis 1440 relativ spät reagiert zu haben. Solchen Eindruck erweckt zumindest eine beispiellos dichte Überlieferung – die des Basiliense ist umfänglicher als die aller bisherigen Generalkonzilien zusammen –, wobei die Konzilsprotokolle sogar Einblick in Streit um Lebensmittel und Miete bieten. Städtischerseits kam es übrigens zu zwei Verurteilungen, weil minderjährige Mädchen zur Prostitution mit (ungenannt bleibenden) Konzilsteilnehmern gezwungen wurden, und angesichts eben mancher Misshelligkeit fand man erst spät, dann aber umso enger zueinander: Bürgermeister und angesehene Bürger, 1439 beim Akt der Deposition Eugens IV. in der Konzilsaula zugegen, sollten 1448 nur unter massivem königlichen Druck die verbliebenen Väter zum Verlassen der Stadt auffordern, nachdem sie bis zuletzt an ihrer Geleittreue festgehalten hatten. Zu den Vermittlern in früherer Zeit gehörte wiederholt der Patrizier Henman Offenburg, der sich auch als Bankier betätigte. Die finanziellen Bedürfnisse der Synode bis hin zur Vorfinanzierung von Gesandtschaften waren wie auch Einlagen und Kredite einzelner Väter indes meist Sache der vor Ort präsenten italienischen Banken, allen voran der Medicifiliale. Durch die Erhebung von Zehnten und Ablässen sowie die Errichtung eines Finanzapparats nach päpstlichem Vorbild versuchte das Konzil auch eigene Geldquellen – indes mit mäßigem Erfolg – zu erschließen.

Deputationsgliederung

Ihren Aufgaben entsprechend organisierte die Versammlung sich in vier Deputationen für Reform (*de reformatorio*), Glaube (*de fide*), Friede (*de pace*) und allgemeine Angelegenheiten (*pro communibus*). Hiermit beabsichtigten die Väter – wiederum unter Rekurs auf universitäre Strukturen, diesmal jedoch auf die eine *universitas* bildenden Fakultäten – ihre Universalität jenseits aller nationalen Sonderheiten herauszustellen und zugleich „statistisch egalitär" (J. Helmrath) zu verfahren, da sie die Teilnehmer nach ihrer Inkorporation möglichst gleichmäßig nach geographischer Herkunft und hierarchischem Rang auf die einzelnen Deputationen verteilten, was sich aber bald schon angesichts des skizzierten soziologischen Profils der Väter und der Überzahl an Franzosen und Deutschen unter ihnen als illusorisch erwies. Der einfache Kleriker besaß dieselbe Stimme wie ein Kardinal, und für jeden galt die *libertas dicendi*.

Stimmrecht

Verwaltung und Rechtsprechung

Desweiteren entwickelte das Konzil seine eigene Verwaltung und Rechtsprechung, wobei die Prinzipien der Kollegialität, Amtsbefristung, Schriftlichkeit und Rotation galten, um Korruption und Günstlingswirtschaft zu vermeiden. Zwar ahmte man, ob in Kanzlei, Kammer, Rota, Registratur oder Poenitentiarie, bis in Einzelheiten den – offensichtlich alternativlosen – Apparat der viel geschmähten Kurie nach. Indes wurde hier Verwaltung gar zum Verfassungsprinzip erhoben: Alle Väter sollten in kollegialer Egalität Alles mitbestimmen, über den Konsens in Partizipation in Alles eingebunden sein und aufgrund solcher Transparenz den Prinzipien der *equalitas* und der *parificatio* Ausdruck verleihen. In der Kirche aber entstand damit eine Art administrativer und juristischer Doppelherrschaft. Wer damals in Rom nicht das erwünschte Urteil, die erhoffte Pfründe oder den nötigen Dispens erhielt, konnte es in Basel versuchen oder umgekehrt – und gar mancher Supplikant oder Appellant hat, ohne für die eine oder andere Seite wirklich engagiert zu sein, die Gunst der Stunde zu

Administration als Verfassungsprinzip: *equalitas* und *parificatio* nutzen verstanden. Hinter einem mit einer wahren Protokoll- und Dokumentationsmanie einhergehenden Bestreben, alles und jedes an sich zu ziehen, was auch ein wucherndes Ausschuss(un)wesen entstehen ließ, in dem Entscheidungen oft über Jahre hin- und hergeschoben, verzögert oder gar begraben wurden, hinter allen Geschäftsordnungen aber standen Menschen: Freundschaften, Beziehungen, Animositäten und Parteiungen haben natürlich auch einem Basler Ämterwesen ihren Stempel aufgedrückt, in dem bald schon aus sachlichen wie praktischen Notwendigkeiten Verlängerungen, Verdauerungen und Kumulationen gang und gäbe waren.

Realität des Arbeitsalltags

Schließlich bildet das Konzil eine wichtige Vorstufe zum Gesandtenkongress der Neuzeit. Noch nie waren Europas Fürsten so zahlreich und so lange auf einem Konzil vertreten gewesen wie in Basel und zwar durch oft recht bedeutende Delegationen, deren geistliche Mitglieder sich zumeist auch für ihre Person inkorporierten. Sie zählten dann häufig zu den führenden Köpfen der Synode wie etwa der Erzbischof Niccolò Tudeschi von Palermo, der als Delegierter Alfons' V. von Aragón für manchen Zwiespalt dieser Botschafter und Konzilsväter zwischen Auftrag und Gewissen steht. Rang- und Sitzstreitigkeiten zwischen den Delegationen blieben auch hier nicht aus und nahmen gegenüber Konstanz an Dauer, Umfang und Schärfe noch merklich zu; so steigerte sich die englisch-kastilische Fehde bis zu offener Tätlichkeit. Doch galt es vor allem, argumentativ die eigene Position mit Hinweisen auf *origo, nobilitas* und *potentia* zu fundieren – und dies reichte bei einem Bischof von Burgos von den gotischen Urvätern bis zur Kermes-Schildlaus, deren Export aus Kastilien englischen Stoffen erst ihr leuchtendes Rot verlieh. Weitaus am stärksten aber war Burgund – sei es mit Bretagne und Savoyen, sei es vor allem mit den Kurfürsten – in solche Konflikte verwickelt: Innerhalb weniger Jahrzehnte und gerade unter Philipp d. Guten im Herzen eines territorial scheinbar schon längst fixierten Alteuropa zu einer Führungsmacht aufgestiegen, meldeten dessen Botschafter Anspruch auf den ersten Platz hinter den Gesandtschaften der Könige in der Konzilsaula an. Diese wurde so zu einer Art europäischer Mächtebörse, wo steigende wie sinkende Reputation konkret an der Sitzordnung ablesbar war. In der Sache aber sollte mit fortschreitender Dauer der Synode der Hauptgewinner ein im Hundertjährigen Krieg zunehmend dominierendes Valoisfrankreich sein, das zu Basel hinter den Ansprüchen seines kastilischen Alliierten und damit auch erfolgreich gegen England stand.

Vorstufe zum Gesandtenkongress der Neuzeit

Gesandte als Konzilsväter

Burgund

Konzil als Mächtebörse

Nach wie vor traten nämlich außerhalb des offiziellen Organisationsschemas auch in Basel die Nationen mehr oder minder regelmäßig zusammen; Gerichtssitzungen und selbst Generalkongregationen fielen anlässlich solcher Zusammenkünfte aus; insbesondere die französischen Väter sollten sich hier dank vielschichtiger und enger Beziehungsgeflechte als konziliare „pressure group“ von beeindruckender Schlagkraft formieren. Weder die Kurfürsten noch der Kaiser vermochten damit zu konkurrieren, der im Übrigen generell nicht mehr an Konstanzer Zeiten anknüpfen konnte, da er sich seit seiner Ankunft im Oktober 1433 einer selbstbewusst-gefestigten Versammlung gegenübersah, die nach über zweijährigem Kampf unmittelbar vor ihrem endgültigen Triumph über Eugen IV. zu stehen und seiner nicht mehr zu bedürfen glaubte.

Faktische Bedeutung der Nationen

Französische Netzwerke

5.3 Hussitenfrage/Basler Ekklesiologie

Nachdem Sigismund Basel bereits am 13.V. 1434 verärgert verlassen hatte, sollte indes ein böhmisches Ereignis Kaiser und Konzil wenig später wieder zu – zumindest partieller – Interessenidentität finden lassen: Am 30. V. errang ein Bündnis katholischer und gemäßigt-utraquistischer Adeliger, denen die egalitär-kommunistischen Vorstellungen der Taboriten zunehmend gefährlich erschienen, bei Lipany (östl. von Prag) einen entscheidenden Sieg über die Radikalen. Dieser bestärkte ebenso die Hoffnungen auf einen erfolgreichen Ausgang der seit Januar 1433 mit den Hussiten in Basel geführten Gespräche wie Sigismunds Aussichten, in der Nachfolge seines Bruders Wenzel († 1419) endlich die böhmische Herrschaft antreten zu können.

Das Hussitenproblem

Lipany

Wie war es überhaupt zu diesen Gesprächen gekommen? In den zwanziger Jahren hatten die – obendrein in die Mitte und den Osten des Reichs einfallenden – Hussiten eine Reihe von Siegen über päpstliche Kreuzfahrerheere errungen. Diese Erfolge von Deutsch Brod 1422 bis Taus, wo noch im August 1431 ein Kreuzfahrerheer unter dem nunmehr der Synode präsidierenden Kardinal Cesarini vernichtend geschlagen worden war, förderten entscheidend ebenjene Bereitschaft des Konzils zum Dialog; von einer ersten Manifestation des religiösen Toleranzgedankens in der Kirchengeschichte kann vor solchem Hintergrund jedenfalls keine Rede sein.

Theologische Diskussion mit den Hussiten: Keine Manifestation religiöser Toleranz

So kam es auf der Synode zur bis in den März 1433 währenden Diskussion der besten Theologen beider Seiten über die in den Prager „Vier Artikeln“ niedergelegten hussitischen Hauptforderungen: Laienkelch – öffentliche Bestrafung schwerer Sünden, auch der von Priestern begangenen, durch das Volk – freie Predigt des Gotteswortes durch alle Christen – Abschaffung des weltlichen Besitzes der Kirche. Danach blieb man weiterhin im eben durch Lipany wesentlich beförderten Gespräch und gelangte unter Beteiligung Sigismunds mit den Iglauer Kompaktaten am 5.VII.1436 zu einem Abschluss, der im wesentlichen nur den Laienkelch an jenen Orten im Königreich Böhmen für rechtens erklärte, an denen er bereits in Brauch war, wobei die Einigung von päpstlicher Seite nie anerkannt und auch in Böhmen selbst schon bald wieder in Frage gestellt wurde. Ungleich bedeutender und folgenreicher als jene Abmachung aber war die grundsätzliche Antwort der Väter auf die wiclifitisch-hussitische Herausforderung einer Geistkirche: Man beließ es jetzt nicht mehr bei Verboten und Scheiterhaufen, sondern versuchte sich an einer umfassenden Beschreibung dessen, was wesenhaft Kirche ist, mithin an einer – orthodoxen – Ekklesiologie, die zwar an hierarchischen Strukturen festhielt, aber deren Gewichtungen innerhalb der Institution Kirche neu austariert wissen wollte.

Iglauer Kompaktaten

Hussitischer Kirchenbegriff als ekklesiologische Herausforderung

Aus der Auseinandersetzung mit solch konziliar akzentuierter Ekklesiologie sollte sich nun wiederum jene für die römische Kirche der Neuzeit so fundamentale Lehre entwickeln, wie sie ein Johannes von Torquemada unter päpstlichen Vorzeichen in seiner *Summa de ecclesia* niederlegte. Deren große Verbreitung beruht, wie schon skizziert, auf einer im Vergleich mit den Basler Werken strafferen Systematik wie auch darauf, dass nach Ende und Scheitern des Konzils die Schriften der Sieger ungleich größere Chancen als mancher Konzilstraktat hatten, zum damals aufkommenden Druck befördert zu werden. Allerdings lässt die überaus reiche handschriftliche Tradition der Basler Disputationen über die „Vier Artikel“ aufmerken – sie und manch andere genuin theologische Leistung des Basiliense wie etwa die 1439 vorgenommene (und 1854 von Rom aufgegriffene!) Dogmatisierung der Unbefleckten Empfängnis Mariens sind aber in unserem Rahmen nicht zu würdigen; obendrein will Vieles gar überhaupt noch aus den Manuskripten gehoben sein.

5.4 Reformarbeit/Ordensreformen

Dominanz der *reformatio in capite*

Es liegt auf der Hand, dass sich die konziliare Ekklesiologie aufs engste mit entsprechenden Reformbemühungen verband, was im Falle Basels bedeutete, dass insbesondere die Konstanzer Arbeiten an einer *reformatio in capite* wiederaufgenommen und verstärkt wurden. Unter dem in einer Reformschrift formulierten Motto *Deauretur istud caput, et omnia sub ipso florebunt* versuchte man mit einer Reihe fast sämtlich zwischen 1433 und 1436, also in einer Periode relativer kirchenpolitischer Ruhe, erarbeiteter Dekrete vor allem, den päpstlichen Einfluss auf Stellenbesetzungen und daraus resultierende finanzielle Ansprüche zurückzudrängen. Besondere Bedeutung kommt dabei dem am 9.VI.1435 verfügten Annatenverbot zu, mit dem die nach Erhalt eines Benefiziums übliche Zahlung in Höhe des Pfründertrags des ersten Jahres bzw. Halbjahres an Rom untersagt wurde, ohne dass jedoch zuvor die Frage einer Entschädigung des Papstes geregelt worden wäre.

Annatenverbot

Allerdings wurde auch die *reformatio in membris* in den Blick genommen, was sich etwa an einem Dekret über die regelmäßige Abhaltung von Provinzial- und Diözesansynoden ebenso wie an einem von unnachsichtigem Rigorismus zeugenden Konkubinarierdekret zeigt. Als aus solchem Geist der Strenge erwachsenes Dokument der Reform begriffen die Väter gleichfalls ihr Juden- und Neophytendekret, das sich mit der Schärfe seiner Ausgrenzung wie seinem Eifer für die Missionierung von Juden aber durchaus in allgemein vorwaltende Überzeugungen der Zeit fügte, rekurrierte es doch auf eine Bulle Benedikts XIII. und sollte seinerseits später etwa einem päpstlichen Legaten Nikolaus von Kues als Vorlage dienen.

reformatio in membris

Generelle Tendenz zu Verschärfung und Rigorismus

Überhaupt scheinen all diese Disziplinardekrete *stricto sensu* während der folgenden Jahrzehnte zumindest im baselnahen Süddeutschland und Ostfrankreich relativ häufig übernommen worden zu sein. Solche Rezeption mag auch darin gründen, dass dabei manch älteres, allgemein anerkanntes synodales Traditionsgut weitergegeben wurde. Überdies war die bereits auf das 16. Jahrhundert vorweisende spezifische Basler Tendenz zu Verschärfung und Rigorismus gesamtkirchlich, zumindest für reformorientierte Kräfte, nicht minder konsensfähig.

Rezeption der Disziplinardekrete

Doch exemplarischer für das Thema Reform zu damaliger Zeit scheint jene kleinteilige Unübersichtlichkeit, welche etwa das zerklüftete Feld der Ordensreformen kennzeichnet, denen seit Benedikt XII. häufig Modellcharakter zugedacht war. Den regen und vielfältigen Basler Bemühungen waren dabei aber enge Grenzen gesetzt: In Einzelfällen aufgrund einschlägiger Suppliken getroffene Verfügungen blieben vor Ort oft folgenlos, und systematische Versuche entfalteten lediglich in der Konzilsstadt selbst und deren Umgebung, allenfalls noch in Teilen des Reichs gewisse Wirkkraft, doch im konkreten Konfliktfall vermochte Basel nicht einmal vereinzelten städtischen Widerstand zu brechen, wie ein Geiler von Kaysersberg treffend vermerkte: *Das gantz concilium zu Basel war nit so mechtig, das es möcht ein frawenkloster reformieren in einer stat, wan dy es hielt mit den frawen.*

Ordensreformen

5.5 Friedensaktivitäten/Bistumsstreitigkeiten – und weltliche Mächte

Hundertjähriger Krieg/Kongress v. Arras 1435

Ähnliches gilt auch für die Friedensaktivitäten des Konzils, die allenfalls im Umfeld Basels griffen, im weitaus wichtigsten Konflikt, dem Hundertjährigen Krieg, jedoch wirkungslos blieben. Den Ausgleich zwischen Frankreich und Burgund 1435 zu Arras machten die Mächte weitgehend unter sich aus, wie die weltliche Gewalt auch bei zahlreichen Streitigkeiten bei der Besetzung von Bistümern und Abteien – über achtzig davon waren in Basel anhängig – nur zu oft das letzte Wort hatte.

Pragmatische Sanktion v. Bourges 1438

So mussten die Väter auch hinnehmen, dass König Karl VII. von Frankreich im Anschluss an eine Klerusversammlung zu Bourges am 7.VII.1438 mit der „Pragmatischen Sanktion" zwar bis dahin vom Konzil verabschiedete Dekrete unter Einschluss von *Haec Sancta* und *Frequens* für das Königreich übernahm, jedoch in einer entsprechend den Interessen der Monarchie modifizierten Form. Im Gegensatz zu dieser den kirchenpolitischen Part des Wiederaufstiegs französischer Königsherrschaft am Ausgang des Hundertjährigen Kriegs markierenden Ordonnanz wurde die nach dem Vorbild der „Pragmatique" am 26.III.1439 zu Mainz von König, geistlichen Kurfürsten und Metropoliten erlassene „Akzeptation" nie Gesetz im Reich. Beide Zeugnisse stehen aber für den Versuch, noch zur rechten Zeit die Ernte der konziliaren Epoche zu eigenem Nutz in die landeskirchlichen Scheuern einzufahren. Sie sind in Frankreich wie im Reich Zeichen eines national getönten Partikularismus, der jedoch nur in einem ohnehin romfern gewordenen und über das Papsttum als fremde und fordernde Macht klagenden Deutschland zu teilweise völliger kirchlicher Abkoppelung führen sollte.

Mainzer Akzeptation 1439

5.6 Papst und Konzil im Entscheidungskampf: Das Konzil von Ferrara-Florenz (1438–1445 [?])/Absetzung Eugens IV. und Wahl Felix' V.

Unionskonzil

Eile bei der Ernte war geboten, denn inzwischen hatte ein weiterer Zwist Papst und Konzil so entzweit, dass sich darüber bald der endgültige Bruch abzeichnete: Das alte Ziel einer Wiedervereinigung von römischer und griechischer Kirche gewann damals drängende Aktualität, als die angesichts stetig steigender Osmanengefahr vom Kaiserhof in Konstantinopel betriebene Suche nach Unterstützung im Westen diesem die Aussicht auf Union gegen Türkenhilfe zu eröffnen schien. Selbstverständlich traten Eugen IV. wie Basel sogleich konkurrierend auf den Plan. Die Byzantiner, mit einander befehdenden Verhandlungspartnern konfrontiert, neigten grundsätzlich einem Unionskonzil unter römischen Auspizien zu, weil ihnen dessen Feier ohne Papst als vertrautem Repräsentanten der Westkirche undenkbar schien und zudem eine künftige Tagungsstätte in Italien für sie näher lag als das am 5.XII.1436 von den Baslern mit großer Mehrheit und unter französischer Einwirkung dazu erkorene Avignon.

Griechen für „päpstliches“ Konzil

Im Januar 1438 trat in Ferrara denn auch ein – vornehmlich aus finanziellen Gründen bald nach Florenz verlegtes – Konzil zusammen. Mochte es nur wenig mehr als eine italienische Synode darstellen, auf der sich im März die von Kaiser und Patriarch geführten Griechen einfanden, so bedeutete das am 5.VIII.1439 unterzeichnete Unionsdekret *Laetentur coeli* doch einen Erfolg für Eugen IV., an das sich im Lauf der nächsten Jahre noch weitere Unionen mit kleineren orientalischen Kirchen anschlossen. Dass beide Seiten, in konkreten Zwängen befangen, geradezu unter einem Diktat des Gelingens standen und deshalb alte, fundamentale Gegensätze im Denkstil wie in der Sache selbst, d. h. in schwierigen dogmatisch-theologischen Fragen wie Primat und Eucharistie, Fegefeuer und vor allem *Filioque*, aussparten oder mit Kompromissformeln wortgewandt kaschierten, zeitigte vor allem für die byzantinischen Teilnehmer negative Folgen: Heftige Reaktionen am Bosporus auf den vermeintlichen Verrat an der Orthodoxie ließen viele Rückkehrende ihre Zustimmung zu *Laetentur coeli* schon bald widerrufen; der Wert solcher „Union“ erschöpfte sich, abgesehen von einem bedeutsamen griechischen Impuls für den lateinischen Humanismus, vornehmlich im kurzfristigen Prestigegewinn Eugens IV.

Konzil v. Ferrara-Florenz 1438–1445(?)

Abschluss und Scheitern der Union

Vergeblich hatte der Papst gehofft, mit seinem Befehl zur Verlegung des Basiliense nach Ferrara dem verhassten *conciliabulum* nördlich der Alpen faktisch ein Ende zu bereiten. Im Gegenteil, ihrerseits suspendierten die Basler den Papst, um ihn nach langem Prozess am 25.VI.1439 abzusetzen. Der Deposition ging die Dekretierung der konziliaren Superiorität als Glaubenswahrheit unmittelbar voran; für die Väter selbst war dies wenig mehr als ein formaler Akt, der ihre mit der Erneuerung der Konstanzer Dekrete schon zu Beginn der Synode demonstrierte Überzeugung be- und verstärken sollte: Drei Sätze, *tres veritates fidei*, ließen am 16.V.1439 ein Verfassungsproblem endgültig und unzweifelhaft zur Sache des Glaubens werden; sie markieren Gipfel- und Endpunkt des mittelalterlichen Konziliarismus: „I. Der Satz von der Gewalt des Konzils über den Papst und jeden anderen Gläubigen ist eine Wahrheit des katholischen Glaubens. – II. Der Satz, dass der Papst ein allgemeines Konzil nicht ohne dessen Zustimmung auflösen

Suspension und Deposition Eugens IV.

Tres veritates fidei

kann, ist eine Wahrheit des katholischen Glaubens. – III. Wer diesen Wahrheiten in Wort, Tat und Schrift widerspricht, ist als Häretiker anzusehen."

Felix V. – Papst des Konzils

Mit der anschließenden Wahl Amadeus' VIII. von Savoyen am 5.XI.1439 zu ihrem Papst glaubten die Basler einen ihre steten finanziellen Nöte beendenden und zu ihren Bedingungen amtenden *Pontifex Maximus* zu erheben – Felix V., der frühere Herzog, hatte spätestens seit Sommer 1439 selbst nach der Würde von Konzils Gnaden getrachtet.

5.7 Scheitern und Ende/Zur Rolle Frankreichs, des Reichs und der Kurfürsten bei der Liquidation

Werbung um Obödienz

So gewappnet, suchten beide Seiten die Entscheidung, die nach Lage der Dinge nicht auf den Konzilien selbst, sondern an den Höfen und auf den großen Versammlungen von Ständen und Klerus vor allem in Frankreich und im Reich als hauptsächlich involvierten Mächten fallen musste. Noch einmal fuhren Autoren und Redner beider Parteien ihre ganze theologische und kanonistische Kompetenz auf, und manchem Talent wie etwa Nikolaus von Kues oder Enea Silvio Piccolomini boten sich hier wie schon zuvor auf dem ja eine europäische Bildungselite versammelnden Konzil einzigartige Foren, um die eigene Begabung für das scholastische Argument und vereinzelt auch schon für die an ciceronischer Oratorik geschulte humanistische Wortkunst karrierefördernd einer breiteren Öffentlichkeit zu demonstrieren. Dass dies letztlich aber nur gelehrtes Beiwerk war, dass die eigentlichen Entscheidungen fielen, wenn sich hinter den Männern von Macht und Einfluss die Türen schlossen, wurde Päpstlichen wie Konziliaren in Frankreich verdeutlicht: Sie mochten am Hof wie auf den Klerusversammlungen zu Bourges noch so reden und streiten, Karl VII., der Siegreiche und Wohlberatene – und gerade in kirchlichen Fragen war er wohlberaten dank eines Kreises erfahrener geistlicher Räte unter Führung seines Beichtvaters, des Gersonschülers Gérard Machet –, bezog und bestätigte die im Rat formulierten Positionen des Primats einer königlich-gallikanischen Landeskirche wie einer Vermittlung zwischen Papst und Konzil durch eine (nach Basel und Florenz) dritte Synode unter französischen Auspizien und verblieb dabei wohlgemerkt in der römischen Obödienz bis zur endgültigen Klärung aller offenen Fragen. Die traumatischen Erfahrungen der Last und Belastungen durch das große Schisma – Machet und vielen anderen waren sie noch persönlich geläufig – wogen schwerer als alle konziliaristischen Traditionen einer Pariser Alma Mater; die

Frankreichs Position

Zeit der „Sonnenwende“ (P. Ourliac) für das obendrein von Hunger und Seuchen heimgesuchte Basel nahte. Am Ort selbst brachte man das später auf die treffend-einfache Formel: *Dissz concilium hett ein schoenen anfang, aber ein ublen uszgang von nochvolgender zweyung wegen.*

Haltung weiterer Mächte/Offene Situation im Reich

Und so folgten denn auch bis auf Alfons V. von Aragón, der die Spannungen zwischen Rom und Basel skrupellos zu eigenem Vorteil ausnutzte, nur wenige und weniger bedeutende Fürsten vorbehaltlos dem Konzil und Felix V.; andere wie die England, Burgund, Kastilien, Venedig oder Florenz Regierenden waren und blieben ohnehin Eugen IV. verbunden. Offener aber stellte sich die Lage im Reich dar, wo angesichts einer Gemengelage unterschiedlichster Herrschaften mit all ihren divergierenden Interessen jeder gemeinsame Entscheid und erst recht dessen Durchsetzung fast von vornherein zum Scheitern verurteilt schien. Die großen, auch für die allmähliche Ausformung der Institution Reichstag wichtigen Versammlungen jener Jahre zur Kirchenfrage wie etwa in Mainz 1441 oder Frankfurt 1442 wurden zu Orten veritabler rhetorischer Schlachten beider Parteien.

Bedeutung des sich formierenden Reichstags

Allianz der Kurfürsten v. Trier, Köln, Sachsen und der Pfalz

Wenn eine Fraktion westlicher Kurfürsten unter Führung des wendigen, in früheren Diensten für Anjou zu diplomatischer Meisterschaft gereiften Trierer Erzbischofs Jakob von Sierck aus politischen und finanziellen Motiven – und nicht etwa als Vertreter eines angeblichen „rheinischen Konziliarismus“ – einen zeitweise zu Konzilspapst und französischem Hof führenden Sonderweg einschlug, während Friedrich III. über Enea Silvio Piccolomini die direkte Annäherung an Rom suchte, so musste diese Fraktion bald erkennen, dass nicht sie, aber auch nicht der römisch-deutsche Herrscher, sondern vornehmlich der *groß konig* Karl VII. jene Rahmenbedingungen festlegte, die Restkonzil und Gegenpapst einen einigermaßen honorablen Abgang sicherten und damit, trotz eigenen Verbleibs in der römischen Obödienz, Verantwortung und Sympathie des französischen Hofs für jene Traditionen und deren Träger erkennen ließen, welche im Zeichen von Konziliarismus, Gallikanismus und Landeskirchentum der Monarchie manchen Nutzen eingetragen hatten.

Bund dieser Allianz mit dem französischen König

Liquidation von Konzil und Schisma unter französischen Auspizien

Unter französischer Vermittlung kassierten Restkonzil und Nikolaus V., Eugens ungleich konzilianterer Nachfolger, ihre Prozesse und Zensuren und bestätigten einander ihren Benefizienbesitz. Einige Kardinäle felizianischer Obödienz, dem Papst teilweise seit dessen seinerzeitigem Basler Aufenthalt persönlich nahestehend, wurden sogar in das römische Kolleg übernommen, in dem Felix V., zum wohldotierten Kardinalbischof von S. Sabina erhoben, fortan den obersten Rang einnahm. In seiner heimatlichen Obödienz durfte er zudem die Insignien eines Pontifex Maximus tragen und als päpstlicher Dauerlegat und -vikar amten, was seinen eigenen Vorstellungen eines Papats von fürstlich-savoyischem Profil entgegengekommen sein dürfte. Im Übrigen: Einen ehemaligen Herzog, vielfach verwandt gerade mit den großen Häusern Westeuropas, ließ man nicht einfach fallen.

Rom aber sollte sich später mit dem Basiliense schwerer tun als Nikolaus V.: Immer wieder sprachen seit den Tagen des Jesuitenkardinals Bellarmin (1542–1621) maßgebende Kräfte Basel jegliche Ökumenizität ab; heute scheint es stillschweigende, wenn auch nicht offizielle Lesart, dem Konzil bis zu seiner Verlegung nach Ferrara durch Eugen IV. im September 1437 ökumenischen Charakter zuzuerkennen, indes mit der Kautel, dass die bis dahin verabschiedeten Dekrete nicht die Autorität des Hl. Stuhls beeinträchtigen dürfen.

6. Ausblick: Reich und Rom – Von der Entfremdung zur Abkoppelung

Das bislang letzte Schisma in der römischen Kirche war 1449 überwunden, die Einheit der lateinischen Christenheit wiederhergestellt – nicht durch innerkirchliche Diskussion, sondern unter dem Druck der Mächte. Letztlich scheiterte Basel, weil diese sich der exzessiven Übersteigerung des Konziliarismus versagten. Für das Papsttum seinerseits waren die Zeiten des Universalismus dahin; es sollte sich nunmehr verstärkt als Regionalmacht innerhalb der fragilen Pentarchie Italiens konstituieren und der faktischen Parzellierung der einen Kirche in von Fürsten dominierte Regionalkirchen mit dem Abschluss von Konkordaten Rechnung tragen. Was es gegenüber der innerkirchlichen Opposition gewonnen hatte, verlor es in gewissem Umfang an den, der als eigentlicher Sieger aus dem Saeculum kirchlicher Krise hervorgegangen war: eben den Fürstenstaat, der die Schwächeperiode Roms und konziliare Konzessionen zum Auf- und Ausbau landeskirchlicher Hoheit, zur „Überweltigung“ der Kirche (E. Schubert) und damit zur Ausbildung frühneuzeitlicher Souveränität zu nutzen verstand. Dies gilt auch für das Reich und dessen Territorien – landesherrliche Kirchenregimenter etablierten sich hier lange vor der Reformation –, und dies geschah mit den Strukturen und Instrumentarien weltlicher Gewalt, die von den österreichischen Erblanden und Bayern über Hessen und Jülich-Berg bis nach Brandenburg und Sachsen partiell durchaus für Reformansätze genutzt wurden, welche die Kurie ihrerseits mit

Die Konsequenzen:
– Erstarken des Fürstenstaates

fallweisen Vergünstigungen, nicht aber unter Aufgabe eigener Rechte bzw. Ansprüche zu unterstützen bereit war. Das konnte sie sich auch erlauben, denn innerkirchlich fasste der römische Zentralismus schon bald wieder Fuß, und Pius II. – ebenjener Enea Silvio Piccolomini, der in Basel seine Karriere begonnen hatte – sollte 1460 mit der Bulle *Execrabilis* jede Appellation vom Papst an ein Konzil untersagen. (Damit verdammte er jedoch nicht den Konziliarismus in toto, der zunächst sogar noch an der Kurie selbst mit Traktaten wie in Wahlkapitulationen und im Zeremoniell gewisse Spuren hinterließ.)

– Retablierung des römischen Zentralismus

Da dieses Verbot jedoch wenig Wirkung zeigte, mussten es viele seiner Nachfolger wiederholen; ein Beweis, dass sich konziliares Gedankengut und – allerdings oft rein politisch motivierte – Konzilsanrufungen nicht einfach auf dem Verordnungsweg aus der Welt schaffen ließen. Dem Papsttum des 15./16. Jahrhunderts gelang es nie, den Konziliarismus in theologischer Diskussion zu überwinden, sehr wohl aber, ihn *via facti* durch besagten Abschluss von Konkordaten zu unterlaufen, die sich bezeichnenderweise seit der Mitte des 15. Jahrhunderts so verdichteten, dass man von ihm gar als einem *siècle des concordats* gesprochen hat. In diesem Kontext ist auch das Wiener Konkordat (1448) zu situieren, mit dem, unter teilweisem Rekurs auf das nur fünf Jahre lang geltende Konstanzer Konkordat Martins V. mit der deutschen (Konzils-) Nation, nunmehr ohne zeitliche Beschränkung im Reich Stellenbesetzungen, Pfründenvergaben und Zahlungen an den Hl. Stuhl in einer Weise geregelt wurden, die diesem Mitsprache und Rechte in beachtlichem Umfang einräumten: So stand etwa neben den schon traditionellen Reservationen *in curia* bzw. *apud sedem apostolicam* die Besetzung von Kanonikaten und Benefizien an Kathedral- und Kollegiatkirchen dem Papst in den ungeraden Monaten eines Jahres, in geraden den ordentlichen Kollatoren zu (*alternativa mensium*). Weiterhin galt zwar eingeschränkt so doch grundsätzlich, dass Annaten und Kommunservitien zu zahlen waren. Etliche Mitglieder der Reichskirche traten denn auch diesem Vertrag erst bei, als sie in Nachverhandlungen vor allem verbesserte Bedingungen für Stellenbesetzungen und Visitationen erreicht hatten – so 1476 als letzter der Bischof von Straßburg. Friedrich III. dürfte die von ihm wohl nicht ohne Grund geheim geführten Wiener Verhandlungen kaum mehr mit auf größtmöglichen Vorteil bedachtem Einsatz geführt haben, nachdem er selber für seine Erblande zwei Jahre zuvor mit dem Besetzungsrecht für drei Bistümer und hundert Pfründen als Landeskirchenherr privilegiert worden war; zudem konnte Carvajal 1448 seine Gespräche für das inzwischen fast allge-

Wiener Konkordat 1448

mein wieder anerkannte Papsttum auch aus einer gegenüber 1446/47 wesentlich günstigeren Position führen.

Ungeachtet besagter Nachbesserungen im Einzelfall scheinen sich die Betroffenen ohne größeren Protest und Zweifel an der Konkordatsfähigkeit eines nicht in formellem Fürstenauftrag handelnden Königs in ein von ihnen grundsätzlich akzeptiertes System gefügt zu haben, das nach Jahrzehnten der Verunsicherung Verlässlichkeit bot, die Kompetenzen von Ordinarien und Päpsten eindeutig trennte und aufs Ganze – ein oft übersehenes Faktum – die Steuerlast für die deutsche Kirche minderte: Nicht ohne Grund blieb das Wiener Konkordat, obgleich nie Reichsgesetz, bis 1803 in Kraft. Es bedeutete keine Kapitulation vor der Kurie, es verlangte nur pragmatische Einsicht in die alt-neuen Verhältnisse, wie sie sich am Ausgang der konziliaren Epoche unter dem Dominat erstarkter monarchischer Gewalten nun einmal darboten – die Zeiten auch finanziell erfolgreichen Lavierens zwischen Papst und Konzil waren unwiederbringlich dahin. Wer jetzt auf einmal wie etwa der Erzbischof von Mainz größere kirchliche Autonomie anmahnte und an römischen Praktiken Anstoß nahm, kam zu spät, hätte seinerzeit die Mainzer Akzeptation zum Reichsgesetz befördern müssen.

Neuer Pragmatismus

Dietrich von Erbach stand indes mit seiner – unter dem Pontifikat des Einigers Nikolaus V. offensichtlich noch zurückgehaltenen – Kurienkritik keineswegs allein: Die auf der Aschaffenburger Provinzialsynode 1455 vorgetragenen Klagen über fortwährende Verletzungen des Konkordats durch eine sich in großem Umfang mit Pfründen im Reich versorgende Kurie und die rasch aufkeimende Opposition gegen Türkenzehnte und Ablassgelder, die von ihrer Verkündung bis zur Verwendung ausschließlich von päpstlicher Seite kontrolliert wurden, waren Manifestationen bald schon breiteren Unbehagens, von einer römischen Zentrale ausgebeutet und betrogen zu werden, der nur an Geld, nicht aber an Reform und Seelenheil lag – erste Klagen über solche *gravamina* waren im Reich übrigens bezeichnenderweise schon zur Zeit des Basler Konzils laut geworden. Jetzt war es ein Unbehagen, das sich weniger wegen der Bestimmungen des Konkordats selbst als deren vermeintlichen oder tatsächlichen Bruchs durch die Kurie und angesichts von ihr verfügter zusätzlicher finanzieller Belastungen wie auch jurisdiktioneller Interventionen zu Unwillen und Verweigerung steigern konnte. 1451 sprach ein Kölner Theologieprofessor in einem dem Kardinallegaten Nikolaus von Kues in Mainz zugespielten Traktat von der unersättlichen Gier des Papstes, die ihn mitsamt den Seinen nur daran denken lasse, *quomodo totam substanciam Germanice nationis sibi*

Gravamina der deutschen Nation

valeat acquirere. Und 1457 ließ der Mainzer Kanzler Martin Mair den nach der Wormser Dompropstei greifenden Kardinal Enea Silvio Piccolomini wissen, so sei das einst ruhmreiche deutsche Volk an den Bettelstab gebracht, geknechtet und zinspflichtig gemacht worden und müsse nun schon viele Jahre lang, im Staub liegend, sein Los, seine Armut beklagen. Doch je lauter die Klagen über die Beschwerungen der deutschen Nation wurden in Form von angeblich Ausländer und Kuriale bevorzugenden Reservationen und Exspektanzen, von als päpstliche Gnade erlassenen Derogationen (Aufhebungen) des Konkordats zu Lasten der Kollatoren, von unnachgiebigem Eintreiben ordentlicher und außerordentlicher Abgaben und von für jeden römischen Gunsterweis in exorbitanter Höhe zu leistenden Taxen, je mehr diese Beschwerungen sich in Beschwerden äußerten, desto weniger Geld floss tatsächlich aus dem Reich in die apostolische Kammer. Es bestand ein eklatanter Widerspruch, wie sich etwa an den Annaten aufzeigen lässt, zwischen „gefühltem Leiden“ und tatsächlichem Wert der Zahlungen nach Rom. Zu fragen bleibt, inwieweit dieses Phänomen ähnlich den damals von den Türken und dann vom Burgunderherzog Karl d. Kühnen drohenden Gefahren als Druck von außen empfunden wurde und so Ansätzen nationalen Bewusstseins zusätzlich eine antirömische Note verlieh.

Martin Mair

„Gefühltes“ Leiden im Reich trotz Rückgangs der Zahlungen an die Kurie

Am Vorabend der Reformation trugen die Kirchenprovinzen des Reichs samt exemten Bistümern mit ihren Annaten- und Servitienzahlungen zu den Einkünften der römischen Kirche nur noch 16 %, die des westeuropäischen Festlands dagegen fast ein Drittel bei: Deutschland klagte, Frankreich zahlte (von dem man im Reich irrigerweise annahm, es verweigere sich dem in konsequenter Anwendung der ‚Pragmatique‘), wie man auch in Italien, Spanien, Portugal, ja teilweise sogar im seit dem 14. Jahrhundert landeskirchlich geradezu abgeschotteten England zahlte – und zwar durchaus zu eigenem Vorteil. Man hielt engen Kontakt zu Rom, betrieb vor Ort „Lobbyarbeit“ und wusste bis in das Kardinalkollegium hinein Männer seines Vertrauens, derweil ein deutscher Kardinal damals seltener als ein weißer Rabe galt. Ihrerseits konzentrierte die Kurie Interesse und Zuwendung auf jene Herrschaften und Räume, denen offensichtlich an der Regelung kirchlicher Geschäfte im Benehmen mit ihr gelegen war. Man war auf beiden Seiten, selbst bei Dissens und Konflikt, meist offen und flexibel und orientierte sich pragmatisch an der Lösung konkret anstehender Einzelfälle, ob es nun um die Besetzung eines Erzstuhls oder die Resignation einer Pfarrkirche ging. Dabei spielte es kaum eine Rolle, ob etwa in Frankreich gerade das einseitige Regime der Pragmatischen Sanktion (1438) oder aber Konkordate (1472, 1516) galten; ja selbst königliche Konzilsdrohungen

Kuriennahe Zuwendungs- und Interessensräume in Europa

oder gallikanische Manifestationen änderten nichts daran, dass das Königreich grundsätzlich stets integraler Bestandteil des *Orbis Romanus* war und blieb.

Nach nur wenigen Jahren, in denen es den Anschein hatte, mit den Konzilien von Konstanz und Basel verlagere sich das Schwergewicht des Kirchenregiments in das Reich, kam die Macht der alten Strukturen wieder zum Vorschein; ja sie wurden wirkkräftiger denn je, weil dieses ohnehin seit langem nicht mehr kuriennahe Reich auf dem einträglichen Markt lateinisch-mediterraner Geschäftigkeit kaum noch vertreten war. Friedrich III. pflegte ihn nur wenig, und sein Nachfolger Maximilian I. ließ die Distanz zur Diastase werden, wenn er etwa 1510 den Humanisten Jakob Wimpfeling beauftragte, auf Grundlage der Pragmatischen Sanktion von Bourges ein Gutachten zu erstellen, wie man Deutschland vom kurialen Joch befreien könne. Bis auf die einst römischen Provinzen am Rhein und im Süden ist für das Reich vor allem im Osten und Norden und in dessen Gefolge für den nordeuropäischen Raum – nicht zuletzt auch beim Blick auf den Supplikeneingang oder die Zahl Deutscher auf mittleren und unteren Beamtenstellen in der römischen Verwaltung – eine zunehmende Kurienferne zu konstatieren, die sich von der Entfremdung über die Isolierung bis zur Abkoppelung bzw. Exklusion auswachsen konnte und das Reich aus römischer Sicht zur *natio tanquam extra orbem* werden ließ. Die fortschreitende Etablierung des Papsttums als italienische Territorialmacht und die traumatische Erfahrung zweier das römische Selbstverständnis existenziell in Frage stellender Konzilien auf deutschem Boden dürfte solcher, dessen Nord und Ost obendrein als *inculta barbaries* verachtenden Sicht weiter Vorschub geleistet haben. In Reaktion darauf schärfte die Kirchenzentrale ihr römisches, lateinisches und mediterranes Profil. Enea Silvio Piccolomini bemerkte 1457 in seinem später *Germania* benannten Werk zu den deutschen Klagen über römische Ausbeutung, allein die „Romanisierung qua Christianisierung" (J. Helmrath) habe die Barbaren des Nordens zivilisiert, wohlhabend und damit zahlungsfähig werden lassen. Mithin: Wer eigentlich nicht zum *Orbis Romanus* gehört, sollte schon aus Dankbarkeit dafür zahlen, überhaupt dabei sein zu dürfen.

Zunehmende Kurienferne des Reichs

Römische Sicht auf das Reich: *natio tanquam extra orbem*

Erst der europäische Vergleich schärft den Blick für solche Entwicklung, lässt die deutschen Klagen gerade über *gravamina* finanzieller Art in der Sache zwar unberechtigt und doch zugleich subjektiv verständlich erscheinen: Zahlungen in ein System, an dem man kaum noch partizipierte, in dessen fernem Zentrum man kaum mehr Freunde und Helfer wußte, zahlten sich eben nicht aus, wurden nur als belastender Tribut empfunden. Und obendrein ließen sich Papst

Antirömisch inspirierte Missstandskritik

und Kurie für kirchliche Missstände vor Ort umso leichter haftbar machen, als bei ihnen Geldgier mit Reformverweigerung einherzugehen schien, wobei angeblich wie tatsächlich fremdverschuldete Übel sicher sensibilisierender und kritikfördernder wirkten als der Blick auf eigenverantwortete Fehlentwicklungen. Doch nicht weil Rom die Reform durch Generalkonzilien verhindert hatte und sie nun selbst nicht betrieb, musste es, wie eine eingängige Formel lautet, schließlich die Reformation hinnehmen (K. A. Fink). Ähnlich hatte im Übrigen schon der sich als Vorkämpfer für den alten Glauben gerierende Kölner Humanist Ortwinus Gratius behauptet, eine Rezeption der Basler Reformdekrete hätte Luther nicht aufkommen lassen, und er glaubte deshalb, mit Konstanzer und Basler Traktaten seinerseits die neue Irrlehre bekämpfen zu können. Denn dagegen ließe sich einerseits auf die ja durchaus nachweisbare Übernahme von Basler Reformbestimmungen *stricto sensu* nach 1450, auf die beachtliche handschriftliche Verbreitung und alsdann auf den Druck (und sogleich mehrfachen Nachdruck) der Basler *Decreta* und Konstanzer *Acta* 1499/1500 sowie schließlich auf jene Vielzahl von Einzelreformen hinweisen, die, teilweise aufgrund laikalen Engagements, gerade im Reich in einem höchst frömmigkeitsintensiven Saeculum ins Werk gesetzt wurden und keinesfalls auf ein Versiegen des Reformimpetus des konziliaren Zeitalters deuten. Andererseits aber könnte man mit dem reformengagierten Basler Dominikaner Johannes Nider auch die Realisierbarkeit einer unter welchen Auspizien auch immer betriebenen Gesamtreform in der verfestigten Institution spätmittelalterliche Kirche mit einem „zu spät" grundsätzlich in Frage stellen.

Von der Entfremdung zur Abkoppelung

Wenn man beiderseits der Alpen Distanz und Entfremdung zu Abkoppelung und Exklusion, wenn man die sich seit dem 13. Jahrhundert abzeichnenden Bruchlinien zu Brüchen werden ließ, wenn nationalpatriotisch-humanistisch gesonnene Kräfte von Gregor Heimburg bis zu Ulrich von Hutten mit ihrem Verlangen nach Befreiung der deutschen Nation vom römischen Joch sie noch vertiefen halfen, dann war in diesem Reich *eine* unter wohlgemerkt vielen Voraussetzungen geschaffen, nach den zwar antirömisch inspirierten, so doch „systemimmanenten" Reformen der konziliaren Epoche nunmehr eigene kirchliche Wege einzuschlagen. 1534 wird Martin Luther, 1518 und 1520 selbst noch Konzilsappellant und in gar Manchem für spätmittelalterliche Traditionen stehend, überaus selbstbewusst, indes nicht ganz unzutreffend zum „Systembruch" konstatieren: *Ich hab, Gott lob, mehr reformirt mit meinem Evangelio, denn si villeicht mit funff Concilijs hetten gethan. Sie haben bis her jnn den Concilijs nichts gethan denn gespielet jnn losen sachen, die nichts zur Christlichen Kirchen gehoeren. Aber nu unser Evangelion kompt, Nimpt das Ablas weg, legt die Walfarten, stopfft die Bullen und steuret dem Geitz und richtet wunder an, die sie selbs annemen und brauchen Und durch kein Concilia erhalten hetten.*

II. Grundprobleme und Tendenzen der Forschung

1. Einleitung: Krise des Spätmittelalters? – Krise der Kirche

Wirtschafts- und sozialgeschichtlich orientierte Krisenforschung

Der Titel dieses Buchs nimmt mit „Krise des Spätmittelalters" zum einen Bezug auf eine in der deutschen Mediävistik klassischer Prägung lange verbreitete Sicht und Wertung dieser Epoche, zum anderen auf solche Einschätzung scheinbar bestätigende wirtschafts- und sozialgeschichtliche Forschungen, die sich seit den 30er Jahren des 20. Jahrhunderts der Agrarkrise, deren Voraussetzungen und Folgen widmeten – allesamt Phänomenen des katastrophenträchtigen 14. Jahrhunderts [103: Das 14. Jahrhundert], die aber weit in das nächste Saeculum hinein Auswirkungen zeitigten. Intensive Diskussionen etwa zu Fragen, ob sich hier eine strukturelle Krise mit indes erheblichem Innovationspotential zeige, ob mit der Agrarkrise eine allgemeine des Feudalismus manifest werde [101: G. Bois, La grande dépression] oder von einer Vielzahl sich verdichtender Teilkrisen auszugehen sei, reichen teilweise bis in die Gegenwart [letzte Übersichten bei 46: E. Meuthen, 15. Jahrhundert, 121–140; 300: Chr. Jörg, Teure, 48–56]. Doch kam mit dem „Herbst des Mittelalters", jenem Meisterwerk über die französisch-burgundische Hofkultur des 14./15. Jahrhunderts von J. Huizinga [109], schon früh ein Beitrag von kulturgeschichtlicher Seite hinzu, der mit einer bis in den Titel hineinreichenden, suggestiv-bildreichen Eindringlichkeit jene Jahrhunderte als Spätzeit wahrnehmen ließ; die traditionelle Epocheneinteilung tat ein Übriges, um sie als alt und absterbend anzusehen. Spezialforschungen haben mittlerweile die geniale Einseitigkeit des Buchs aufgezeigt, und H. Kaminsky etwa suchte das 14./15. Jahrhundert vom Odium solcher Spät- und Endzeit durch Wiederaufgreifen des u. a. bereits von D. Gerhard gemachten Vorschlags einer vom 11./12. bis ins 18. Jahrhundert reichenden „alteuropäischen" Epoche zu befreien [110: Lateness; vgl. 111: E. Meuthen, Gab es ein spätes Mittelalter?], allein Huizingas Bildmächtigkeit bestimmt weiter mit unser Erinnerungsbild.

J. Huizinga: „Herbst des Mittelalters": Eindringlichkeit und Einseitigkeit

Die Krise – eine Bewusstseins-, Sinn- und Ordnungskrise (F. Graus, F. Seibt, W. Eberhard)

Zu wesentlicher Erweiterung und Vertiefung der Thematik führten sodann die Forschungen von F. GRAUS, der seinerseits Anregungen einer mentalitätshistorisch ausgerichteten französischen Geschichtswissenschaft rezipierte, wenn er die Krise vornehmlich als eine des von der Erfahrung einschlägiger Faktoren markierten Bewusstseins charakterisierte [107: Pest; vgl. schon 105: Spätmittelalter, 106: Vom ‚Schwarzen Tod']. Ähnlich sprach auch F. SEIBT von einer durch Orientierungs-, Vertrauens-, ja Identitätsverlust bewirkten Sinn- und Ordnungskrise [113: Begriff – Krise], und sein Schüler W. EBERHARD brachte dies auf die einprägsame Formel: „die Krise findet also letzten Endes in den Köpfen und Herzen der Menschen statt" [104: Krise, 319]. Die Fülle der hierfür beigebrachten Belege scheint, wenn auch nicht immer beweis-, so in ihrer Gesamtheit doch derart aussagekräftig, dass ein Versuch, solcher Sicht der Krise jegliche Berechtigung abzusprechen, um sie vielmehr als Kopfgeburt von Historikern eines krisenerschütterten 20. Jahrhunderts ausmachen zu wollen, kaum überzeugt [112: P. SCHUSTER, Krise des Spätmittelalters; partiell auch „krisenresistent" 98: E. SCHUBERT, Einführung, 9f., der mit dem Begriff aber die damalige Angst vor jähem Tod adäquat abgedeckt sieht].

Die Krise – eine Erfindung von Historikern des krisengeprägten 20. Jh.s?

Hatten die erwähnten Faktoren zu tiefgreifender Verunsicherung der davon Betroffenen geführt, die zudem einen gegenüber den archaisch-einfachen Lebensformen früherer Jahrhunderte komplexer und schwieriger gewordenen Alltag bewältigen mussten, so ließ sie dies in einer christlichen Welt nach Sicherheit im Heil suchen. Doch die Kirche, Monopolinstitution für Heilsvermittlung, war selbst in profunder Krise befangen. Dass es sich um eine solche handelte, die langfristige Strukturschwächen und Widersprüche offen zutage treten ließ, kann man wohl kaum mit dem Hinweis hinweginterpretieren, als Krise sei dies ausschließlich von papstkirchlicher Warte wahrgenommen worden, während die sonstige Christenheit die Dinge unter positiveren Vorzeichen betrachtet habe [110: H. KAMINSKY, Lateness, 121]. Nur der Umstand, dass diese Kirche alternativlos war, ließ aus der Diskrepanz von Ansprüchen der Institution und Erwartungen verunsicherter Gläubiger keine Legitimationskrise erwachsen [s. dazu, nach J. Habermas, auch M. G. SCHMIDT, Wörterbuch zur Politik. 3. Aufl. Stuttgart 2010, 461f.]. Jener Widerspruch, dass gerade im Reich das 15. Jahrhundert als Zeit intensivster Kirchlichkeit und Frömmigkeit gelten darf, wogegen eine zu erheblichen Teilen von Missständen gezeichnete Kirche steht [B. MOELLER – J. LORTZ; Näheres unten Kap. 8], ist nur ein scheinbarer, kommen doch darin ebenjene spannungsvollen Gegensätze in einer kirchlichen Welt zum Ausdruck, die wie kaum sonst in ihrer Geschichte

Die Krise – ein im besonderen kirchliches Phänomen

Diskrepanz zwischen Institution und Gläubigen

damals eine unüberschaubare Vielzahl an Optionen bereithielt [77: J. Van Engen, Multiple Options].

So erstaunt nicht, dass die Kirche im Grausschen Krisentableau – er selbst spricht von einer Massierung von Krisenphänomenen unterschiedlicher Art – ihren Platz hat, und selbst „krisenmüde" Historiker den Begriff vornehmlich mit der übrigens von Schuster ausgesparten Kirche des Spätmittelalters in Zusammenhang bringen [Zitat im Darstellungsteil in 186: J. Helmrath, Reform, 77]. Ihr Zustand ließ den Ruf nach Reform lauter denn je werden, der besonders von deutscher Forschung in die Nähe der Reformation gerückt wurde [111: E. Meuthen, Gab es ein spätes Mittelalter?, 118; Näheres unten Kap. 8]. Dabei gilt es zu relativieren und differenzieren, denn unschwer lassen sich sogar am selben Ort oft gravierende Übel und zugleich florierende Verhältnisse dank gelungener Reformen ausmachen [69: F. Rapp, L'Église, 365 u. ö.]. Dies lenkt den Blick auf die jeder Krise grundsätzlich innewohnende Möglichkeit zu positiv-dynamischer Veränderung [R. Koselleck, Krise, in: Geschichtliche Grundbegriffe. Hrsg. v. O. Brunner u. a. Bd. 3. Stuttgart 1982, 48 u. ö.]: Wie die ökonomischen Verwerfungen zu Anpassungen, Differenzierungen und neuen Formen des Wirtschaftens führten [s. z. B. 114: Ph. Wolff, Automne du Moyen Age; E. Pitz, Die Wirtschaftskrise des Spätmittelalters, in: VSWG 52 (1965) 347–367; zur im Darstellungsteil zitierten „Dynamik durch Schrumpfung" nach F. Lütge 98: E. Schubert, Einführung, 15], so erzwang die mit dem großen Schisma gerade an ihrer Spitze manifeste Krise der Kirche eine Suche nach neuen Wegen zu ihrer Überwindung [70: F. Rapp, Christentum IV, 31 u. ö.] – der schließlich eingeschlagene des Generalkonzils, zu seiner Zeit nur partiell erfolgreich, sollte sich aber mit seinen theoretischen Fundierungen im Konziliarismus noch auf das Verfassungsdenken der Neuzeit auswirken [s. unten Kap. 4.3] und zudem mit den Formen der Umsetzung zu Pisa, Konstanz und Basel ein für das Selbstverständnis der Kirche zwar nicht unproblematisches, so doch nie ausgeschöpftes Angebot für eine das Gewicht des monarchischen Papats durch ein korporativ-kollegiales Element austarierende Ekklesiologie darstellen.

Krise und Reformimpetus

Kirchliches Leben zwischen Reform und Missstand: Notwendigkeit der Differenzierung

Generalkonzil – Instrument zur Krisenbewältigung

2. Das große abendländische Schisma (1378–1417)

Es liegt auf der Hand, dass das große abendländische Schisma entsprechend seiner Bedeutung in jedem Handbuch der Kirchengeschichte seinen Platz findet; generell hingewiesen sei bei dieser Gelegenheit

Handbücher zur allgemeinen Geschichte der Kirche und des Christentums

deshalb auf zwei vom Ansatz her zwar unterschiedliche, allerdings durchaus komplementäre Standardwerke in deutscher Sprache: auf das vor einem halben Jahrhundert von dem katholischen Kirchenhistoriker H. Jedin eher traditionell konzipierte – in den einschlägigen, von K. A. Fink verfassten Kapiteln indes recht kritische und wohl auch vom Geist des damaligen II. Vaticanum inspirierte – „Handbuch der Kirchengeschichte" [58: Bd. III/2] sowie auf die breiter angelegte, aus der Tradition französischer Historiographie erwachsene (und wegen mancher Unzulänglichkeiten der Übersetzung möglichst im Original zu konsultierende) „Geschichte des Christentums" [55: Bd. 6; Beachtung verdient darin insbesondere der Überblick von F. Rapp über das spätmittelalterliche Reich; vgl. auch weitere Werke des Autors: 69, 70, 96]. Jüngsten Forschungsstand spiegelt in kurzem Abriss der Beitrag von J. Helmrath zur neuen „Ökumenische[n] Kirchengeschichte" [67].

N. Valois vs. J. Haller

Doch wird man bei eingehenderer Beschäftigung mit der Thematik noch immer auf das opus magnum von N. Valois rekurrieren [147: La France et le grand schisme d'Occident. 4 Bde. 1896–1902], das ebenso wie sein daran anschließendes, die Zeit bis 1450 behandelndes Werk [328: Le pape et le concile. 2 Bde. 1909] über weite Strecken aus handschriftlichen Quellen geschöpft ist. Indes bleibt der dem Verfasser schon früh vorgeworfene Mangel an kritischer Durchdringung der Materialfülle zu berücksichtigen, der mit proрömischen und -französischen Einseitigkeiten einhergeht [vgl. 238: A. Frenken, Erforschung, 93–105]. Niemand attackierte dies seinerzeit so pointiert-polemisch wie J. Haller, der damit auf einen im Widerspruch von Katholizismus und Patriotismus während der frühen Jahre der Trennung von Kirche und Staat im laizistischen Frankreich befangenen Autor zielte, wobei hier natürlich auch der nationalistisch gespeiste deutsch-französische Antagonismus der Zeit das Seine dazutat [H. Müller, Der bewunderte Erbfeind. Johannes Haller, Frankreich und das französische Mittelalter, in: HZ 252 (1991) 289f.].

Neuere Literatur zum großen Schisma mit Zentrierung auf Frankreich

Zwar ist das von Valois präsentierte Material teilweise auch von Relevanz für Germanica, aufs Ganze aber sind seine beiden Werke – der Titel des ersteren zeigt es ohnehin an – auf Frankreich zentriert, und nicht zufällig legen bis heute gerade französische Autoren Darstellungen des großen Schismas vor, so zuletzt noch in Form einer Aufsatzsammlung H. Millet [134: L'Église du Grand Schisme] oder P. Payan in breit angelegtem, das Reich randhaft streifendem Überblick [140: Entre Rome et Avignon]. Politisch und intellektuell wurden ja in der Tat die Weichen im Frankreich jener Zeit gestellt, und H. Kaminsky, der die Epoche in der Person bezeichnenderweise eines französischen

Prälaten, des im Dienst von Berry aufgestiegenen Patriarchen Simon de Cramaud, biographisch einzufangen verstand [130], bezeichnete denn auch die seiner Meinung nach erfolgreich im Pisanum kulminierende, wesentlich von Cramaud konzipierte Schismapolitik kurzerhand als „a French production“ [The Great Schism, in 49: The New Cambridge Medieval History. Bd. 6, 695]. Damit steht er eigentlich in Nachfolge von L. Bourgeois Du Chastenet, dessen Werk über das Konstanzer Konzil aus dem Jahr 1718 schon im Titel für sich spricht [Nouvelle histoire du concile de Constance où l'on fait voir combien la France contribue à l'extinction du schisme]. Allerdings bleibt zu beachten, dass etwa damals an der Universität Paris wirkende Professoren deutscher Herkunft wie Langenstein, Gelnhausen oder Inghen mit ihrem Übergang von dem seinerseits durch den Königshof unter clementinischen Obödienzdruck gesetzten „Zentrallabor der Gelehrsamkeit“ an die neuen Hochschulen im Reich wie Wien oder Heidelberg diese verstärkt in die internationale Diskussion einbanden [137: M. Nuding, Mobilität].

Schisma und Krise des römisch-deutschen Königtums: Sicht der deutschen Forschung

Doch konzentrierte die ältere deutsche Forschung ihr Interesse stärker auf die damalige Krise des römisch-deutschen Königtums vor dem Hintergrund fortwährender römischer Obödienz Wenzels wie auch Ruprechts, wobei Versuche der Etablierung landeskirchlicher Strukturen im Vergleich zu den machtvollen gallikanischen Manifestationen der Zeit oder gar zur englischen Staatskirchlichkeit zwar erkennbar sind, sich aber wenig profiliert ausnehmen. Neuere Studien hoben, indem sie die Absetzung Wenzels 1400 im weiteren europäischen Kontext damaliger Königs- und Papstdepositionen situierten, auf die grundsätzliche Krise monarchischer Gewalt am Vorabend des konziliaren Zeitalters ab [so etwa 135: P. Moraw, 1400; s. auch: Das spätmittelalterliche Königtum im europäischen Vergleich (Teil I). Hrsg. v. R. Schneider. Sigmaringen 1987]. Die wichtigsten jüngeren Beiträge zum Schisma (wie auch zum Konstanzer Konzil) wurden indes aus anderem Blickwinkel verfasst, da Quellenstudien deren Autor die Dinge vorwiegend von italienischer Warte aus sehen ließen: Die Verdienste von W. Brandmüller, der über Jahrzehnte auch als Wissenschaftsorganisator die Erforschung der gesamten Konziliengeschichte befördert hat [192: Konziliengeschichte], werden allerdings – hier zeichnen sich gewisse Parallelen zu Valois ab – durch bisweilen problematische Interpretationen mit „papalistisch“-apologetischer Tendenz verschattet.

Ansätze und Tendenzen bei W. Brandmüller

Die Erhebungen Urbans VI. und Clemens' VII.

Auf vornehmlich senesischen Quellen beruht denn auch Brandmüllers Untersuchung der zentralen, weil unmittelbar zum Schisma führenden und daher immer wieder diskutierten „Frage nach der Gül-

Zur Diskussion um ihre Gültigkeit und die Rechtmäßigkeit der Obödienzen

tigkeit der Wahl Urbans VI." [AHC 6 (1974) 78–120; Ndr. in 119: Papst und Konzil, 3–41]. Dass sie im Letzten positiv zu beantworten ist, was allerdings vor dem Hintergrund der sodann eintretenden Ereignisse keineswegs von vornherein die Ungültigkeit der Erhebung Clemens' VII. impliziert, dürfte – hier hat der Autor durchaus zum common sense der Forschung beigetragen – heute weitgehend anerkannt sein und wurde jüngst aus neuer Perspektive mit dem Hinweis auf die lange Tradition ritualisierter Gewalt im Umkreis von Sedisvakanz und Konklave von J. Rollo-Koster bestätigt [142: Raiding St. Peter; vgl. Dies., Civil Violence and the Initiation of the Schism, in 115: A Companion to the Great Western Schism, 9–65]. Damit ließ sich jedenfalls die Ungültigkeit der Wahl und die Notwendigkeit eines neuen Akts nicht begründen. Offen bleiben muss, ob Urban VI. Drahtzieher seiner eigenen Wahl war gleich dem Camerlengo Pierre de Cros auf der Gegenseite für Robert von Genf [151: D. Williman, Schism], ob er als Papst pathologische Züge zeigte oder vielmehr nach seinen negativen Erfahrungen des „avignonesischen Stils" der französischen Kardinäle aus radikalem Reformimpetus handelte [vgl. 144: B. Schwarz, Kurie, 234, unter Rekurs auf E. Pasztor und B. Guillemain], wie zuletzt auch unter Hinweis auf die Wahl seines an Urban V. anknüpfenden Namens gemutmaßt wurde, derweil Clemens VII. mit dem seinigen ein freigebiges Regiment, wie von Clemens VI. in Avignon praktiziert, habe ankündigen wollen [St. Weiss, Luxury and Extravagance ..., in 115: A Companion to the Great Western Schism, 67–87]. Ebenso bleibt die ungleich wichtigere kirchenrechtliche Frage, welche der zwei und später drei Obödienzen die rechtmäßige war, letztlich unlösbar; aus gutem Grund vermieden schon Autoritäten des 15. Jahrhunderts wie Torquemada eine eindeutige Festlegung [zuletzt Th. M. Izbicki, Conclusion, in: ebd., 445, unter Rekurs auf seine frühere Studie in ChurchH 55 (1986) 12ff.], und Unsicherheit darob ist selbst noch an der römischen Kurie des 20. Jahrhunderts zu konstatieren [176: F. Oakley, Conciliarist Tradition, 254f.]. Ausschlaggebend wurde die Fakten schaffende Haltung der weltlichen Mächte, womit für P. Payan „la fragmentation de l'Europe" einsetzte, die obendrein – man denke an die bald folgenden französischen Substraktionen – „la possibilité du refus" gegenüber der höchsten kirchlichen Autorität einschloss [140: Entre Rome et Avignon, 255, 274, 286 u. ö.]: trotz unbezweifelter „Systemschäden" und der Entwicklung des Papsttums selbst zu einer italienischen Territorialmacht eine schon mit Blick etwa auf den weitaus früheren Konflikt zwischen Bonifaz VIII. und Philipp d. Schönen um 1300 diskutable These.

Beginn der „fragmentation de l'Europe" im großen Schisma?

Im unmittelbaren Vorfeld des Schismaausbruchs soll es noch zu einer engen deutsch-französischen Absprache gekommen sein, wie St. Weiss in zwei neueren Publikationen darlegte [149: Onkel und Neffe; 150: Prag-Paris-Rom]. Nach ihm fand Kaiser Karl IV. beim Pariser Besuch seines königlichen Verwandten 1377/78 [zuletzt hierzu allgemein F. Šmahel, Cesta Karla IV. do Francie. Prag 2006] über seinem Bemühen um europaweite Verschränkung der Interessen ihrer beiden Häuser zu völligem Konsens mit Karl V., was auch die Rückkehr des Papsttums nach Rom einschloss. Warum bezog dann aber der französische König, trotz anfänglichen Zögerns und möglicher Falschinformation, nach der Wahl Clemens' VII. und bei dessen Übersiedlung nach Avignon wenig später eine andere Position?

Kaiser Karl IV. und König Karl V. v. Frankreich: Absprachen im Vorfeld der Spaltung?

Der Umstand, dass dem von Karl IV. getroffenen und von Wenzel bestätigten Entscheid für die römische Obödienz im Reich anfänglich nicht unbedingt allerorts gefolgt wurde, hat die Forschung zum einen nach den höchst unterschiedlichen Motiven der für Clemens VII. votierenden Territorialherren und kirchlichen Jurisdiktionsträger fragen lassen [H. Diener, Die Anfänge Clemens' VII. in Deutschland in 122: Genèse, 521–531; 127: B. Hotz, Ausbruch (zur Akzentuierung eigenständiger Territorialherrschaft durch landeskirchliches Regiment bei Herzog Leopold III. von Österreich)]. Dabei fanden die frankreichnahen Lande im Westen besonderes Interesse [zuletzt 121: Ph. Genequand, Entre ‚Regnum' et ‚Imperium']. Zum anderen ging es ihr um die Folgen, wenn die Obödienzen, meist aufgrund des Entscheids der jeweiligen weltlichen Gewalten, kirchliche Einheiten wie Metropolitanverbände, ja Bistümer durchschnitten. Bislang zeichnet sich ein recht klares Bild pragmatischen Arrangements ab [s. etwa 132: M. Maillard-Luypaert, Cambrai; unbefriedigend, im Ergebnis jedoch eindeutig 129: D. Jank, Trier; allgemein zuletzt Ph. Daileader, Local Experience of the Great Schism, in 115: A Companion to the Great Western Schism, 89–121], das aber durchaus noch Weiterungen bzw. genauere Konturen vertrüge, wie sie sich etwa im Fall von Köln und Kleve in der Dissertation von H. Hawicks über Stift und Stadt Xanten im Spätmittelalter (2007) und in der Studie von F. Engel [217: Kölner Kirche, 49–52] abzeichnen. Solche Einstellung sicherte jenseits aller Kirchenstrafen weitgehend ungestörte Kontinuität des kirchlichen Alltags vor Ort; ein Thema, für das in Ansätzen von einem im „Jubiläumsjahr" 1978 in Avignon abgehaltenen Kongress Impulse ausgingen [122: Genèse]. Als mustergültige Feldstudie hierzu darf immer noch die kurz zuvor, indes nur partiell publizierte Thèse von L. Binz über das Bistum Genf zwischen 1378 und 1450 gelten [117: Vie religieuse].

Das Reich in der römischen Obödienz

Vereinzelte Anerkennung Clemens' VII. im Reich/ Pragmatisches Arrangement

Für fanatische Parteigänger war in dieser Welt kaum Platz, wie das

Relevanz biographischer Arbeiten für die Schismaforschung

Beispiel jenes Johannes Malkaw lehrt, dessen von M. Tönsing aufgearbeitete Vita [146] für lohnendes biographisches Bemühen auch um Personen minderer Bedeutung gerade in bewegten Zeiten wie denen des Schismas steht, während auf der „Spitzenebene", abgesehen von den oft mit Werkinterpretationen verbundenen Studien zu führenden Gelehrten wie Gerson [131: B. P. McGuire, Jean Gerson; 141: G. H. M. Posthumus Meyjes, Jean Gerson] oder d'Ailly [vorzüglich 126: B. Guenée, Entre l'Église et l'État, 125–199, 461–477], besagte Biographie des Simon de Cramaud von H. Kaminsky Maßstäbe gesetzt hat [130]. Lediglich bei ihrer hohen Bewertung des Konzils von Pisa überzeugt sie allenfalls mit Blick auf den Patriarchen selbst, für den nach französischer Neutralität und Substraktion das Konzil mit der von ihm erstrebten Absetzung beider Päpste („depositary conciliarism") den Weg zum (vermeintlichen) Neuanfang eröffnete.

3. Das Konzil von Pisa (1409)

Ein Konzil zwischen Scheitern und Erfolg

Denn potenzierte Pisa mit der Erhebung Alexanders V., wie oft zu lesen, nicht vielmehr die Kalamitäten? Oder wurde mit diesem sukzessive vom größten Teil der Christenheit anerkannten Pontifex jene von O. Engels konstatierte Barriere zwischen zwei geradezu petrifizierten Obödienzen durchbrochen, kamen also paradoxerweise mit dem Dreierschisma die Dinge wieder in Fluss [Die Obödienzen des Abendländischen Schismas. Kommentar zu Karte 66, in 25: Atlas zur Kirchengeschichte, 51*f.], und zeichneten sich mit Pisa nicht schon die Organisationsformen eines nächsten Konzils ab?: Fragen, auf welche die Forschung Antworten in der lang erwarteten Gesamtdarstellung des Pisanum durch D. Girgensohn zu finden hofft, zumal das Konzil – vielleicht auch wegen ihm römischerseits abgesprochener Ökumenizität – bislang nicht gerade reichen Niederschlag in der Literatur gefunden hat. Wichtige Ergebnisse seiner seit Jahrzehnten betriebenen und in zahlreichen Publikationen niedergelegten Vorstudien, zu denen man in weiterem Sinn auch sein großes Werk über Venedig zu Beginn des 15. Jahrhunderts zählen mag [u. a. 219–222: Pisa; *More sanctorum patrum*; Kirche; Materialsammlungen. S. auch 124: Schisma; 125: Zabarella], hat Girgensohn allerdings schon 2007 komprimiert in einem Beitrag vorgelegt, der über die souverän skizzierte Ereignisgeschichte hinaus forschungs- und problemorientierte Akzente setzt [Von der konziliaren Theorie des späteren Mittelalters zur Praxis: Pisa 1409, in 209: Konzilien, 61–94]. Dabei hatte er für die verwickelte Vorge-

(Erwartete) Gesamtdarstellung von D. Girgensohn

schichte des Pisanum von bislang ungenügender und obendrein noch der Aufbereitung bedürfender, für das Konzil selbst dagegen von guter und zudem durch zahlreiche Editionen [u. a. 22–24: J. VINCKE, Acta – Briefe – Schriftstücke] wohlerschlossener Quellenlage auszugehen.

Zur Frage der Ökumenizität (H. Millet)

Eines der Probleme besteht in besagter Frage nach der von Rom seit Bellarmin negierten Ökumenizität, die indes mit Blick auf den Teilnehmerkreis v. a. dank der Funde und Forschungen von H. MILLET [u. a. 224: Le concile de Pise; 225: La représentativité] nunmehr wohl eher zu bejahen ist, vermochte sie doch in Auseinandersetzung mit dem Brandmüller-Schüler J. LEINWEBER [Ein neues Verzeichnis der Teilnehmer am Konzil von Pisa, in: Festschrift für H. TÜCHLE. Hrsg. v. G. SCHWAIGER. Paderborn u. a. 1975, 207–246] eine Vertretung der lateinischen Christenheit von durchaus repräsentativer Breite aufzuweisen. (Grundsätzlich ist die Verwendung des Begriffs „ökumenisch" für alle nach der Spaltung von 1054 in der lateinischen Christenheit abgehaltenen allgemeinen Konzilien zwar problematisch, doch folgt hier der allgemeine Sprachgebrauch der westlich-römischen Lesart. [dazu jüngst 207: H. J. SIEBEN, Studien zum Ökumenischen Konzil, 187–190].) Allerdings bleibt mit D. GIRGENSOHN als „wesentlicher Schönheitsfehler" eine Absenz der nach wie vor Benedikt XIII. folgenden spanischen Väter zu konstatieren [Von der konziliaren Theorie, in 209: Konzilien, 81], die ihrerseits seit November 1408 in Perpignan zusammengekommen waren [jüngste Forschungen hierzu in: Le concile de Perpignan 15 XI 1408 – 26 III 1409. Hrsg. v. H. MILLET. Canet 2009]. Im Reich dagegen bröckelte Ruprechts Verweigerungsfront und zerfiel nach seinem Tod vollends. Reichsstände waren, meist prokuratorisch, durchaus in Pisa vertreten und/oder sie schlossen sich danach zunehmend dessen Papst an [aus landesgeschichtlicher Warte immer noch exemplarisch 218: A. GERLICH, Territorium; vgl. O. ENGELS, Die Obödienzen des Abendländischen Schismas. Kommentar zur Karte 66, in 25: Atlas zur Kirchengeschichte, 51*]. Im Übrigen wies auch A. LANDI auf die hohe Repräsentativität des Pisanum in seiner – bislang einzigen modernen – Gesamtdarstellung hin, die allerdings aufs Ganze wenig zu befriedigen vermag [223: Il papa deposto; vgl. die Rezension von W. DECKER].

Teilnehmer und Stimmrecht/ Bedeutung der gelehrten Welt

Auch dem früher umstrittenen Problem der abstimmungsberechtigten Teilnehmer scheint dank D. GIRGENSOHN die Spitze genommen zu sein [Von der konziliaren Theorie, in 209: Konzilien, 81–84]: Dazu gehörten neben dem traditionellen Kreis der Prälaten und Ordensoberen wohl nur jene Graduierten, die über ein prokuratorisches Mandat verfügten, während die anderen offensichtlich kein Dezisiv-, sondern nur ein Deliberativvotum abgeben konnten. Dieses aber war den sie ja einladenden Kardinälen angesichts der theologisch und kanonistisch zu bewältigenden Materie ausdrücklich willkommen – mit Pisa beginnt der Aufstieg der akademischen in die konziliare Welt [213: H. Müller, Universitäten]. Zudem kam es auf der Synode weniger auf Einzelstimmen als auf Einstimmigkeit an. Sie war in der Kernfrage auch ohne weiteres zu erzielen, denn wer sich damals dorthin begab, tat das mit dem Willen zur Liquidation des Schismas durch ein als Gericht agierendes Konzil wie zur Wahl eines neuen Papstes durch die Versammlung. Noch immer fehlen allerdings Feinanalysen besagter theologischer und kanonistischer Fundierung des als Häresieverfahren geführten Absetzungsprozesses wie auch Studien zur Haltung der in Pisa vertretenen Fürsten zum konziliaren Gedankengut, die R. Bäumer schon vor einigen Jahrzehnten anmahnte [Die Erforschung des Konziliarismus, in 163: Entwicklung des Konziliarismus, 54].

Das Konzil als Gericht über die Päpste

Wenn am Ende die Bilanz zwiespältig ausfällt – D. Girgensohn bestätigt damit in vorläufig-vorsichtiger Abwägung [Von der konziliaren Theorie, in 209: Konzilien, 91] Urteile von G. Alberigo [153: Chiesa conciliare, 117] und A. Landi [223: Il papa deposto, 213] –, so bleibt mit diesen Autoren aber zugleich zu bedenken, dass die Pisaner Synode, die ja zunächst weniger Manifestation eines kardinalizischen Konziliarismus als vielmehr eine improvisierte Notveranstaltung war, zum Organisations- und Verfahrensmodell für das nächste Konzil avancierte, dessen Abhaltung im Übrigen von Alexander V. wegen der in Pisa unerledigten Reformfrage eigens dekretiert wurde.

Pisa – ein Modell für Konstanz

4. Der Konziliarismus

4.1 Im Banne von Tierney und II. Vaticanum

Zur Relevanz von Ockham und Marsilius für die Ausformung des Konziliarismus

Die partiell gescheiterte Versammlung hatte mithin die keineswegs von Schismabeginn an favorisierte *via concilii* endgültig etabliert. Angesichts der damit eintretenden Entwicklungen verwundert nicht, dass vor allem eine papstnahe katholische Kirchengeschichtsschreibung mit dem Konziliarismus eine in den Werken der häretisierten Marsilius von Padua und Wilhelm von Ockham wurzelnde Bewegung ausgemacht zu haben glaubte. In der Tat waren diese allen einschlägig Interessierten von Niem bis Kues bekannt, wobei Lektüre keineswegs Aneignung bedeutete. Man übernahm von Ockham vornehmlich Einiges aus dessen Überlieferung konzilstheoretischer Lehren, also aus seinerseits tradiertem Gut wie etwa zum Verhältnis von Papst und Konzil, ohne aber seine radikalen Anfragen an konziliare Autorität und Unfehlbarkeit aufzugreifen [204: H. J. Sieben, Konzilsidee, 410–469]. Immer noch gilt aufs Ganze die Feststellung von B. Tierney, dass „Ockham genau dort den größten Einfluss hatte, wo er am wenigsten originell war" [Ockham, Die konziliare Theorie und die Kanonisten (1954, Übers.), in 163: Entwicklung des Konziliarismus, 155; kritisch dazu 296: J. Helmrath, Basler Konzil, 413]. Dies trifft punktuell auch auf Marsilius von Padua zu, wobei dessen kritische Analysen der Konflikte des 14. Jahrhunderts wie auch Anwendungen aristotelischer Begrifflichkeit eher Wirkkraft entfalteten als jene auf die säkulare Lebenswelt zielenden Kernlehren, die etwa einen den Konziliaristen fremden Einschluss von Laien in das Konzil als Repräsentation des souveränen Kirchenvolks unter kaiserlicher Leitung vorsahen [204: H. J. Sieben, Konzilsidee, 366–409; vgl. in allgemeinem Überblick J. Miethke, Politiktheorie im Mittelalter. Von Thomas von Aquin bis Wilhelm von Ockham. Tübingen 2008 (zuerst 2000) 204–295; D. Z. Flanagin, *Extra ecclesiam salus non est – sed quae ecclesia*? ..., in 115: A Companion to the Great Western Schism, 349–362]. Generell erübrigt sich näheres Eingehen auf eine stark von dieser Problematik umgetriebene ältere Forschung, da sie von R. Bäumer 1976 in oben erwähntem Überblick ausführlich präsentiert wurde, der zugleich zur Einführung in einen wichtige Beiträge zum Thema im Wiederabdruck vereinenden Sammelband diente [163: Entwicklung des Konziliarismus, 3–56]. Autoren mit prokonziliaren Affinitäten bedachte er dabei allerdings mit steter Kritik, was die „ausgleichende" Konsultation eines weiteren, 1978 publizierten Überblicks von G. Alberigo nahelegt [152: Il movimento conciliare], der seine Arbeit – hier wäre besonders eine 1981 vorgelegte Monographie hervorzuheben [153: Chiesa conciliare] – seinerseits immer auch als Zeugnis für das von der Kirche der eigenen Zeit zu wahrende konziliare Erbe mit besonderem Blick auf das II. Vaticanum verstand.

R. Bäumer vs. G. Alberigo

Die genannten Erscheinungsdaten 1976, 1978 und 1981 sind kein Zufall: In jener Zeit zog man erste Bilanz auf einem Forschungsgebiet, das lange als eher abseitig gegolten hatte, dann aber unversehens durch zwei „Paukenschläge" Aufmerksamkeitweit über den engeren Fachkreis hinaus erregte: 1955 zeigte der Ullmann-Schüler B. Tierney in seinen „Foundations of the Conciliar Theory" [179] auf, dass die Lehre (begrenzter) konziliarer Superiorität keineswegs in häretischem Gedankengut wurzelte, sondern aus der hochmittelalterlichen Kanonistik, mithin innerkirchlichem Traditionsgut, erwachsen war. Arbeiten von F. Bliemetzrieder, sodann von A. Hauck und M. Seidlmayer hatten zwar schon früher in diese Richtung gewiesen, ohne aber eine derartige

Stimulantien für die Konziliarismusforschung:

a) B. Tierney, Foundations of the Conciliar Theory (1955)

Nachweisdichte wie Tierney beizubringen. Alsbald ein Referenzwerk, hat dieses Buch mittlerweile seine eigene Rezeptionsgeschichte, zu der auch zwei Stellungnahmen des Autors gehören, in denen er sich u. a. mit seinen Kritikern auseinandersetzte [179: a) Vorwort zur Neuaufl. der „Foundations", IX–XXIX – b) Reflections]. Sicher berechtigt ist der Vorwurf weitgehender Ausblendung der theologischen Seite des Themas, allein dies hätte eine eigene Studie erfordert. Wohl größeren Einfluss als Tierney selbst annahm, übte das Werk auf das 1962 im Vatikan zusammentretende Konzil aus – seinerseits der zweite entscheidende Antrieb für die Konziliarismusforschung. Sicher bewusst in die Zeit von dessen Eröffnung hatte der junge, als Fachberater (*peritus*) des Bischofs von Rottenburg am Konzil wirkende Tübinger Theologe H. Küng das Erscheinen seines schon vom Titel her aufschlussreichen und bald viel übersetzten Buchs „Strukturen der Kirche" [170] gelegt, in dessen Schlusskapiteln er ausführlich auf die Konstanzer Dekrete *Haec Sancta* und *Frequens* als Schlüsseldokumente des Konziliarismus einging und ihnen eine über die damalige konkrete Situation hinausreichende generelle Gültigkeit zusprach. Dabei rekurrierte Küng wiederum v. a. auf Tierney sowie auf Arbeiten seines Tübinger kirchenhistorischen Kollegen K. A. Fink und des belgischen Benediktiners P. De Vooght, der in der Folge gar den dogmatischen Charakter der Dekrete postulierte [215: Konziliarismus].

b) Zweites Vatikanisches Konzil (1962–65)

H. Küng, Strukturen der Kirche (1962)

Für die durch Konzil und Küng nunmehr angestoßene rege, ja aufgeregte Diskussion über den Konziliarismus des 14./15. Jahrhunderts, die unausgesprochen aber auch auf die eigene Gegenwart abhob, stehen neben vielen aus Anlass der 550-Jahrfeier des Constantiense 1964 verfassten Beiträgen [u. a. 234: Das Konstanzer Konzil; 235: Das Konzil von Konstanz] auch solche, die in der noch 1965 im Umkreis des Konzils von einem Kreis profilierter Theologen gegründeten Zeitschrift „Concilium" erschienen: Hier finden wir auch Küngs Bonner Kollegen, den als *peritus* des Kölner Kardinals Frings tätigen J. Ratzinger, dessen damaliger, an anderem Ort geäußerter Hinweis zu beachten bleibt, bei *Haec Sancta* handle es sich zwar um eine Notstandsmaßnahme, die aber für die heutige Kirche durchaus von Belang sei, da sie „als Notrecht bleibend zu ihren Möglichkeiten" gehöre, [Primat und Episkopat, in: Ders., Das neue Volk Gottes … Düsseldorf 1969, 138. Der Text basiert auf einem 1964 gehaltenen Vortrag.]. Denn damit ging Ratzinger gleich dem Freiburger Kirchenhistoriker A. Franzen („dauernde Notstandsgesetzgebung" [Das Konstanzer Konzil (1965, Ndr.), in 234: Das Konstanzer Konzil, 201]), der stets auch das Positive, „Gesunde" des Konstanzer Konziliarismus im Gegensatz zum Basler betonte, eigent-

550-Jahrfeier des Constantiense zur Zeit des II. Vaticanum (1964)

Aktualitätsbezogene Interpretationen

J. Ratzinger/ A. Franzen

lich über die auf der nur situationalen Gültigkeit des Dekrets beharrende, stark von deutschen Kirchenhistorikern geprägte „Gegenpartei" hinaus.

Zu ihr gehörte alsbald auch der damals mit einer Habilitationsschrift über das Konzil von Pavia-Siena [280; 1. Aufl. 1968/74] hervortretende W. Brandmüller, der fortan gegen konziliaristische Doktrin und korporationsrechtliche Argumentation entschieden Position bezog, die – wie sich im 15. Jahrhundert zeige – nur in die ekklesiologische Katastrophe führten, da sie dem allein in sakramental-hierarchischen Kategorien adäquat erfassbaren Wesen von Kirche diametral entgegenstünden. In solcher, sicher auch durch die Erfahrung mancher Radikalität bei der Umsetzung der Vaticanum II-Beschlüsse mitbedingten Sicht nimmt das Synodalwesen in der Kirche einen zwar unverzichtbaren, so doch gegenüber dem römischen Primat nachgeordneten Rang ein, was sich auch an W. Brandmüllers Interpretation des Dekrets *Frequens* zeigt, das nur als „moralischer Appell ..., keinesfalls als rechtsverbindlicher Befehl" zu regelmäßiger päpstlicher Einberufung von Generalkonzilien zu verstehen sein soll [Das Konzil, demokratisches Kontrollorgan über dem Papst? (1984, Ndr.) in 119: Papst und Konzil, 260]. Dabei handelt es sich selbstredend um eine sehr exponierte Position innerhalb jenes innerkatholischen Spektrums, auf das H. Schneider als ein von diesen Diskussionen unbelasteter protestantischer Theologe 1976 in seiner Dissertation über katholische Interpretationen der Konstanzer Dekrete vom 18. bis 20. Jahrhundert kenntnisreich einging [177: Konziliarismus].

Zur Situierung von Konzil und Konziliarismus durch W. Brandmüller

4.2 Tendenzen der jüngeren Forschung

Doch mit zunehmender zeitlicher Distanz mutierten diese „Schlachten" zu „Nachhutgefechten", für die man W. Brandmüllers Darstellung des Konstanzer Konzils auf der einen [229], W. Krämers Untersuchung des Basler Konziliarismus [302] auf der anderen Seite zitieren mag, beide jenseits ihrer ideologischen Akzentuierungen im Übrigen Werke von Eigenwert. Eine jüngere Generation v. a. von Profan-, aber auch Kirchenhistorikern – kleiner an Zahl und in weniger intensivem Forschungsgespräch als zur Zeit der überbordenden Aktivitäten im Schatten des II. Vaticanum – geht seitdem das Sujet aus ruhigerer Distanz an, wobei nach wie vor Kernthesen wie Superiorität und Unfehlbarkeit, Konsens und Repräsentation zur Debatte stehen, nach den jeweiligen Gewichtungen von Theologie und Kanonistik gefragt und die Bedeutung des Konziliarismus für die Ausformung einer

„Entideologisierung" der neueren Konziliarismusforschung/ Kernthemen umfassenden Ekklesiologie herausgestellt wird. Mit früheren Forschergenerationen sieht man generell im Konziliarismus kein geschlossenes Lehrgebäude, sondern versteht darunter eine Vielzahl individueller Beiträge, die in der Zeit von Krise und Schisma darin übereinstimmten, dass sie zu deren Überwindung jenem kollegialen Element der Synode Priorität zuerkannten, das neben dem monarchischen des Papats seit dem Apostelkonzil bereits in der Kirche verankert sei.

Den weiterreichenden, sich mit Konstanz abzeichnenden Anspruch auf grundsätzliche Superiorität des Generalkonzils gegenüber dem Papst vertreten dann eindeutig Konziliaristen der Basler Generation [dazu neben 169: G. Kreuzer, Konziliare Idee, auch H. G. Walther, Konziliarismus als politische Theorie?, in 209: Konzilien, 31–60, sowie die zahlreichen, das Thema aus unterschiedlichen Perspektiven ausleuchtenden Studien von J. Miethke, u. a. 171: Konziliarismus]. „Basler Generation“: Bei allem individuellen Profil der Autoren lassen sich doch ereignis- und erfahrungsbedingte Altersgemeinsamkeiten feststellen, so dass dem – auch unserer Darstellung zugrunde gelegten – „Dreigenerationenmodell“ von G. Alberigo [153: Chiesa conciliare; The Conciliar Church, in 76: The Church 271–290] Plausibilität eignen dürfte, während eine „nationale“ Kategorisierung, wie von Th. Wünsch im Fall Polens versucht, problematisch scheint [181, mit Angabe der Kontroverse zwischen Th. Prügl und Th. W.; s. dazu jetzt 283: A. Cadili, Il concilio di Basilea, 654ff.]. Dies lässt im Übrigen auch hier von jeder „deutschen Verengung“ absehen. Denn in der Sache handelte es sich ja um ein die Gesamtkirche betreffendes Thema, und bei allem Gewicht herkunftsbedingter Faktoren wie kirchlicher Gegebenheiten vor Ort waren die Beiträger doch primär im intellektuell-universitären Milieu verankert – man denke nur an in Paris wirkende Deutsche wie Langenstein und Gelnhausen – und somit über Hochschule und Kirche in erheblichem Maße mobil und auch international vernetzt [137: M. Nuding, Mobilität].

G. Alberigos „Dreigenerationenmodell“

Konziliarismus – ein internationales und universitäres Phänomen

Mithin versprechen Studien, die einzelne Gelehrte und deren Werke vor dem Hintergrund ihrer Welt und Generation analysieren, nach wie vor guten Erkenntnisgewinn wie etwa die Untersuchungen von G. Kreuzer zu Heinrich von Langenstein [168], M. Nuding zu Matthäus von Krakau [138] oder D. Girgensohn zu Francesco Zabarella [125; unpubliziert blieb die Dissertation des Tierney-Schülers Th. E. Morrissey], was sich auch im Zuge der indes noch weit vor ihrem Abschluss stehenden Aufarbeitung von Person und Werk Basler Konziliaristen (und Papalisten!) bestätigt. Dabei können Textausgaben, wie etwa an

Studien zu Person und Werk führender Konziliaristen: Heinrich v. Langenstein/ Matthäus v. Krakau/Francesco Zabarella der Edition von Ragusas *Tractatus de Ecclesia* durch F. Šanjek (1983) zu sehen, ihrerseits entsprechende Studien anregen [aufgeführt bei 283: A. Cadili, Il concilio di Basilea, 680f. – Schon jetzt sei hingewiesen auf die vor dem Abschluss stehende Thèse von Y. Léger: Sources et devenir de l'ecclésiologie de Jean de Raguse, die dessen Ekklesiologie vom Streben nach Reform sowie – herkunftsbedingt mit Blick auf Byzanz und Hussiten – nach kirchlicher Einheit motiviert sieht.]. Mag Ähnliches auch im Fall des Johannes von Segovia gelten, des zu Basel in seiner idealistischen Radikalität vielleicht typischsten, später desillusionierten Denkers des Konzils [*Liber de magna auctoritate episcoporum in concilio generali*. Hrsg. v. R. De Kegel. Freiburg i. Ue. 1995; R. De Kegel, Johannes von Segovia und die verfassungsmäßige Vereinbarkeit von Papst und Konzil, in 362: Nach dem Basler Konzil, 45–66; weitere Arbeiten jüngeren Datums bei A. Cadili, 681ff.], mögen die Publikationen zur (längst edierten) *Concordantia catholica* des Nikolaus von Kues mittlerweile kaum mehr zu überblicken sein [s. unten Kap. 7.3], und mögen auch inzwischen Autoren zweiten Rangs ihre Editoren und Interpreten finden, wie etwa – der inzwischen aber in seiner Bedeutung als philosophisch-theologischer Mittler für Cusanus erkannte – Heymericus de Campo [292: F. Hamann, Siegel der Ewigkeit] oder der konziliaristische Wiener Kollege dieses Kölner Universitätsgesandten, Thomas Ebendorfer, dessen spätere Zeugnisse breit ausladender Chronistentätigkeit H. Zimmermann stetig zum Druck befördert [u. a. *Tractatus de schismatibus*. Hannover 2004], so bleibt trotzdem, wie gesagt, noch Vieles zu leisten. Es hatte schon seinen Grund, wenn H. J. Sieben, dem eine monumentale Geschichte der Konzilsidee von der Alten Kirche bis in die Gegenwart verdankt wird (1979–1996), zu der obendrein noch drei Aufsatzsammlungen kommen [205–207: Apostelkonzil – Studien zur Gestalt – Studien zum ökumenischen Konzil; Würdigung bei 283: A. Cadili, Il concilio di Basilea, 671–679], aufgrund solch unzureichender Traktaterschließung für die „eigentliche" konziliare Ära und insbesondere die Basler Zeit nur eine Art vorläufiger Bestandsaufnahme außerhalb des Gesamtwerks vorlegte [178: Traktate].

Johannes v. Ragusa

Johannes v. Segovia

Nikolaus v. Kues

Heymericus de Campo

Thomas Ebendorfer

Dass in diese Erschließungsarbeit die zu Basel ja minoritär durchaus vertretene Gegenseite mit einbezogen wird, ist gegenwärtig v. a. das Verdienst von Th. Prügl mit Arbeiten etwa zu den Dominikanern Heinrich Kalteisen [320: Ekklesiologie] und Johannes von Torquemada [Modelle konziliarer Kontroverstheologie: Johannes von Ragusa und Johannes von Torquemada, in 209: Konzilien, 257–287], der damit auch an ihrerseits bis ins 16. Jahrhundert reichende Studien seines Lehrers U. Horst zur meist antikonziliaren Ekklesiologie im Predi-

Papalistische Gegenposition unter Einschluss konziliarer Elemente gerorden anschließt [u. a. Zwischen Konziliarismus und Reformation ... Rom 1985; zu beiden ausführlich 283: A. Cadili, Il concilio di Basilea, 684–691]. Dabei zeigt sich, dass selbst in der Spätphase des Konziliarismus kluge Köpfe ungeachtet verhärteter Fronten durchaus offen für Argumente der Gegenseite waren, dass sie dabei ihre Lehren – wie etwa Kalteisen – in spannungsvoll-tastendem Bemühen teilweise erst ausformten, teilweise – wie etwa Segovia – diese auch revidierten, dass Papalisten mithin konziliaristische Elemente rezipierten, wie umgekehrt für Konziliaristen ja eine Kirche ohne Papst unvorstellbar war. Über solchem, die Forschung ob ihres intellektuellen Niveaus anziehenden Austausch sollte allerdings ein simplifizierender und resümierender „Fundamentalkonziliarist" wie Jean Mauroux nicht ganz vergessen werden [vorläufig 311: H. Müller, Franzosen II, 543–572]. Denn Basel bedurfte auch gewisser Breitenwirkung, und dafür spricht im Fall des lateinischen Patriarchen von Antiochien die breite Überlieferung seines Traktats – womit sich ein weiteres unbearbeitetes Feld auftut.

Ein „Fundamentalkonziliarist": Jean Mauroux

4.3 Konziliarismus in ideen- und verfassungsgeschichtlicher Perspektive

Der Konziliarismus in der angelsächsischen Ideen- und Verfassungsgeschichtsforschung

Scheinbar jenseits von Theologie und Kirchenhistorie kam seit langem konziliaristischem Gedankengut besonderer Stellenwert in vornehmlich angelsächsischen Forschungen zur Ideen- und Verfassungsgeschichte zu, die darin Vorformen und Bestandteile modernen Verfassungsdenkens angelegt sahen, was kurzes Eingehen auch in unserem Rahmen rechtfertigt [vgl. 283: A. Cadili, Il concilio di Basilea, 711–714; 296: J. Helmrath, Basler Konzil, 483–491]. Wenn *Haec Sancta* bereits vor über einem Jahrhundert von – dem seinerseits übrigens durch O. v. Gierkes „Deutsche[m] Genossenschaftsrecht" beeinflussten – J. N. Figgis enthusiastisch als das revolutionärste offizielle Dokument der Weltgeschichte gefeiert und schon im Titel seines Buchs der Bogen von Jean Gerson, einem der Väter des Dekrets, direkt zu Hugo Grotius geschlagen wurde [164: Studies of Political Thought from Gerson to Grotius], dann schien ein Weg in die Moderne offen, den F. Oakley 1962 mit „On the Road from Constance to 1688"noch eingängiger auf den Titel brachte [Ndr. in 172: Natural Law, n. IX; vgl. From Constance to 1688 Revisited, in: JHIdeas 29 (1966) 429–432], wobei er die Entwicklung des westeuropäischen Konstitutionalismus mit Tierney („From Gratian to Grotius") generell auch durch die für die säkulare Sphäre bedeutsame Kanonistik befördert sah. Wie bereits in diesem Aufsatz am Beispiel von John Major und George Buchanan aufgezeigt,

„On the Road from Constance to 1688" (F. Oakley)

suchte Oakley, der als Katholik zugleich stets wider die (angebliche) vatikanische Politik eines Vergessens des konziliaren Erbes focht, unermüdlich nach weiteren Mittlern und Spuren für das Einwirken des Konziliarismus auf Verfassungstheorien der frühen Neuzeit [172–176: Natural Law – Constance – Conciliarism – Politics and Eternity – Conciliarist Tradition]. In der Tat lassen sich solche Fälle von Rezeption insbesondere großer kanonistischer und ekklesiologischer Summen durchaus nachweisen, und so sprach denn auch H. A. OBERMAN von einem Weiterleben der konziliaren Lehren als „political conciliarism" im frühneuzeitlichen Europa [The Long Fifteenth Century ..., in 344: Die deutsche Reformation, 8f.], doch scheinen diese Linien weniger stark und deutlich als etwa bei einer gegen Rom immer wieder in aller Form auf Konstanz und Basel rekurrierenden, großteils innerkirchlichen Opposition französischer Gallikaner [310: H. MÜLLER, L'érudition] und deutscher Episkopalisten im 17./18. Jahrhundert [177: H. SCHNEIDER, Konziliarismus, 69–80; H. RAAB, Die *Concordata nationis Germanicae* in der kanonistischen Diskussion des 17. bis 19. Jahrhunderts ... Wiesbaden 1956, 79–157]. Ideen- und wissenschaftsgeschichtlich noch zu verorten wären im „Dissidentenkontext" die Darstellungen von Pisa (1724), Konstanz (1714, 2. Aufl. 1728; engl. 1730) sowie den Hussitenkriegen und Basel (posthum 1731; dt. 1783/84) des Pfarrers der Berliner Hugenottengemeinde Jacques Lenfant, was J. HELMRATH nachlassgestützt angehen will [vorläufig 310: H. MÜLLER, L'érudition, 553f.].

„political conciliarism" (H. A. Oberman) im Europa der Frühneuzeit

Konziliaristische Traditionen bei Gallikanern und Episkopalisten

Für jenen speziell angelsächsischen Diskurs mit zudem besonderem Blick auf das Basiliense steht schließlich der schottische Politologe A. BLACK, der in seinen Studien die Basler Kollegialstrukturen mit den universitären und kommunalen der Zeit verglich, wie sie etwa Segovia in Italien hatte kennen lernen können. [Dazu kürzlich auch D. S. PETERSON, Conciliarism at the Local Level, in 76: The Church, 250–270, mit Hinweis auf eine klerikale Korporation in Florenz, für deren Formierung wiederum Zabarella und *Haec Sancta* prägend gewesen sein sollen.] Grundsätzlich hält Black Konziliarismus selbst Basler Profils mit den Leitideen des II. Vaticanum für vereinbar [157–160: Monarchy – Council – Political Thought – Church, State, Community, darin n. IX: The Council of Basle and the Second Vatican Council (zuerst 1971)]. Es bleibt festzuhalten, dass auch in diese Beiträge zur Ideen- und Verfassungsgeschichte von zumeist katholischen Autoren der „Konzilsgeneration" aus dem angelsächsischen Raum eigenes kirchliches Engagement mit eingeflossen ist.

Zum Werk von A. Black

(Basler) Konziliarismus und II. Vaticanum

Ausschließlich eine Verfassungsbewegung im Reich des 15./16. Jahrhunderts, die auch nur in der deutschsprachigen For-

Reichsreform

schung – von ihr aber umso intensiver – diskutiert wurde, war dagegen die der Reichsreform, in deren Kontext hier mögliche Berührungen mit Konzil, Konziliarismus und konziliaren Reformen interessieren. Eine Hauptthese des für die Thematik zentralen, indes nicht unumstrittenen Werks von H. Angermeier [Die Reichsreform 1410–1555. München 1984; kritisch dazu etwa P. Moraw, in 94: König und Reich, 277–292] lautete, solchen Konnex habe es nie gegeben, denn die Reichsreform sei, unabhängig von den sie thematisierenden Schriften einzelner Autoren im Umfeld von Konstanz und Basel, allein aus dem politischen Streit von königlicher und reichsständischer Partei erwachsen und habe nur in dessen aktenmäßiger Überlieferung ihren Niederschlag gefunden – eine Annahme, die sich indes schon 1992 mit Erscheinen des Buchs von K.-F. Krieger in dieser Reihe kaum mehr halten ließ. Wenn Krieger an seinen – ja auch den Forschungsgang aufgreifenden – Darlegungen bei deren Zweitauflage 2005 nichts zu ändern bzw. ergänzen brauchte [92: König, Reich und Reichsreform 49–53, 114–118], dann auch, weil ihn zwischenzeitlich Beiträge u. a. von A. Patschovsky, C. Märtl und H. Boockmann in einem Tagungsband zur „Reform von Kirche und Reich zur Zeit der Konzilien von Konstanz und Basel" [214] sowie die kommentierte Aufnahme besagter Reformschriften in das von L. Weinrich besorgte Quellencorpus zur spätmittelalterlichen Reichsreform [16] und der bereits die Dinge im Titel zusammenbringende, wesentlich noch von H. Boockmann verfasste achte Band des neuen „Gebhardt" [40: Konzilien, Kirchen- und Reichsreform] in seiner Sicht eindeutig bestätigten, der sich jüngst auch Th. A. Brady [343: German Histories, 80–86] anschloss. Bereits die Konstanzer *Avisamenta* des Job Vener erweisen jenen engen Zusammenhang, wobei Vorstellungen einer Reichsreform zunächst aus den schon entwickelteren Ideen zur Kirchenreform erwuchsen. Damit aber kommt auch konziliares Gedankengut ins Spiel, so wenn von Vener und Niem über Schele und Cusanus bis zu Toke und dem Verfasser der *Reformatio Sigismundi* immer wieder von Wahl und Repräsentation, von jährlich zusammentretenden Reichsversammlungen, von der Bindung des Kaisers bei wichtigen Entscheidungen an die Zustimmung des Reichsrats u. ä. m. die Rede ist. Zur hier eigentlich nicht mehr zu erörternden Wirkung(slosigkeit) der Traktate sei mit C. Märtl und J. Helmrath [190: *Geistlich und werntlich*, 491] zumindest angemerkt, dass sie nicht von weltfremden Idealisten, sondern meist gelehrten Räten, also theoretisch beschlagenen Praktikern nahe der Macht stammten und ihre geringe handschriftliche Verbreitung [H. Boockmann] wenig über atmosphärische Effekte [296: J. Helmrath, Basler Konzil, 282] und

Zum Verhältnis von Kirchen- und Reichsreform (H. Angermeier vs. K.-F. Krieger)

Zur Relevanz konziliaren Gedankenguts für die Reichsreform

über Kenntnisnahme an maßgeblicher Stelle [C. Märtl] aussagen. Festzuhalten bleibt aber, dass keiner dieser Autoren im Auftrag der Konzilien tätig wurde, die denn auch nie selbst die mit aus ihrer Welt erwachsene Materie thematisierten.

5. Das Konzil von Konstanz (1414–1418)

5.1 Generalia: Von theologischer zu historischer Erforschung

Editionen und Studien I: Forschungsdichte

Wenn diese Erforschung lange unter recht günstigen Vorzeichen stand, wozu insbesondere deutsche Theologen und Historiker beitrugen, gründet das schlicht in der Attraktivität eines ersten Generalkonzils auf deutschem Boden, das obendrein dem Großen Schisma ein Ende setzte. Die wichtigsten Quellen sind v. a. mit den Editionen von H. Finke [1: Acta] und schon von H. Von der Hardt [11: Magnum concilium] publiziert; seit 1995 verfügen wir über einen verdienstlichen, das gesamte letzte Jahrhundert erfassenden Forschungsbericht [238: A. Frenken, Erforschung; vgl. dazu aber J. Miethke, in: DA 54 (1998) 188, und M. Prietzel, in: ZHF 25 (1998) 295f.], und mit dem 1991/97 erschienenen Werk von W. Brandmüller liegt eine Chronologie und Fakten zuverlässig wiedergebende Gesamtdarstellung neueren Datums vor [229: Konzil von Konstanz]. Berücksichtigt man des weiteren die zentrale und sich in entsprechender Publikationsdichte niederschlagende Bedeutung der Causa Hus vornehmlich für die tschechische Historiographie sowie den besagten Umstand, dass in den 60/70er Jahren des 20. Jahrhunderts die Beschäftigung mit Konstanz wegen der zeitlichen Koinzidenz des 550. Jubiläums mit der Feier des II. Vaticanum vor dem Hintergrund der damaligen Diskussion um eine kollegialer strukturierte Kirchenverfassung erheblichen Auftrieb erhielt, so möchte man von einer außerordentlich günstigen Forschungssituation sprechen. Indes bleibt zu hoffen, dass über dem sich abzeichnenden Eventcharakter einer von 2014 bis 2018 dauernden 600-Jahrfeier dieses Datum auch Anlass für neue wissenschaftliche Aktivitäten sein wird, eben weil sich der heutige Forschungsstand noch wesentlich jenen fast ein halbes Jahrhundert alten und oft stark theologisch akzentuierten Aktivitäten verdankt, derweil (konzilien)geschichtliches Interesse sich inzwischen vermehrt einem vielfach noch Neuland verheißenden Basler Konzil zugewandt hat.

Dabei kann selbst die Editionsarbeit nicht einmal als abgeschlossen gelten [zu den Verdiensten von der Hardts s. C. M. D. Crowder,

Editionen und Studien II: Leistungen, zu Leistendes und Fragwürdigkeiten

Le concile de Constance et l'édition de von der Hardt, in: RHE 57 (1962) 409–445; zu denen Finkes s. 238: A. FRENKEN, Erforschung, 17–89; allgemeiner Überblick zum Editionsstand bei R. BÄUMER, Die Erforschung des Konstanzer Konzils, in 234: Das Konstanzer Konzil, 3–14]. Dies zeigen z. B. englische Funde [C. M. D. CROWDER, Constance Acta in Englisch Libraries, in 235: Das Konzil von Konstanz, 477–517]; auch die von Arendt und Schneyer weit vorangetriebene Erschließung der Konzilspredigten lässt noch Ergänzungen zu, was etwa exemplarisch C. L. NIGHMAN an den *sermones* des Bischofs Richard Fleming von Lincoln demonstriert [u. a. JEcclH 51 (2000) 1–36/AHC 33 (2001) 405–425; 38 (2006) 183–198, cf. 313–320/ Medieval Sermon Studies 52 (2008) 31–41. Vgl. auch G. KREUZER, in: AHC 18 (1986) 272–280, sowie C. L. NIGHMAN/S. VALLERY-RADOT, in: AHC 38 (2006) 313–320]. Zusammen mit PH. H. STUMP hat er den Forschungsstand bis 2007 in einer Internetveröffentlichung festgehalten [http://www.bibsocamer.org/BibSite/Nighman-Stump/index.html]. Erschienen ist inzwischen eine sich als „kritische Leseausgabe" verstehende Edition der Konzilschronik Richentals von TH. M. BUCK, die aber keine abschließende kritische Ausgabe sein will [21; zum Werk 246: W. MATTHIESEN, Chronik]. Buck hat seine Arbeit mit einer Vielzahl philologischer und historischer Studien vorbereitet [u. a. 231: Zu den historiographischen Prinzipien; 232: Zur Überlieferung]. Abgesehen von dieser Chronik und bisweilen Liedern Oswalds von Wolkenstein [14] sowie dem „Ring" des (aber wohl eher noch kurz vor dem Constantiense als Ende 1414 schreibenden) Heinrich Wittenwiler [mit spekulativem Konzilsbezug H. BIRKHAN, Das Historische im „Ring" des H. W. Wien 1973; für eine Datierung um 1400/10 dagegen E. C. Lutz, *Spiritualis fornicatio*. H. W., seine Welt und sein „Ring". Sigmaringen 1990] scheinen die nicht wenigen deutschsprachigen Zeugnisse aus dem Umkreis des Konzils (Johannes Engelmar, Muskatblut, Thomas Prischuch [vgl. R. ROBERTSHAW, Reimpublizistik und Lieddichtung am Konstanzer Konzil, in: Lied im deutschen Mittelalter. Hrsg. v. C. EDWARDS u. a. Tübingen 1996, 245–296] bei Historikern wie etwa Brandmüller oder Frenken kaum Beachtung zu finden. Auch bliebe die Datierung des Lehrgedichts „Des Teufels Netz" neuerlich zu prüfen, das sich m. E. eher auf Konstanz als Basel bezieht [anders F.-J. SCHWEITZER, in: Laster im Mittelalter. Hrsg. v. CHR. FLÜELER/M. RONDE. Berlin u. a. 2009, 125–138]. Ob die zwar lateinische wie auch deutsche Zeugnisse berücksichtigenden Studien des Berliner Germanisten TH. RATHMANN [254: Geschehen; DERS., Beobachtung ohne Beobachter?, in 209: Konzilien, 95–106] einen Erkenntnisfortschritt bedeuten, bleibe dahingestellt, wenn er unter großem theoretischen Aufwand Texte und Sprechhandlungen in diskursiven Bezug setzt und deren Zirkulation zum eigentlichen Konstituens des Konzils erhebt: So wird die Synode für ihn im Grunde zu einem textuellen Ereignis, am Ende gar zu einem einzigen Text. Ähnlich der Habilitationsschrift von J. WOHLMUTH über die Sprache der Basler Väter aus dem Geist des Konsenses, woraus wiederum ein Modell für Verständigung in der Kirche gewonnen werden soll [333: Verständigung], hat auch diese obendrein im historischen Bereich von Unsicherheiten und Fehlern nicht freie Arbeit manche Kritik, doch keine Nachfolge gefunden.

Gesamtdarstellungen des Constantiense

Aufs Ganze schien nach besagten 60/70er Jahren die umfängliche Forschung zu Konstanz derart theologisch „aufgeladen", dass solch außerordentliche Intensität zwangsläufig einen gewissen, zudem wohl auch mit postkonziliarer Ernüchterung zusammenhängenden Rückgang an Publikationen zur Folge hatte. Die Darstellung Brandmüllers [229], nach eigenem Bekunden bewusst mit (römisch-)theologischer Tinte geschrieben, hat dieser – zudem viele Aspekte vom Alltagsleben über Feste und Feiern bis zum Gesandtenkongress und Kommunikationszentrum fast ausblendenden – Verengung sogar noch späten Vorschub geleistet und deshalb auch manche Kritik erfahren [z. B. J. MIETHKE, in: DA 47 (1991) 692–695, 56 (2000) 313f.; K.-F. JOHANNES, in: ZRG KA 90 (2004) 605–609; D. GIRGENSOHN, in: QuFiAB 79 (1999) 690–693]. Kürzere Überblicke jüngeren Datums wie der stark an den Konzilsdekreten ausgerichtete von J. WOHLMUTH über Konstanz und Basel [in 184: Geschichte der Konzilien, 233–290] oder derjenige von PH. H. STUMP [The Council of Constance, in 115: A Companion to the Great Western Schism, 395–442], der sich ebenso forschungsbasiert wie faktenorientiert bewusst nur auf Konstanz' Weg zur Einheit konzentriert, bilden kein Gegengewicht; noch weniger gilt dies für eine mit laienhaftem Engagement verfasste Monographie von F. WELSH, in der Konstanz mit anderen Themen zwecks Rehabilitierung Sigismunds als eigentlichen Helden seiner Zeit verknüpft wird [261: The Battle for Christendom]. – Für die frühen, geistes- und wissenschaftsgeschichtlich allesamt aufschlussreichen Gesamtdarstellungen des 18./19. Jahrhunderts von Lenfant und Bourgeois Du Chastenet [zu beiden s. oben Kap. 4.3] über Wessenberg und Tosti bis hin zu Hefele kann nur auf die sie kommentierende Einleitung von R. BÄUMER zu dem von ihm herausgegebenen Sammelband [234: Das Konstanzer Konzil, 15–34] verwiesen werden.

Die Konstanzer Leitdekrete des Konziliarismus [Näheres dazu oben I, Kap. 3.2; II, Kap. 4.1; ausführlich zur Auslegungsgeschichte seit dem 18. Jahrhundert 177: H. SCHNEIDER, Konziliarismus; s. auch 238: A. FRENKEN, Erforschung, 510 ss. vv. ‚*Haec Sancta/Frequens*'] scheinen nach den intensiven Forschungsaktivitäten und -kontroversen der 60/70er Jahre gegenwärtig fast ausdiskutiert; bezeichnenderweise begegnet weder *Haec Sancta* noch *Frequens* im Register der 2007 publizierten Akten einer Reichenau-Tagung über die Konzilien des 15. Jahrhunderts [209]. Lediglich einige Veröffentlichungen zum frühen Streit um ihre Gültigkeit [321: TH. PRÜGL, *Antiquis iuribus*; TH. M. IZBICKI, Papalist Reaction to the Council of Constance, in: ChurchH 55 (1986) 7–20] sowie mehrere Studien von TH. E. MORRISSEY sind zu verzeichnen, die – basierend auf seiner ungedruckten Dissertation über Zabarella – detailliert die Genese von *Haec Sancta* und die Mehrdeutigkeit des Vokabulars in den Schlüsselpassagen betonen [AHC 10 (1978) 145–176; Auflistung weiterer Aufsätze in 238: A. FRENKEN, Erforschung, 466]. Dem entsprechen im Übrigen jüngste, auf zwei weitere Textzeugen gestützte Darlegungen von M. DECALUWE [236: A New and Disputable Text-Edition; vgl. Three Ways to Read the Constance Decree *Haec Sancta* (1415) ..., in 76: The Church, 122–139]. Danach überlagern sich in dem Dekret Einflüsse von Zabarella, Gerson und papstkirchliche Traditionen („It was thus the product of a consensus arising out of a diversity in thought about sovereignity in the Church": Three Ways, 139). Nur auf Basis solch gewollt mehrdeutiger Offenheit konnte wohl überhaupt ein dekretfähiger Kompromiss erzielt werden. Spät und an versteckter Stelle hat sich auch W. BRANDMÜLLER dieser Sichtweise angeschlossen [280: Konzil von Pavia-Siena, 340].

Haec Sancta: ein Kompromissdekret von intendierter Mehrdeutigkeit

„Historisierung" des Constantiense

Zögerlicher zwar als beim Basiliense und bei geringerer Publikationsfrequenz zeichnet sich im Fall von Konstanz ebenfalls eine allmähliche „Historisierung" des Konzils ab. Eine Facette solcher Behandlung der Synode als polyvalenten geschichtlichen Ereignisses zeigt sich im lokalen Rahmen, den H. MAURER in seiner Geschichte der Stadt im Mittelalter [247] und durch eine Spezialstudie über die – der Versammlung zugute kommende – Zeremonialerfahrung der Bischofs- und Domkapitelstadt ausleuchtete [Das Konstanzer Konzil als städtisches Ereignis, in 209: Konzilien, 149–172]. Zudem hat A. FRENKEN die aufs Ganze erfolgreiche logistische Bewältigung des Großunternehmens Konzil detailliert untersucht [242: Wohnraumbewirtschaftung]; in beiden Fällen waren Arbeiten des obendrein um die Richental-Forschung verdienten früheren Konstanzer Stadtarchivars O. Feger von Nutzen.

Stadt und Konzil

Von J. HELMRATH, der sich im Rahmen einer Studie über die Orte der Generalkonzilien in Spätmittelalter und früher Neuzeit auch zu Wahl und Lage von Konstanz geäußert hat [187: *Locus concilii*; vgl.

unten Kap. 7.2], wurden ebenso wie von J. Miethke weitere historische Pflöcke eingeschlagen, da sie in mehreren, Konstanz wie Basel abdeckenden Arbeiten deren Bedeutung als Forum, Drehscheibe und Kommunikationszentrum analysierten [Näheres unten Kap. 7.2], wo jungen Talenten und (nicht nur) alten Texten eine größere Öffentlichkeit als irgend sonst geboten wurde, wo man auch die Funktion einer Informations- und Karrierebörse ausübte. Hatte schon P. Lehmann 1921 mit seinem Nachweis der Bedeutung beider Synoden als Bücher- und Kopiermarkt einen in solchem Kontext wichtigen Teilaspekt hervorgehoben, so wurde dieser mit Blick auf Konstanz als Humanismusforum durch A. Patschovsky [253: Der italienische Humanismus] und wiederum J. Helmrath [212: Diffusion], der dabei zugleich Basel und das hierfür besonders relevante Konzil von Ferrara-Florenz mitberücksichtigte, weiter vertieft bzw. in einem von D. Marcotte besorgten Tagungsband u. a. auf die Interessen eines der prominentesten Konzilsväter, des Kardinals Guillaume Fillastre d. Älteren, an antiker Geographie hin fokussiert [244: Humanisme et culture géographique].

Das Konzil als Kommunikationszentrum

Humanismusforum

Das Konzil als mediales Ereignis spiegelt auf seine Weise auch das von W. Paravicini präsentierte Wappenbuch eines portugiesischen Herolds, das dieser wohl zwischen 1416 und 1418 für den Leiter der Gesandtschaft des französischen Königs, Herzog Ludwig VII. von Bayern-Ingolstadt, anlegte [251: Signes] – nach Richental sollen noch weitere 45 Herolde in Konstanz geweilt haben. Damit hat Paravicini der konzilsgeschichtlichen Forschung einen, bis auf das Studium der Siegel [vgl. H. Schneider, Die Siegel des Konstanzer Konzils, in: AHC 10 (1978) 310–345], bislang kaum begangenen, erkenntnisträchtigen Weg der Zeichen und Symbole gewiesen, auf die er wenig später mit seiner Erörterung der noch nicht eindeutig geklärten „Konstanzer Geste" bei Sigismunds Weihnachtsdienst 1414 erneut aufmerksam machte [252: Das Schwert in der Krone].

Das Konzil als mediales Ereignis

Den wohl bedeutendsten historischen Beitrag der letzten Jahrzehnte für die Erforschung der Welt und insonderheit des Reichs zur Zeit des Konstanzer Konzils erbrachte aber wohl der Finke-Schüler H. Heimpel mit seinem monumentalen Alterswerk über die Vener von Gmünd und Straßburg [87], aus deren Familiengeschichte er mit Job einen gelehrten Rat des pfälzischen Kurfürsten und Königs Ruprecht hervortreten ließ, dessen Wirken in Wort und Schrift auf dem Constantiense kulminierte. Das minutiös aufgearbeitete Quellencorpus – Basis einer eigenwilligen Präsentation, bei der Exkurse, Aktenreferate, Handschriftenbeschreibungen u. ä. m. die Darstellung durchziehen – erlaubt, über einen jener ansonst in ihrer konkreten Wirksamkeit nur schwer greifbaren

Welt und Reich zur Zeit des Konstanzer Konzils: Zum Werk von H. Heimpel

Handlungsträger aus zweiter Reihe sowohl Einsicht in die „Mentalität spätmittelalterlicher gelehrter Räte“ [HZ 233 (1981) 295–316] als auch in die „politische[] Geschichte des Konstanzer Konzils“ [226] zu gewinnen, um zwei Titel seines Schülers H. Boockmann zu zitieren. Zudem bildete das opus magnum einen erfolgreichen Abschluss von Heimpels Bemühungen, dem in der deutschen Mediävistik lange gering geschätzten Spätmittelalter den ihm zukommenden Stellenwert zu verschaffen. Solche Intention hatte bereits 1964 hinter einer wesentlich von ihm verantworteten Reichenau-Tagung über „Die Welt zur Zeit des Konstanzer Konzils“ gestanden [237], bei der er die Konjunktur des Jubiläumsjahrs nutzte, um Aufmerksamkeit insbesondere auf „Das deutsche 15. Jahrhundert in Krise und Beharrung“ zu lenken [86].

5.2 Reformarbeit: Wertungen und Neubewertung

Negativkonsens der Forschung

Unter diesen beiden Leitbegriffen Heimpels mag man auch die Bemühungen des Konzils um eines seiner Hauptziele, die Reform, subsumieren, da deren sich aus der Krise ergebende Unabdingbarkeit ihren Widerpart in auf Besitzstandswahrung beharrenden Gruppeninteressen fand. So erstaunt es kaum, dass mit Blick auf diese wie auch auf die relativ wenigen verabschiedeten Reformdekrete und unter dem Eindruck des Prioritätenstreits die Reformtätigkeit des Constantiense in der Literatur seit den Tagen Hüblers (1867) und Hollnsteiners (1929) bis in die Gegenwart fast unisono als dürftig und enttäuschend bewertet wurde. Hierbei treffen sich vor allem mit Blick auf eine Gesamtreform, wenn auch mit unterschiedlicher Begründung, selbst Forscher wie W. Brandmüller [*Causa reformationis* (1981, Ndr.), in 119: Papst und Konzil, 261] und J. Miethke, dem im ersten Band der „Quellen zur Kirchenreform“ Auswahl und Kommentar der einschlägigen Traktate, Dekrete und Konkordate verdankt wird [15; vgl. ebd. 48f., und 195: Raumerfassung, 149]. Vom Ergebnis her lässt sich in der Tat daran kaum deuteln, und bereits die Zeitgenossen setzten ja ihre Reformhoffnungen auf ein neues Konzil. Etwas übertreibend, doch tendenziell treffend bemerkte A. Frenken, dass es darum auch fast keine Literatur zum Thema gebe [238: Erforschung, 299 A. 3]. Die fast zeitgleich mit seinem Buch publizierte Monographie von Ph. H. Stump [258: Reforms] ließ die Aktivitäten der Väter indes in etwas anderem Licht erscheinen: Neben einer Aufarbeitung der theologischen Grundlagen der Konstanzer Reformideen lieferte Stump nämlich auf der Basis zahlreicher neuer Quellen wie Entwürfen, Memoranden, Diskussionsniederschriften, Beschlussvorlagen u. ä. m. den Nachweis einer bis dahin unerkannten

Neubewertung durch Ph. H. Stump: Intensität der Konstanzer Reformdiskussion

Intensität der Reformdiskussion (und gewährte so auch Einblick in ein Konzil bei der Arbeit). Hier war der Weg das Ziel.

Divergierende Standesinteressen

Die Väter nahmen das Thema also ernst, wie sie zugleich ihre jeweiligen Standesinteressen und damit auch die Sorge um ihre materielle Sicherheit ernst nahmen. (Doch selbst Interessen eines Standes konnten divergieren, was A. Frenken am Beispiel der Kardinäle demonstrierte [238: Erforschung, 317–322].) J. Helmrath, der W. Brandmüllers Sicht einer am Ende auf „ökonomische Verteilungskämpfe" reduzierten Reform [*Causa reformationis*, 279f.] zustimmte, gab jedoch zu bedenken, dass – in diesem Rahmen und unter Konzentration auf die *reformatio in capite* – durchaus Beachtliches geleistet wurde und dass Ähnliches auch für die von Martin V. mit den Konzilsnationen 1418 geschlossenen Konkordate gilt, die man als je nach Nation in unterschiedliche Einzelverträge gegossene, vorsorgliche Maßnahmen für die kommenden fünf Jahre bis zum Zusammentritt des nächsten Konzils werten mag [186: J. Helmrath, Reform, 106–109; Theorie und Praxis 52. Ähnlich 269: J. Miethke, Prozesse, 155ff.]. Darin zeigt sich zum ersten – auch wenn die päpstlichen Vertragspartner keine weltlichen Gewalten waren – die im Schisma gewachsene Autonomie der Landeskirchen, zum zweiten die Einsicht Martins V. in die Notwendigkeit einer Reduktion des römischen Systems, was – drittens – längerfristig zu finanzieller Krise führte. Diskutabel erscheint mit Blick auf die später steigenden Einnahmen aus dem Kirchenstaat, ob es sich hier um einen veritablen Ruin handelte, den, unter Einschluss der Basler Dekrete, J. Helmrath im Anschluss an J. Favier konstatierte [186: Reform, 123; Theorie und Praxis, 55f.; vgl. dagegen schon C. Bauer, Die Epochen der Papstfinanz, in: HZ 138 (1927) 476f., mit Hinweis auf Ersatz durch Steuern, Alaunvorkommen und Übernahme kommunaler Finanzen].

Martins V. Konkordate mit den Konzilsnationen und ihre Konsequenzen

Es zeigt sich aber auch, dass man allseits im Ziel eines Systemum- und nicht -neubaus übereinstimmte [J. Miethke, Kirchenreform, in 48: Studien, Bd. 1, 41f.]. So wussten auch die Angehörigen der Universitäten, oft konziliaristischer Hochburgen, nur zu gut, was sie an der päpstlichen Vergabe hatten. Kaum gewählt, musste Martin V. angesichts der andrängenden Bittsteller denn auch alle Mühe aufwenden, um das letztlich allein Rechtssicherheit versprechende System zum Laufen zu bringen und es darin zu halten [vgl. in etwas anderem Zusammenhang 64: A. Meyer, *Dominus noster vult*]. Immer wieder hat J. Helmrath vor solchem Hintergrund betont, dass die allumfassende Reform „einer der größten Mythen, nicht nur der Kirchengeschichte", gewesen sei [u. a. 186: Reform, 131; Theorie und Praxis, 69f.]. Auf die konsequenzenreiche Aussage wurde am Schluss des Dar-

Die Generalreform – ein Mythos?

stellungsteils eingegangen, doch bleibt hier festzuhalten, dass dann die Gleichsetzung schon vieler Zeitgenossen von Generalkonzil und Generalreform, die auch in der Forschung entsprechenden Widerhall fand [s. etwa K. A. Fink, Die konziliare Idee im späten Mittelalter, in 237: Welt; J. Miethke, Kirchenreform ..., in 48: Studien, Bd. 1, beide passim], eigentlich illusionär war. Erlagen da insbesondere die, wie nicht nur der Prioritätenstreit erweist, reformengagierten Deutschen einer Täuschung?

Umsetzung der Reformdekrete?

Mit Blick auf das Reich, aber auch generell wäre überhaupt noch zu untersuchen, ob und wie die Dekrete umgesetzt wurden. (Zumindest der Konkordatsartikel über die *alternativa mensium* sollte später ins Wiener Konkordat eingehen und so für die Reichskirche auf Jahrhunderte von Bedeutung sein; vgl. hier I, Kap. 6; II, Kap. 8.) Im Fall von Ordensreformen sind zumindest bei den hierfür ohnehin potentiell offenen Benediktinern Impulse von Konstanz ausgegangen [186: J. Helmrath, Reform, 142f.]. Seinerseits suchte auch Martin V. durch Legaten reformerisch tätig zu werden: B. Studt hat dieses Thema für das Reich minutiös aufgearbeitet [256: Martin V.; 257: Reformverbände].

5.3 Hus in Konstanz: Schwerpunkte der Forschung

Systemsprengende Reform

Für eine systemsprengende Reform und, daraus resultierend, revolutionäre Konsequenzen stand dagegen in Konstanz Johannes Hus, dessen religiöse Ideen einer nach ihm benannten Bewegung mit ihren zudem über die Sprache definierten nationalen Vorstellungen ein für die Zeit eigen- und einzigartiges Profil verliehen. Seitdem F. Palacký, Historiker und Protagonist der tschechischen Nationalbewegung im 19. Jahrhundert, in seiner Geschichte von Böhmen bzw. des tschechischen Volkes das wirkmächtige Bild eines ungebeugten Märtyrers für Glauben und Volk entworfen hatte [F. Šmahel, F. P. Prag 1999], waren und sind Hus und Hussitismus für das tschechische Selbstverständnis und somit auch für eine es wiederum mitprägende Historiographie des Landes von zentraler Bedeutung. Nicht wenige der kaum mehr zu überblickenden Studien besitzen allerdings ob ihrer nationalistischen, konfessionellen und ideologischen Tendenzen nur eingeschränkten Wert – letztere etwa manifestierten sich während der kommunistischen Ära teilweise in einseitiger Akzentuierung des sozialrevolutionären Charakters der Bewegung. Im Ausland stand breiterer Rezeption dieser Arbeiten schlicht die Sprachbarriere entgegen, weshalb gerade führende tschechische Historiker immer wieder auch

F. Palacký

Zur Bedeutung von Hus und Hussitismus für die tschechische Nation und Historiographie in den Wissenschaftssprachen des Westens publizierten, insbesondere – schon aus historischen Gründen – in Deutsch. In dieser von Palacký über Bartoš bis Kejř reichenden Tradition steht auch F. Šmahel, der kontinuierlich und allen politischen Pressionen nach 1968 zum Trotz im Laufe seines Gelehrtenlebens ein bedeutendes Œuvre zu Hus und Hussitismus vorlegte [vgl. F. S., Nalézání, setkávání a míjení v životě jednoho medievisty. Prag 2009, 466–520: Bibliographie 1956–2009], aus dem als opus magnum die 2002 auch in Deutsch erschienene „Hussitische Revolution" herausragt [275]. Darin analysiert er weit ausgreifend deren – hier nicht berücksichtigte – politische und gesellschaftliche Rahmenbedingungen und handelt sodann den Gang der Ereignisse detailliert bis 1437, im Ausblick bis 1485 ab, wobei er fern jeder nationalen Engführung die Geschichte Böhmens und Mährens im Kontext der ihrer Nachbarn sowie der allgemeinen Kirchenhistorie situiert [vgl. etwa die Würdigungen von P. Hilsch, F. Rapp oder B. Töpfer: 275]. Durch Einarbeitung der gesamten tschechischen und internationalen Forschung macht er zudem diese dem deutschen Leser leicht zugänglich und benennt obendrein künftig noch näher zu erschließende Forschungsfelder vom katholischen Hochadel Böhmens über den Aufstieg der mittleren und niederen Aristokratie bis hin zur Verfassungsentwicklung in den hussitisch gewordenen Orten. (Aus dem internationalen Bereich sei ergänzend auf die spätere Arbeit von O. Marin [268: L'archevêque] hingewiesen, die eine materialreiche Vor- und Frühgeschichte der Bewegung unter Konzentration auf die diversen Quellen des Prager Reformkreises bietet.)

F. Šmahel

Seine eigentliche Thematik ließ Šmahel über Hus selbst eher kurz und über Konstanz auf nur wenigen Seiten handeln. Neuere Biographien mit wissenschaftlichem Anspruch aber haben in deutscher Sprache E. Werner [279] und P. Hilsch [264] vorgelegt. Beide – Werner stärker analysierend, Hilsch mehr erzählend – rücken den Prediger, Seelsorger und Theologen in den Vordergrund, wobei mit Hilsch festzuhalten bleibt, dass alles biographische Bemühen bis zum – noch fernen – Abschluss der Edition von Hussens Werken nur vorläufig sein kann. An Werners 1991 erschienenem Buch befremdet der geschmeidig-rasche Entwurf eines solchen Husbildes, hatte der Autor doch bis zur Wende noch alle historischen Phänomene in das Prokrustesbett eines orthodoxen Marxismus gezwängt.

Neuere deutsche Hus-Biographien

Ausführlich handelt W. Brandmüller vom Husprozess [229: Konzil von Konstanz I, 313–359; vgl. Hus vor dem Konzil, in 266: Jan Hus, 235–242, leicht erweitert auch in: *Tempus implendi missa*. Festschrift für D. Ramós-Lisson. Hrsg. v. E. Reinhardt. Pamplona

Zum Husprozess

2000, 601–616, sowie in: W. B., Scripta maneant. Raccolta di studi. Hrsg. v. C. SEMERANO. Città del Vaticano 2009, 196–204]. Er referiert dabei, unter klarer Wertung Hussens als Häretiker, über weite Strecken aber nur die Schilderung des Peter von Mladoniowitz [9], was den problemorientierten – und hier fortzuschreibenden – Forschungsbericht von A. FRENKEN umso wichtiger erscheinen lässt [238: Erforschung, 245–297]. Zum ersten thematisiert dieser Zweck und Ziel der Reise Hussens nach Konstanz [dazu auch 278: H. G. WALTHER, Magister Jan Hus], wobei die vieldiskutierte Frage von Sigismunds Geleitschutz nach heutigem Kenntnisstand als verbindliche und eine freie Rückkehr einschließende Zusage zu verstehen ist [vgl. auch R. HOKE, Der Prozess des Jan Hus und das Geleit König Sigmunds ..., in: AHC 15 (1983) 173–193; 274: F. SEIBT, Nicht überführt, 96f.; einschränkender 275: F. ŠMAHEL, Hussitische Revolution, 911], die im Übrigen ganz auf der ausgleichsorientierten Linie des auf seine künftige Herrschaft über Böhmen bedachten Luxemburgers lag. Spät erst erkannte er die häretische Tragweite der Causa, die ihm weiteren Schutz des Angeklagten verwehrte [T. SCHMIDT, König Sigismund und Johannes Hus, in 83: Zeitalter, 148–159; vgl. B. STUDT, Die Hussitenpolitik König Sigismunds, in 99: Sigismund, 113–126].

Sigismund und Hus

Dies führt zur Frage – Frenkens zweitem Punkt –, ob die Häresieanklage rechtens war. Bei unterschiedlicher Einschätzung des wiclifschen Grundgehalts von Hussens Lehren wird sie von der Forschung weitgehend bejaht. Hier spannt sich ein Bogen von J. LOSERTH [Huss und Wiclif ... Prag-Leipzig 1884] bis zu A. PATSCHOVSKY [270: Ekklesiologie], F. GRAUS [263: Ketzerprozeß], W. BRANDMÜLLER [s. oben] und J. KEJŘ [267: Causa]; sehr differenziert dazu J. MIETHKE [269: Prozesse, 147–167]. Seine Übernahme des spiritualistischen Kirchenbegriffs von Wiclif war im Rahmen jeder an der Kirche als Institution ausgerichteten orthodoxen Ekklesiologie, ob nun konziliarer oder papaler Prägung, unannehmbar, gegen die er sich ja schon mit seiner früheren und in Konstanz verteidigten Appellation an Christus gestellt hatte [267: J. KEJŘ, Causa]. Die Konsequenzen erkannten die Väter wohl klarer als Hus selbst [263: F. GRAUS, Ketzerprozeß, 111]; in den Basler Diskussionen wird der unvereinbare Gegensatz noch deutlicher hervortreten.

Die Häresieanklage: Hus als Wyclefista

Obendrein fiel der Prozess im Frühjahr/Sommer 1415 in eine kritisch-ungefestigte Phase des Konzils, welche die Väter besonders auf Wahrung ihrer Autorität bedacht sein ließ [156: CHR. M. BELLITTO, Conciliarismo, 1099]. Dass damit ein erstes Exempel auf *Haec Sancta* statuiert werden sollte, will eine vor Erscheinen stehende Dissertation von S. Provvidente (Rom-Buenos Aires) nachweisen. Jedenfalls sprachen sich alle auf dem Konzil vertretenen Richtungen für eine Verurteilung aus [N. H. MINNICH, The Role of Schools of Theology in the Councils of the Late Medieval and Renaissance Periods: Konstanz to Lateran V, in: AHC 35 (2003) 53–57; Ndr. in 199: N. H. M., Councils, 62–67]. Prominentester Vertreter der dagegen von Hussens Rechtgläubigkeit ausgehenden und damit die Hinrichtung als Fehlurteil brandmarkenden Gegenposition war P. DE VOOGHT, der mit seiner wohl auch aus eigener Biographie erklärbaren Einschätzung – der belgische Benediktiner war über vier Jahre in der Tschechoslowakei der Zwischenkriegszeit tätig – Hussens als eines bis auf die Leugnung des Primats loyalen Sohns der Kirche generell und insbesondere in der tschechischen Forschung von Bartoš bis Šmahel wenig Anklang fand [277: L'hérésie de Jean Huss/Hussiana; vgl. 200: H. MÜLLER, Konzilien, 126f.].

Zur Bewertung des Verfahrens

Ähnliches gilt auch für de Vooghts negative Bewertung des Verfahrens, Frenkens dritten Punkt, das nach fast übereinstimmender Ansicht der Forschung – aus jüngerer Zeit seien wiederum exemplarisch nur Brandmüller oder Kejř zitiert – vielmehr formal korrekt verlief, soweit sich dies in Anbetracht fehlender Prozessakten erschließen lässt. Dafür boten wohl schon ein d'Ailly, Gerson oder Zabarella Gewähr, die dabei grundsätzlich mehr die Gefahr der Ideen Wiclifs als die Person des nach ihrer Überzeugung diesen nur folgenden Hus bewegte [274: F. SEIBT, Nicht überführt, 97f.; über die Haltung der Väter zu Wiclif jetzt N. TANNER, Wyclif and Companions: Naming and Describing Dissenters in Ecumenical and General Councils, in: Image, Text and Church 1380–1600. Essays for M. Ashton. Hrsg. v. L. CLARK u. a. Toronto 2009, 131–141]. Dass Hussens Prozess sich auch kaum in den Konzilstagebüchern niederschlug [vgl. 238: A. FRENKEN, Erforschung, 286 A. 161], bestätigt Sigismunds Einordnung der Causa unter die konziliaren *minora*. Anders sahen dies seine innerböhmischen Gegner und Hauptbetreiber des Verfahrens, die aus den Prager Nachbaruniversitäten und Zufluchtsstätten Leipzig und Wien bis in die Kelchfrage Unterstützung erhielten [262: D. GIRGENSOHN, Peter von Pulkau].

Hussitische Reformation?/ Revolution?

Ein hier nicht mehr zu erörterndes, ebenso komplexes wie umstrittenes Forschungsproblem sei zumindest kurz benannt: Löste Hus eine Bewegung aus, die Teil eines von den Waldensern und Katharern bis zur Reformation des 16. Jahrhunderts reichenden Reformationszyklus war [275: F. ŠMAHEL, Hussitische Revolution; kritisch differenzierend dazu 275: B. TÖPFER, der von einer ersten Reformation spricht] und die alsbald revolutionäre Züge annahm? Šmahels eigene Ausführungen relativieren den Titel seines Buchs, auch lehnt er den von F. Seibt oft thematisierten Charakter der Bewegung als einer sich schon von 1419 bis 1436 manifestierenden Ständerevolution ab [273: Hussitica; vgl. auch Hussitenstudien. Personen, Ereignisse, Ideen einer frühen Revolution. 2. Aufl. München 1991]. Darin stimmt er wiederum mit B. Töpfer überein, der indes den Begriff der Revolution in diesem Kontext als grundsätzlich unpassend ansieht, da die Grundströmung des Hussitismus „nie auf einen revolutionären Umsturz der gesamtgesellschaftlichen Ordnung" gezielt habe [275: 216], während A. Patschovsky dagegen gerade das „Revolutionäre an der hussitischen Revolution" [271] als Alleinstellungsmerkmal herausstreicht, weil der Hussitismus die einzige mittelalterliche Revolution überhaupt gewesen sei: eine denkbar konträre Interpretationslage, die weitere Diskussionen erwarten lässt.

Zum Œuvre von F. Seibt

Die Bedeutung des Jan Hus auch für die deutsche Geschichte hervorzuheben und die vielen Facetten des Husbildes in deutscher Historiographie, Theologie und Kunst aufzuzeigen, war mehr als nur wissenschaftliches Anliegen für F. Seibt [z. B. Jan Hus. Das Konstanzer Gericht im Urteil der Geschichte. 2. Aufl. Fürth 1993], der aber nicht allein über ihn schon früh „Zwischen Zeiten, Völkern, Konfessionen" [266] bei oft schwieriger deutsch-tschechischer Nachbarschaft zu vermitteln suchte. Speziell im konfessionellen Kontext mag man auch an einen 1999 mit Bedacht in Rom abgehaltenen Kongress über Hus und dessen Rezeption an der Schwelle des dritten Jahrtausends erinnern, der breite Aufmerksamkeit fand, als Papst Johannes Paul II. bei dieser Gelegenheit sein tiefes Bedauern über Hussens Tod in Konstanz zum Ausdruck brachte. Dies ließ wiederum Erwartungen wie Befürchtungen wegen einer – dann doch nicht vorgenommenen – Rehabilitation

Alterität von Hus und Hussitismus: A. Patschovsky

aufkommen, die, so der stets die Alterität von Hus und Hussitismus betonende A. Patschovsky, doch nur „pseudounifikatorische Verkleisterung" bedeutet hätte [vgl. 264: P. Hilsch, 412f.; ebd. auch die bibliographischen Angaben zum 2001 in Tschechisch samt englischen und deutschen Zusammenfassungen erschienenen Tagungsband]. Für Hus selbst war die *unio* zwar nie aufgelöst, doch seine Lehren und die von ihm bewirkten Entwicklungen lassen den Hussitismus in der Tat als unverwechselbares Phänomen sui generis erscheinen.

5.4 Reich und Konzil

Geradezu einen „deutschen Sonderfall" systemimmanenter Reform stellt jene Reichsreform dar, deren erste Konzepte eng mit Vener und

Konstanz verbunden und ohne den kirchlich-konziliaren Reformkontext nicht zu denken sind [Näheres oben Kap. 4.3]. Solche Verschränkung von Kirche und Reich [190: J. HELMRATH, *Geistlich und werntlich*] kennzeichnet auch die beiden 1415 und 1417 in Konstanz stattfindenden Reichsversammlungen, die schon aufgrund der partiellen Identität von Vätern und Reichsständen nicht eindeutig vom Konzil zu trennen sind. Mit H. BOOCKMANN und A. FRENKEN kann man dies allenfalls über die verhandelten Materien und die damit betrauten Gesandtschaften versuchen; so schickte Nürnberg etwa andere Vertreter zum Konzil als zu diesen Zusammenkünften [H. B., Reichstag und Konzil im 15. Jahrhundert, in 97: Reichstage, 15–24; 239: A. F., Nürnberger Angelegenheiten], die im Übrigen mit ihren überwiegend zweiseitigen Verhandlungen zwischen Herrscher und Beauftragten näher am täglichen Hof des Königs bzw. am Hoftag als an der ja erst Ende des Jahrhunderts voll ausgebildeten Institution Reichstag scheinen [80: G. ANNAS, Hoftag; zu den beiden Tagen ebd. Bd. 2, 595 s. v. ‚Konstanz'].

Reichsversammlungen am Konzilsort

Im Übrigen musste auch die Synode selbst als im Reich tagende Versammlung neben König und Stadt die Fürsten mit in ihr Kalkül einbeziehen. Doch ob sie mit dem im Juli 1415 publizierten Dekret *Omnia et singula* einem schon auf den Augsburger Religionsfrieden von 1555 vorweisenden Prinzip Geltung zu verschaffen suchte, da sie die *realis obedientia* auf der Grundlage weltlicher Herrschaften definierte, wie M. J. CABLE meinte [233: *Cuius Regio, eius ... Papa*?], bedarf kritischer Überprüfung: Wollte das Konzil damit im Zuge der Resignation Gregors XII. nicht vielmehr für dessen letzte Anhänger rasch eine pragmatische (und ein Jahr später auch schon weitgehend aufgehobene) Lösung dergestalt schaffen, dass Anordnungen dieses Papstes weiterhin in deren Territorien gelten sollten? Immerhin ging es dabei auch um den wichtigen pfälzischen Kurfürsten. Im Übrigen macht Cable seine These an einem einzigen – überdies fehlerhaft edierten – Text fest [ebd., 100ff.].

Konzil und Fürsten: Zur (Fehl-)Interpretation von *Omnia et singula* durch M. J. Cable

Dass im Kontext der Reichsversammlungen wie für das gesamte Constantiense Sigismund von zentraler Bedeutung war, dass wesentlich ihm dessen Zustandekommen wie auch Fortbestand in der existentiellen Krise nach der Flucht Johannes' XXIII. verdankt wurde, da er noch einmal die traditionelle Aufgabe des römisch-deutschen Königs und Kaisers als *advocatus et defensor ecclesiae* zu erfüllen verstand, dürfte communis opinio der Forschung sein. Nur W. BRANDMÜLLER hebt dagegen die konstruktive Haltung Johannes' XXIII. hervor und sieht dessen Bild in der Nachwelt durch die Diffamierungen etwa eines Dietrich von Niem verzerrt [230: Johannes XXIII.]. Seine damit

Zur Bedeutung Sigismunds für das Konstanzer Konzil: „Eintrittsphase" und „Reduktion" einhergehende mindere Einschätzung Sigismunds mag für die zweite Konzilshälfte gewisse Berechtigung haben, als auf die herrscherliche Spielräume erfolgreich auslotende und -nutzende „Eintrittsphase" eine der „Reduktion" folgte [so S. Wefers, Das politische System Kaiser Sigismunds. Stuttgart 1989, 44–67]. Denn der mit England im August 1416 geschlossene Vertrag von Canterbury tat der Position des Königs zumindest in Konstanz Abbruch [241: A. Frenken, Der König und sein Konzil; M. Kintzinger, Westbindungen im spätmittelalterlichen Europa. Stuttgart 2000, 118–124], weil so aus einem über den Parteien stehenden Herrscher ein Parteigänger wurde. Zudem hatte seine lange Absenz Emanzipationstendenzen einer Synode befördert, die ohnehin nicht zur Anerkennung eines aus seiner Anwartschaft auf das Kaisertum resultierenden Vorrangs bereit war [O. Engels, Der Reichsgedanke auf dem Konstanzer Konzil (1966, Ndr.), in 234: Das Konstanzer Konzil, 395–403] und ihm im Prioritätenstreit eine empfindliche Niederlage bereitete. Generell ist auf eine in den letzten beiden Jahrzehnten merklich intensivierte Sigismund-Forschung hinzuweisen, für die etwa die Biographie von J. K. Hoensch [90; weniger gelungen W. Baum, Kaiser Sigismund. Graz 1993] sowie die Tagungsbände „Das Zeitalter König Sigismunds in Ungarn und im Deutschen Reich" [83] und „Sigismund von Luxemburg. Ein Kaiser in Europa" [99] stehen; jüngste Überblicke lieferten A. Frenken, in: BBKL 29 (2008) 1374–1395; E. Schlotheuber, in: NDB 24 (2010) 358–361. Allerdings sind mit Blick auf ein insgesamt fünfzigjähriges Königtum und auf die ostmitteleuropäischen Herrschaften dieses fähig-überforderten Kronensammlers Zweifel angebracht, ob seine Vita je einen für all ihre Facetten gleich kompetenten und sprachkundigen Autor finden wird.

Intensivierte Sigismund-Forschung

5.5 Biographica und Prosopographica

Biographica

Sinn und Notwendigkeit biographischer Bemühungen um Konzilsteilnehmer sind ebenso evident wie der Umstand, dass die Konstanzer Jahre in einer Vita nur einen kleinen, in ihrer Prägekraft indes kaum zu überschätzenden Faktor ausmachen, und dass in vielen Fällen zudem ein umfangreiches Œuvre mit gewürdigt sein will; es sei nur an Gerson und d'Ailly erinnert [s. oben I, Kap. 2.2]. Das gilt auch für Kardinal Guillaume Fillastre d. Älteren; doch er, in Konstanz gleich bedeutend als Konzilsvater, Tagebuchschreiber und humanistisch inspirierter Intellektueller, hat nie eine seiner Bedeutung entsprechende Biographie erhalten [vgl. M. Prietzel, Guillaume Fillastre d. Jüngere … Stuttgart 2001, 25 A. 23; H. Müller, Der französische Frühhumanismus um

1400 …, in: Diffusion des Humanismus … Hrsg. v. J. Helmrath u. a. Göttingen 2002, 335f., 363], wie erst recht die Viten manch minder bekannter, doch gerade für das konziliare „Innenleben" wichtiger Teilnehmer aus dem Reich – erinnert sei etwa an die im Konklave 1417 begegnenden Theologen Konrad Koler von Soest und Nikolaus von Dinkelsbühl – neuer bzw. überhaupt erster biographischer Aufarbeitung harren, für die eine aus der Editionsarbeit in der Schule H. Finkes erwachsene Darstellung von Leben und Werk des Dietrich von Niem durch H. Heimpel (1932) auch nach 80 Jahren noch Mahnung und Vorbild sein mag.

Prosopographica

Ebenso offensichtlich ist gerade im Rahmen eines Konzils der Nutzen prosopographischer Forschungen, da viele Väter durch Herkunft, Studium, Karriere, Amt und Protektion sowie über ihre Rückbindungen in die Heimat mannigfach in Personalnetze einbezogen waren. Wie lohnend deren Erschließung sein kann, zeigt schon das eher unspektakuläre Beispiel der Teilnehmer aus dem Erzbistum Salzburg, das von S. Weiss minutiös aufgearbeitet wurde [260]. Auch Heimpels „Vener" sind hier erneut zu nennen, wobei die Familiengeschichte natürlich weit über Konstanz hinaus weist [87]. Ph. H. Stump erwartet von solchen Studien den größten Nutzen überhaupt, will man die noch erheblichen Defizite bei der Aufarbeitung der politischen, ökonomischen und sozialen Geschichte des Konzils abstellen [The Council of Constance, in 115: A Companion to the Great Western Schism, 442]. Wie berechtigt diese Erwartung ist, dürfte eine im Frühjahr 2011 an der Universität Lyon II vorgelegte und verteidigte, bislang aber noch unveröffentlichte Thèse von S. Vallery-Radot erweisen [Les Français à Constance (1414–1418): participation au concile et construction d'une identité nationale].

Zur Gruppe der Gelehrten

Der mit Blick etwa auf Sitz- oder Prozessionsordnung zwar einheitlichen, zugleich aber vom kirchlichen Rang, teilweise auch von Gesandtenstatus sowie persönlicher Reputation her höchst differenzierten, in Konstanz jedenfalls ungemein wichtigen Gruppe der Gelehrten widmet sich, (auch) unter solchem Aspekt, seit einiger Zeit A. Frenken [Gelehrte auf dem Konzil, in 209: Konzilien 107–147; die dort angekündigte Liste ist aber noch nicht erschienen. S. auch A. F., Die Rolle der Kanonisten auf dem Konstanzer Konzil: Personen, Aktivitäten, Prozesse, in: *Sacri canones servandi sunt*. Hrsg. v. P. Krafl. Prag 2008, 398–417].

Teilnehmerlisten/ Biogramme

Ein Desiderat gerade für solche Forschungen ist eine aus gesicherten Grundlagen erarbeitete und im Optimalfall bereits mit Biogrammen versehene Auflistung aller Konzilsteilnehmer. Zwar wurden die lange verloren geglaubten handschriftlichen Verzeichnisse im Anhang der Freiburger Dissertation von J. Riegel [Die Teilnehmerlisten des Konstanzer Konzils. 1916] wieder aufgefunden [Th. M. Buck, Die Riegelschen Teilnehmerlisten ..., in: Freiburger Diözesan-Archiv 118 (1998) 347–356], allein sie sind unvollständig und fehlerhaft, so dass sich nunmehr, zumindest mit Blick auf die Väter der französischen Konzilsnation, die Erwartungen auf die Arbeit von S. Vallery-Radot richten.

5.6 Konzils- und Partikularnationen: eine Forschungsaufgabe

Eine ebenso reizvolle wie schwierige Aufgabe bestünde auch in der Untersuchung der Konstanzer Konzilsnationen unter prosopographischen Aspekten, doch bleibt hier ebenfalls zuvor noch Grundlagenarbeit zu leisten, da man bislang zwar die Strukturen, doch kaum das „Innenleben“ dieser nach pisanischem Vorbild als Organisationsbasis des Konzilsgeschäfts [H. J. Sieben, Konzilsgeschäftsordnungen, ... (2000, Ndr.), in 206: Ders., Studien zur Gestalt, 132–135] eingerichteten *Nationes* erforscht hat; eine dazu von Ph. H. Stump angekündigte Arbeit [vgl. 238: A. Frenken, Erforschung, 357] ist m. W. nicht erschienen. Ersten allgemeinen Einblick bietet indes immer noch die Abhandlung „Die Nation in den spätmittelalterlichen allgemeinen Konzilien“ von H. Finke [Ndr. in 234: Das Konstanzer Konzil, 347–368]. Obgleich der Autor sich vor allem im Ersten Weltkrieg als dezidierter Nationalist exponiert hatte – eigene Überzeugung ging wohl mit der Absicht einer Festigung seiner Position als Katholik in der protestantisch dominierten deutschen Universitätswelt einher –, enthielt er sich 1937 jeglichen Aktualitätsbezugs und betonte zu Recht, dass jenem von ihm als Motto dem Aufsatz vorangestellten Wort eines Anonymus: *Concilium constituitur ex nacionibus* genuin mittelalterliche Vorstellungen zugrunde lägen. Sie präzisierte u. a. J. Miethke dahingehend, dass hierfür bis nach Lyon II zurückweisende innerkonziliare Traditionen sowie universitäre Vorbilder, im besonderen wohl das der Pariser Artistenfakultät, wirksam waren [195: Raumerfassung, 139ff., 148]. Allerdings wurden diese althergebrachten, indes zugleich variablen Strukturen in Konstanz politisiert und damit gravierend verändert: Auf ein Konzil von solcher Dauer wirkten zwangsläufig die Konflikte der Zeit ein, allen voran der Hundertjährige Krieg; zudem schickten die Reiche Gesandtschaften an den Bodensee, um insbesondere auf und über die Nationen Einfluss zu nehmen. Finke wollte diesen Komplex seinerzeit durch eine Reihe von Dissertationen abklären lassen [vgl. 238: A. Frenken, Erforschung, 44

H. Finke

Concilium constituitur ex nationibus

Vorbilder für die Konzilsnationen

Im Fokus politischer Interessen

A. 98–101], doch wird man in diesem Kontext heute wohl nur noch ein anderes, das Konstanz mit einschließende Werk von N. Valois, trotz besagter Einseitigkeiten, im Falle von Frankreich konsultieren [147: La France. Bd. 4; vgl. oben Kap. 2]. Vieles noch gilt es in diesem Rahmen aufzuarbeiten, und die Forschung wird dabei der – gerade außerhalb ihrer Zunft interessierenden Frage – Rechnung tragen müssen, ob nicht aus solch mittelalterlich-konziliarer Welt der *Nationes* auch erste, in die Moderne weisende nationale Elemente erwuchsen: Das kann, muss aber nicht bei den noch nie zusammenhängend untersuchten Konstanzer Streitigkeiten um Rang und Sitz der Fall sein. So hatten Auseinandersetzungen etwa zwischen Delegierten der Universitäten Avignon und Angers anderen Charakter als die unter den Vertretern der iberischen Königreiche innerhalb der spanischen Nation [211: J. Grohe, Spanien, 496–501; vgl. dazu auch A. Frenken, Der endgültige Bruch Kastiliens mit Benedikt XIII. ..., in: ZKiG 119 (2008) 327–357] oder als deren Streit mit der englischen Nation. Selbst hier aber spielen mit Argumenten wie Dignität, Alter und Größe der Reiche, wie Fürsten- und Dynastieehre vorwaltend Faktoren eine Rolle, welche man wohl kaum als direkte Manifestationen eines bereits unmittelbar in die Moderne weisenden nationalen Denkens wird geltend machen wollen, die aber aufgrund einer sich damit verbindenden und in Basel noch stärker akzentuierten Identitätsreflexion zwischen eigener Superiorität und Abgrenzung vom Kontrahenten durchaus schon gewisse Voraussetzungen für einen „Wettkampf der Nationen" boten [348: C. Hirschi, Wettkampf, 135ff.; vgl. unten Kap. 7.5].

Von der Konzilsnation zur Nation?

Rang- und Sitzstreitigkeiten

Im Vorfeld des „Wettkampfs der Nationen"

Sigismunds Konstanzer Präsenz als *advocatus et defensor ecclesiae*, ein noch immer universal grundierter Reichsgedanke [O. Engels, Der Reichsgedanke auf dem Konstanzer Konzil (1966, Ndr.), in 234: Das Konstanzer Konzil, 369–403], eine zwar von internen Spannungen – so zwischen Polen und Deutschen – durchzogene deutsche Konzilsnation, auf deren wichtigstem Teil indes kein existenzbedrohender Konflikt lastete, und auch eine Causa Hus, die in Konstanz noch eine theologische war und später erst zur nationalen des Hussitismus mutierte, all dies lässt das Thema für das Reich (zunächst noch) weniger relevant erscheinen als für die kriegführenden Frankreich und England, den beiden in dieser Hinsicht sicherlich wohl ohnehin ausgeformtesten Potenzen der Zeit. Mit jenem berühmten, zwischen Oktober 1416 und März 1417 ausgetragenen Streit, bei dem eine wesentlich von d'Ailly und Fillastre geführte französische Konzils- oder Prinzipalnation die Engländer zugunsten der Spanier erfolglos aus ebensolchem Status einer *natio principalis* in denjenigen einer in die deutsche Na-

Geringere Relevanz der Thematik für das Reich

– Größere für Frankreich und England

natio principalis – natio particularis

tion eingegliederten *natio particularis* herabzuzwingen suchte [H.-J. Schmidt: a) 202: Kirche, 479–482, b) 203: Was ist eine Nation?; vgl. auch L. R. Loomis, Nationality at the Council of Constance ..., in: AHR 44 (1939) 508–527], wurde bei aller vordergründigen Argumentation im Sinne der Tradition von vier *partes christianitatis* und deren ungefährer Äquivalenz natürlich ein politisches Ziel verfolgt: Hier antwortete die gelehrte Feder auf das Schwerturteil von Azincourt, wie sich schon in Paris eine intellektuelle Elite – darunter Gerson und d'Ailly – traktatbewehrt für König und Königtum gegen englische Prätentionen exponiert hatte [J. Krynen, Idéal du prince et pouvoir royal en France à la fin du Moyen Age ... . Paris 1982. Einschlägig auch hierfür wird die Thèse von S. Vallery-Radot sein; vgl. hier Kap. 5.5]. Über den Streit um eine englische Konzilsnation von zu geringer Größe wurde faktisch ein säkularer politischer Konflikt zweier Partikularnationen in das Konzil hineingetragen.

Politische Dimension des Konflikts

Stellenwert der Konzilien für nationale Formierungsprozesse: Themen künftiger Forschung

Daraus ergeben sich mehrere Fragen an künftige Forschung, die beim Vorausblick auf Basel aber nicht mehr nur Frankreich und England betreffen, sondern etwa auch für eine mögliche Genese deutscher Nation aus dem Geist des Konzils [317: H. Müller, Basler Konzil] von Belang scheinen: 1) Welche Ergebnisse zeitigte ein Nachdenken der Parteien über sich selbst, das die eigene Identität nicht zuletzt im kritischen Vergleich mit dem Konkurrenten schärfte? Thomas Polton, der Dekan von York, verwies dabei etwa auf die Gemeinsamkeit von Abstammung, Sprache und Geschick [J.-P. Genet, English Nationalism: Thomas Polton at the Council of Constance, in: Nottingham Med. Studies 28 (1984) 60–78], was manche Forscher schon an moderne Definitionen von „nationhood" denken ließ [z. B. J. A. Thomson, Popes and Princes, 1417–1517. Politics and Polity in the Late Medieval Church. London 1980, 30]. – 2) Wenn Polton so wohlgemerkt für die anglikanische Konzilsnation argumentierte, schlug er dabei nicht bereits neue Wege ein, da er sie jenseits des konziliaren Organisationprinzips als historisch-politisch von einer Vormacht, einem „Hauptkönigreich" bestimmt sah, was noch mehr für die französischerseits betriebene Hervorhebung des Königreichs innerhalb der gallikanischen Konzilsnation galt? – 3) Lassen die Debatten mithin nicht sowohl grundsätzliche Tendenzen als auch Opportunitäten erkennen? Unter Einschluss der im Zuge der Basler Rang- und Sitzstreitigkeiten gehaltenen Reden [s. unten Kap. 7.5] wäre das reiche Argumentationsarsenal darauf wie v. a. auf zukunftsweisende Elemente hin zu analysieren. – 4) Besteht ein Zusammenhang mit den in genau jenen Jahrzehnten zwischen Großem Schisma und Basler Konzil postulierten und partiell auch durchgeführten Nationalkonzilien? Dabei ist nicht nur an die sich dahin entwickelnden Versammlungen des französischen Klerus in Paris seit 1395 oder später in Bourges zu erinnern, sondern auch an die für Nov. 1431 in Mainz [K. Beer, Der Plan eines deutschen Nationalkonzils ..., in: MÖIG Erg.Bd. 11 (1929) 432–442] und für Febr. 1446 in Nürnberg [325: J. W. Stieber, Eugenius IV., 273ff.] geplanten Nationalsynoden der deutschen Kirche oder an den Stellenwert von *concilia regni aut nationis* für Nikolaus von Kues [H. J. Sieben, Das Nationalkonzil, in: Theologie und Philosophie 62 (1987) 533–537; vgl. H.-J. Schmidt, Reichs- und Nationalkonzilien ... , in: Proceedings of the 9th Internat. Congress of Medieval Canon Law. Vatikanstadt 1997, 336] und desweiteren an Sigismunds zu Konstanz erhobene Forderung nach zwei „Nationalkardinälen" [255: A. A. Strnad, Konstanz]. – 5) Welche Auswirkungen hatten interne Konflikte in den „Hauptkönigreichen" auf das Konzil wie für evtl. nationale Formierungsprozesse?

5.7 Ausgang: Die Causa Falkenberg und Martins V. Appellationsverbot

Konzil und Politik: Die Causae Jean Petit und Johannes Falkenberg

Für die dabei unabdingbare Zusammenschau des Geschehens am Ort und auf der Synode mag die aus der Ermordung des Herzogs von Orléans 1407 in Paris resultierende und das Konzil erreichende Debatte über den Tyrannenmord als Beispiel dienen. Die durch Intensität und Niveau bestechende Forschungslage bei dieser – auch für das Thema der Genese der Königsnation Frankreich relevanten und daher für die französische Mediävistik zentralen – Thematik ist hier nicht zu erörtern [doch sei zumindest die tiefstdringende Analyse genannt: B. Guénée, Un meurtre, une société. L'assassinat du duc d'Orléans 23 nov. 1407. Paris 1992; s. auch B. Schnerb, Jean sans Peur. Paris 2005], allein die skizzierte Verschränkung der Causa Petit mit der Affäre Falkenberg auf dem Konzil lässt jene auch im Rahmen der *natio Germanica* von Belang sein. Bei der von dem Dominikaner für rechtens erklärten Beseitigung des litauisch-polnischen Königs ging es um einen angeblichen Häretiker, aber auch Tyrannen, wie J. Miethke in seinem Beitrag „Heiliger Heidenkrieg?", einer der wenigen substantiellen Veröffentlichungen neueren Datums zum Thema, festhielt, um zugleich die Argumentation von Falkenbergs Gegner Paulus Vladimiri gegen modernistische Ausdeutungen wieder auf ihre traditionellen Grundlagen, einen Kommentar Innozenz' IV., zu stellen [248], während vor einigen Jahren mit St. Kwiatkowski ein polnischer Kollege die augustinischen Grundlagen der an Kreuzzugstheorien erinnernden Falkenbergschen Polemik

Grundlagen der Argumentation Falkenbergs und Vladimiris

und die thomistische Basis Vladimiris untersuchte [245: Der Deutsche Orden].

Grundlegend für die Thematik aber ist nach wie vor das 1975 erschienene Referenzwerk von H. Boockmann [227: Johannes Falkenberg], der über die Biographie des Dominikaners und die Edition der *Satira* hinaus den ja auch in vielen weiteren Traktaten ausgefochtenen Streit [polnische Editionen und Literatur bei 181: Th. Wünsch, Konziliarismus, 60–67] im Kontext der damaligen Zeit situierte und so obendrein – sicher auch von der neuen Ostpolitik der damaligen bundesrepublikanischen Regierung begünstigt – zur überfälligen Versachlichung beitrug, nachdem der fanatische Dominikaner allzu lange

Die Thematik im deutsch-polnischen Kontext des 20. Jh.s

nationalistischen Hitzköpfen in Deutschland und Polen Anlass zu Polemik und Hetze wie einer Ordensgeschichtsschreibung zu Ausblendung und Apologetik geliefert hatte [vgl. 238: A. Frenken, Erforschung, 212–226]. Dass man über jener Auseinandersetzung auf dem Constantiense bzw. in jener Zeit den bislang eher randhaft verzeichneten ost(mittel)europäischen Raum auch kartographisch genau registrierte und einmal mehr das Interesse von Fillastre daran auffällt, der bei einem späteren römischen Prozess in dieser Sache denn auch als päpstlicher Kommissar begegnet [C. Deluz, in 244: Humanisme, 151–159; vgl. ebd. G. Ragone, 171–217], sei ebenso wenig am Rande vermerkt wie jene militärisch, aber auch finanziell für den Orden bedeutsame Tradition eines deutschen und westeuropäischen Adels auf Preußenreise gegen

Hintergründe von Falkenbergs Invektive

die Litauer, die sich nunmehr bzw. bereits nach der Niederlage von Tannenberg 1410 ihrem Ende zuneigte [W. Paravicini, Die Preußenreisen des europäischen Adels. (Bisher) 2 Bde. Sigmaringen 1989/95]. Falkenbergs Invektive mag auch im Kontext letzter Belebungsversuche zu situieren sein, da der Hochmeister Heinrich von Plauen nach der verlorenen Schlacht einen neuen Feldzug gegen Polen-Litauen plante.

Polnische Drohung einer Konzilsappellation

Martins V. Reaktion: Relevanz für die Interpretation der Konstanzer Dekrete

Wenn am Ausgang des Konzils als Reaktion auf die angedrohte Anrufung einer künftigen Generalsynode seitens der ob der Verschleppung der Causa Falkenberg unzufriedenen Polen ein von Martin V. avisiertes Appellationsverbot stand, dann wurde dies von einer seinerzeit um *Haec Sancta* streitenden Forschung natürlich mit in die damalige Diskussion einbezogen, wobei die Verfechter des Prinzips genereller Konzilssuperioriät darin zwangsläufig nur eine Entscheidung in diesem Fall sehen konnten, während die Kontrahenten von einer grundsätzlichen Verfügung ausgingen [Übersicht in 238: A. Frenken, Erforschung, 238–244]. Letzteren dürfte beizupflichten sein, denn wie anders hätte Martin V. selbst ein sich nur auf Falkenberg beziehendes Verbot begründen sollen [vgl. H. Jedin, Bischöfliches Konzil oder Kirchenparlament? (1963, 2. Aufl. 1965, Ndr.), in 163: Entwicklung 217], und wie anders erklärt sich die überaus heftige Reaktion Gersons [vgl. 259: P. De Vooght, Les pouvoirs du concile, 75]? Weitere Quellen und Faktoren einbeziehende Studien von R. Bäumer haben diese Position noch präzisiert [zuletzt: Die Interpretation und Verbindlichkeit der Konstanzer Dekrete (1968, Ndr.), in 163: Entwicklung 229–246], die angesichts der gegenwärtigen Windstille um *Haec Sancta* kaum mehr in der Diskussion scheint. Sollte aber nicht zu denken geben, dass Martin V. den Text nie publizierte und sich fortan formal an die Beschlüsse des Constantiense hielt?: Das Appellationsverbot mithin ein erster direkter, ungeschickter Versuch der Revision des Prinzips konziliarer Superiorität, gescheitert an der Wachsamkeit und Autorität von Jean Gerson [„The Council of Constance formed an association under the leadership of Master J. G.“; 77: J. Van Engen, Multiple Options, 274], worauf Martin V. fortan in geschickterer Weise indirekte Versuche folgen ließ? Hierfür spricht vor allem sein Verhalten gegenüber dem von ihm selbst nach der Vorgabe von *Frequens* für 1423 nach Pavia einberufenen und alsbald nach Siena verlegten Generalkonzil.

Martin V. und das Generalkonzil: Distanz und Flexibilität

6. Das Konzil von Pavia-Siena (1423/24) – Zum Werk Walter Brandmüllers

Die Forschung zu dieser Synode lässt sich in Kürze abhandeln, denn sie ist mit einem einzigen Namen verbunden: W. Brandmüller. Er legte 1968 die erste Monographie überhaupt zu diesem Konzil vor, 1974 ließ er einen Quellenband folgen und 2002 die Darstellung überarbeitet in der von ihm begründeten Reihe „Konziliengeschichte“ erscheinen [280 bzw. 192]. Die Quellen wiesen ihm hier jenen Weg, den er auch später meist gehen sollte, nämlich das konziliare Geschehen vorwiegend aus italienisch-mediterraner Perspektive zu verfolgen. Mag die Neuauflage einige in anderen Kontexten erarbeitete prosopographische Forschungen berücksichtigen [weitere Hinweise bei H. Müller, in: HZ 276 (2003) 446] und auch bei so unterschiedlichen Themen wie Byzanz, Konzilspräsidentschaft, Ökumenizität und Nationenprinzip durchaus neue Akzente setzen – bei Letzterem verdienen die Hinweise von M. C. Miller [281: Participation] über die unterschiedlichen Inkorporationspraktiken der einzelnen Konzilsnationen Beachtung –, so ändert dies an der grundsätzlichen Ausrichtung des Werks nichts: Einmal mehr misst der Autor auch dieses Konzil mit der Elle seines Kirchenverständnisses,

W. Brandmüllers Forschungen: Perspektiven und Verdienste, Einseitigkeiten und Fehler

Martin V. und Pavia-Siena: W. Brandmüller vs. H. Jedin

um nach diesem Kriterium zu urteilen und verurteilen [vgl. oben Kap. 2, 4.1, 5.1]. Dabei ist er insbesondere um Verständnis für Martin V. bemüht, der angeblich v. a. wegen der aragonesischen Umtriebe in Italien am Konzilsbesuch gehindert worden sein soll. „Wenn der Papst diese Absicht [d. h. des Besuchs] hatte, warum setzte er dann nicht alle politischen Rücksichten beiseite und ging selbst nach Siena?" – nie hat Brandmüller auf diese einfache Frage des von ihm so geschätzten H. Jedin [ZRG KA 55 (1969) 523] geantwortet. Martin V. lag, wie Jedin des weiteren treffend konstatiert, vielmehr an einer Fernsteuerung der Synode aus Rom [ebd.]; er zeigte dabei eine „authoritarian rather than a cooperative attitude toward the council" [281: M. C. Miller, Participation, 392], und aus solcher Haltung betrieb er alsbald dessen Auflösung.

So wird man Brandmüller zwar für seine erste Gesamtdarstellung dieses Konzils und dabei insbesondere für seine Quellenerschließungen dankbar sein, die „kalmierenden" Wertungen [195: J. Miethke, Raumerfassung, 149f. A. 74] aber ebenso kritisch wie auch handwerkliche Defizite zur Kenntnis nehmen: Die nun fürwahr „ideologiefreien" Hinweise von P. Herde auf unberücksichtigtes Quellenmaterial, auf Lesefehler und mangelhafte Interpunktion bei den edierten Texten oder unbefriedigende Personen- und Ortsidentifizierungen [DA 27 (1971) 254f.; DA 32 (1976) 240] geben umso mehr zu denken, als der Verfasser es nicht für nötig befand, sie für die Neuauflage zu berücksichtigen.

P. De Vooght hat in seiner (höflich-vielsagenden) Rezension der Erstausgabe den Grund für die lange Nichtbearbeitung dieses Konzils benannt: „Pavie-Sienne paraît insignifiant et n'a intéressé personne" [RHE 65 (1970) 550], was übrigens auch mit Blick auf die marginal vertretene deutsche Konzilsnation und das Reich gilt. Doch bleibt mit und nach Brandmüller als gesicherter Forschungsstand festzuhalten, dass diese Synode wegen ihrer nicht zuletzt die Autorität von *Frequens* belegenden Scharnierfunktion zwischen Konstanz und Basel schon gewisse Bedeutung hatte. Sie eignet ihr aber auch aufgrund der hier in Ansätzen bereits erkennbaren grundsätzlichen und nur wegen des Auflösungsgeschicks der päpstlichen Vertreter [zu Jean de Rochetaillée 316: H. Müller, Une carrière] aufgeschobenen Konfrontation beider Lager; diese aber sollte, nicht zuletzt unter früher Beteiligung gerade von durch die Erfahrung Pavia-Sienas geprägten Vätern, mit dem Basler Konzil voll zum Austrag kommen.

Zum Stellenwert des Konzils

7. Das Konzil von Basel (1431–1449)

7.1 „Das Basler Konzil als Forschungsproblem der europäischen Geschichte“ – Schlaglichter auf die Forschungslage

Forschungsstand und Tendenzen („Historisierung“)

Uneinheitlich, ja widersprüchlich stellt sich die Forschungslage im Fall des Basler Konzils dar, da es einerseits sehr Vieles überhaupt erst aufzuarbeiten gilt, andererseits aber – und dies nicht zuletzt wegen der daraus resultierenden Möglichkeiten – hier zur Zeit die wohl intensivsten Aktivitäten zu verzeichnen sind. Leicht fällt der Einstieg in den Forschungsstand, der von J. Helmrath für die Zeit bis Ende 1985 mustergültig präsentiert, in Teilen gleich wesentlich weiterbefördert [296: Basler Konzil] und dann 2007 in der Einleitung zu einem Tagungsband des Konstanzer Arbeitskreises über die Konzilien des 15. Jahrhunderts, jetzt zusammen mit H. Müller, fortgeschrieben wurde [209: Konzilien, 9–29]. Erneut geschah dies problemfokussiert, diesmal aber aufgrund des Publikationsorts nur in strikter Auswahl, derweil A. Cadili eine an Helmrath (1987) anschließende, um Vollständigkeit bemühte Übersicht vorlegte, die sich v. a. am Œuvre wichtiger Autoren orientiert [283: Il concilio di Basilea]. Übereinstimmend spiegeln diese Forschungsberichte – sie entheben hier im Übrigen der Notwendigkeit einer weit in die Vergangenheit ausholenden, erschöpfenden Darstellung und erlauben die Konzentration auf einige zentrale Punkte – jene auch im Fall des Constantiense zu konstatierende Verlagerung des Interesses von theologischen sowie kanonistischen und ekklesiologischen hin zu genuin historischen Fragestellungen.

„Das Basler Konzil als Forschungsproblem der europäischen Geschichte“: E. Meuthens Neuansatz

Solche Entdeckung des Basler Konzils als eines polyvalenten historischen Phänomens mit weit über die Kirchengeschichte hinausreichender Relevanz etwa für die Ideen- und Verfassungs- wie auch die Politik-, Verwaltungs- oder Diplomatiegeschichte ist wesentlich E. Meuthen geschuldet, der seinen Ansatz 1985 in einer Akademieabhandlung unter den programmatischen Titel stellte: Das Basler Konzil als Forschungsproblem der europäischen Geschichte [308] und den sein Schüler Helmrath gleich für die eigene Arbeit aufgriff [vgl. 283: A. Cadili, Il concilio di Basilea, 636–674]. Unter solchem Aspekt scheint die alte innerkatholische Diskussion um die Ökumenizität des Basiliense kaum mehr von Relevanz, die ihm in der Tradition Bellarmins und der *Editio Romana* der ökumenischen Konzilien von Vertretern eines extremen Kurialismus noch bis ins 20. Jahrhundert völlig abgesprochen wurde [207: H. J. Sieben, Studien zum Ökumenischen Konzil, 159, 180; zum Basler Selbstverständnis als Universalkonzil 322: Th. Prügl,

Reduzierte Bedeutung des Ökumenizitätsproblems

Ökumenisches Konzil]. Heute überwiegt die Ansicht faktischer Anerkennung meist bis zu Eugens IV. Konzilstranslation nach Ferrara 1437, sofern die bis dahin erlassenen Dekrete der Autorität des Hl. Stuhls nicht Abbruch tun [vgl. oben I, Kap. 5.7 und 296: J. HELMRATH, Basler Konzil, 10f.]. Die Negierung durch die am Ende zwar siegreichen, indes vom Basler Radikalkonziliarismus traumatisierten Papst und Kurie wirkte sich lange hemmend auf die Beschäftigung mit einer tabuisierten Synode aus, die so in der Frühneuzeit wiederholt zum Betätigungsfeld von „Dissidenten" wie Gallikanern, Hugenotten und Episkopalisten wurde [310: H. MÜLLER, L'érudition gallicane; 296: J. HELMRATH, Basler Konzil, 8ff. Vgl. auch oben Kap. 4.3].

Gründe verzögerter Erforschung des Konzils: – Negierung durch Rom

Ein gewisser Wandel zeichnete sich erst mit der – vornehmlich editionsfördernden – Öffnung der Vatikanischen Archive unter Papst Leo XIII. 1881, vor allem aber durch ein korporativ-kollegiale Strukturen akzentuierendes II. Vaticanum (1962–65) ab, in dessen Umkreis und Folge besagte, zunächst auf Theologica und primär auf Konstanz konzentrierte Forschung meist katholischer Provenienz in Gang kam [s. oben Kap 4.1]. Dabei unterschieden aber selbst Autoren wie Küng und de Vooght noch zwischen konstruktiv-moderatem Konstanzer und destruktiv-extremem Basler Konziliarismus, der geradezu eine gegen Rom gerichtete Kriegsmaschinerie gewesen sei [170: H. KÜNG, Strukturen der Kirche, 254–289; 215: P. DE VOOGHT, Konziliarismus].

– Radikalkonziliarismus

Quellenfülle und unzureichende Erschließung

Ein anderer, simpler Umstand dürfte ebenfalls einen retardierenden Forschungseffekt ausgeübt haben: Die Versammlung hat in ihrer achtzehnjährigen Existenz mehr – und in erheblichem Maße bis heute unediertes – Schriftgut produziert als die früheren Generalkonzilien in ihrer Gesamtheit, woraus ein oft erhöhter Rechercheaufwand resultiert. Inzwischen steht zwar gedrucktes Material umfänglich zur Verfügung; zu den großen Editionen und Sammlungen wie Concilium Basiliense, Monumenta Conciliorum, Mansi oder Deutsche Reichstagsakten/Ältere Reihe [4, 13, 12, 7] kamen in jüngerer Zeit etwa die auf eine einzige Persönlichkeit, Nikolaus von Kues, bezogenen, über ihn jedoch eine Epoche und Welt erschließenden Acta Cusana [2], die abschließende Bearbeitung von Eugens IV. Pontifikat im Rahmen des Repertorium Germanicum [20], der zweite, vornehmlich Basiliensia bietende Band einer zweisprachigen Ausgabe von Texten zur Kirchenreform im konziliaren Zeitalter [15] sowie Editionen von Werken führender Konzilstheoretiker wie Segovia oder Ragusa [vgl. oben Kap. 4.2]. Die Aufarbeitung der Zeugnisse von Persönlichkeiten zweiten Rangs hat erst begonnen [s. ebd.], und auch andere Quellengruppen wie etwa das große Briefcorpus oder die Supplikenregister des Konzils, das Bullen-

Editionen, Repertorien und Desiderate

register Felix' V., ein Protokoll aus Segovias Besitz oder die – bislang allenfalls partiell aufgelisteten – Konzilspredigten sind (noch) nicht publiziert. Ein schon 1499 von Sebastian Brant besorgter Erstdruck der Dekrete – ihm gehen über 70 Handschriften des 15. Jahrhunderts voran – steht zwar am Beginn einer relativ dichten Kette weiterer Drucke [N. H. Minnich, The First Printed Editions of Modern Councils, in: 199: N. H. M., Councils, n. II], ohne dass sie jedoch bis heute in kritischer Ausgabe vorlägen. (Vorgesehen ist diese aber im Rahmen des noch ausstehenden zweiten Bands der vom Bologneser „Istituto per le scienze religiose" besorgten *Conciliorum oecumenicorum generaliumque Decreta*.) Auch sind alle – bisweilen mit Literaturhinweisen kombinierten – Quellenübersichten unvollständig; teilweise berücksichtigen sie sogar nur die gedruckte Überlieferung [zuletzt N. H. Minnich, From Constance to Trent: A Historical Overview, in: 199: N. H. M., Councils, n. I].

Geplante Gesamtdarstellung durch Th. Prügl

Schon angesichts solch noch unbefriedigenden Stands der Quellenerschließung dürfte mithin eine modernen wissenschaftlichen Ansprüchen genügende, mit theologischer wie historischer Tinte geschriebene Gesamtdarstellung des Basler Konzils, wie sie im Rahmen des Unternehmens „Konziliengeschichte" [192] Th. Prügl leisten soll, nicht leicht zu realisieren sein. Eine ebensolche suggeriert zwar der Obertitel des Buchs von St. Sudmann [327: Basler Konzil], das indes hierzu nur einen, wenn auch wichtigen Baustein liefert, da es über erhebliche Teile der konkreten *negocia concilii* in der „synodale(n) Praxis zwischen Routine und Revolution" handelt. Ähnliches gilt für die Dissertation von M. Decaluwe [285: A Successful Defeat], die mit ihrer Darstellung des Suprematiekampfs zwischen Eugen IV. und Basel und dessen Ende unter Nikolaus V. ein essentielles Thema angeht, das in Teilen ja schon vielfach untersucht wurde, hier aber – unter besonderem Rekurs auf die Basler *Haec Sancta*-Interpretation – erstmals wieder seit Valois und Stieber in seiner Gänze erfasst wird. Eine Gesamtdarstellung wird obendrein den erschwerenden, durch die „Historisierung" des Basiliense bedingten Umstand zu berücksichtigen haben, dass die Forschung nicht mehr, wie noch vor einigen Jahrzehnten, auf wenige Grundprobleme („Das Konzil über den Papst?") fokussiert ist und sich somit auch keine eindeutigen Tendenzen abzeichnen, sondern eine breitere, bisweilen gar diffuse Vielfalt bei allenfalls gewisser Schwerpunktbildung erfasst sein will.

Zu den Arbeiten von St. Sudmann und M. Decaluwe

7.2 *Vom Konzilsort bis zum Väterprofil: Konzentration auf strukturelle Phänomene*

Basel in der spätmittelalterlich-frühneuzeitlichen Konzilslandschaft

Ein solcher Schwerpunkt liegt sicher in der Beschäftigung mit strukturellen Phänomenen in weitestem Sinne, was auch die Frage nach der Struktur des Konzilsorts einschließt, der gleich Konstanz mit zu jener sich von Vienne bis Trient um die Alpen anlagernden zentralen Versammlungslandschaft der lateinischen Christenheit „beiderseits der Berge" in Spätmittelalter und Frühneuzeit gehörte [187: J. Helmrath, *Locus concilii*; vgl. oben Kap. 5.1]. Zwar kannte das damalige Basel keine offiziöse Historiographie, keinen Richental, doch vermochte C. Sieber-Lehmann dank diverser Quellenfunde und neuer Interpretationen das Profil einer Stadt zu schärfen, die sich nach eher zögerlich-reaktiven Anfängen spätestens mit der Absetzung Eugens IV. und dem Empfang des Konzilspapstes Felix V. 1439/40 die Sache der Synode fortan bis zu deren Ende ganz zu eigen machte [Basel und sein Konzil, in 209: Konzilien, 173–204; vgl. Ders., in: Kleine Geschichte der Stadt Basel. Leinfelden-Echterdingen 2008, 68ff.], wobei von künftigen Studien wohl noch weitere Aufschlüsse zu erwarten stünden, so sie etwa im Anschluss an die Arbeiten von J. Rosen zur „Finanzgeschichte Basels im späten Mittelalter" (Stuttgart 1989) und von K. Weissen über die Konzilsfiliale der Medicibank [331] sowie an ältere, Versorgungs- und Mietprobleme zumindest anreißende Darstellungen der Basler Geschichte im Spätmittelalter einmal systematisch den Ein- und Auswirkungen des Finanz- und Wirtschaftsfaktors Konzil in lokalem und regionalem Rahmen nachgingen. Dabei bliebe mit „Teure, Hunger, Großes Sterben" [300: Chr. Jörg] der späten dreißiger Jahre ein spezieller Faktor zu berücksichtigen, der für die bis dahin konzilsbeflügelte städtische Konjunktur und natürlich auch die Synode mit Weggang oder Tod manchen Vaters gravierende Folgen zeitigte.

Stadt und Konzil

Das Konzil als Finanz- und Wirtschaftsfaktor

Krise in den späten dreißiger Jahren

Was die Struktur des Konzils selbst, dessen Organisation und Bürokratie anlangt, so ist sie in den Grundzügen von der Deputationsgliederung bis zur Ämterbefristung zwar seit langem wohlbekannt [303: P. Lazarus, Basler Konzil], erkannt wurde deren geradezu zeichenhafter Charakter dagegen eigentlich erst in jüngerer Zeit: Verwaltung war in Basel weit mehr als eine nur administrative Aufgabe, sie wurde zum Verfassungsprinzip erhoben. Alle Väter sollten umfassend in Alles einbezogen sein, wobei man auf Grundlage einer eigens dekretierten Geschäftsordnung [H. J. Sieben, Die Konzilsgeschäftsordnungen von Konstanz bis Vatikan II …, in: AHC 32 (2000) 352–354; Ndr. in 206: H. J. S., Studien zur Gestalt, 135–138] und einer bewusst

Administration und Jurisdiktion

dichten schriftlichen Dokumentation bemüht war, eine transparente und obendrein auf stete Kompetenzerweiterung bedachte Gegenkurie bei gleichzeitiger Adaptation der Formen römischer Administration zu installieren [H.-J. Gilomen, a) Bürokratie und Korporation am Basler Konzil, in 209: Konzilien, 205–255, b) 290: ... *facto realiter in scriptis*. S. auch 298: J. Helmrath, Konzil als Behörde; 289: Th. Frenz, Urkunden]. Ähnliches gilt im Übrigen für das Basler Rechtswesen [305: E. Meuthen, Rota; 8: H.-J. Gilomen, Rotamanualien, und G. Dolezalek, Rechtsprechung], wobei von der wiederholt intendierten, allein erst jetzt von É. Rosenblieh geleisteten Untersuchung des gegen Eugen IV. geführten Absetzungsprozesses im Rahmen ihrer im Dezember 2010 abgeschlossenen, noch ungedruckten Thèse neue und wichtige Aufschlüsse zu erwarten stehen [Juridiction conciliare et juridiction pontificale au temps du concile de Bâle 1431–1449. Recours, procédures et suppliques; vgl. vorerst kurz 323: É. R., La juridiction].

Gegenkurie mit kurialem Profil

Rechtswesen

Auch wenn sich das Konzil nicht als ein in Permanenz tagendes Parlament der Christenheit verstand [297: J. Helmrath, Basel, the Permanent Synod?], wohnte ihm doch schon aufgrund solcher Bürokratisierung und „Verrechtlichung" eine Tendenz zur Verdauerung inne, zumal die Väter über Jahre hin von geistlichen wie weltlichen Parteien in großer Zahl bittend und streitend angegangen wurden. Nur zu oft gerieten sie dabei in Zwänge von Prinzipientreue und politischer Opportunität, was sich insbesondere immer wieder an den aus den beiden konziliaren Vor- und Nahmächten Reich und Frankreich angetragenen Causae ablesen lässt, aus denen der weitaus größte Teil der anhängigen Fälle stammte [327: St. Sudmann, Basler Konzil/311: H. Müller, Franzosen]. Die bislang nur partiell geleistete Aufarbeitung solcher Prozesse vor allem um Bistümer und Abteien lohnt allemal, weil sich über den jeweiligen lokalen und regionalen Rahmen hinaus hier eine geradezu „weltkirchliche" Dimension auftut, wenn sie, ohnehin schon auf internationalem Konzilsforum ausgetragen, in dessen Auseinandersetzung mit – den damit gleichfalls oft befassten – Papst und Kurie gerieten, und obendrein intervenierende weltliche Gewalten zwecks Durchsetzung ihrer Kandidaten Basel und Rom durchaus gegeneinander auszuspielen verstanden.

„The Permanent Synod"?

Dauer und Druck

Das Beispiel der Bistums- und Klosterprozesse

Unter für die Zeit „weltkirchlichen" Vorzeichen firmiert auch die (dynamische) Struktur der Synode als „Forum, Fokus, Arena, Knotenpunkt, Katalysator, Drehscheibe, Ideenbörse, Diffusionszentrum" (J. Helmrath). Schon ihre Größe und Dauer ließen sie, zumindest im ersten Jahrzehnt ihrer Existenz, mehr noch als ihre Konstanzer Vorgängerin zu einem Kommunikationsort und einem vornehmlich durch das gespro-

Kommunikations-, Diffusions- und Medienzentrum Konzil

chene und geschriebene Wort wirkenden „Medienereignis" (J. Miethke) werden. Dank der Publikationen v. a. beider Genannter kann dieses Thema, wie auch im Falle von Konstanz, wohl als weitgehend aufgearbeitet gelten [185: J. Helmrath, Kommunikation; 194, 196, 197: J. Miethke, Konzilien als Forum – Konzilien … als Drehscheibe – Konzilien … als Medienereignis], während speziell von Forschungen zur Bedeutung der Synode für die (begrenzte) Rezeption und Verbreitung von Humanistica [vgl. 212: Helmrath, Diffusion] noch weitere Aufschlüsse zu erwarten stehen. Dies gilt aber in noch höherem Maße für die bislang wenig bestellten Felder bildender Kunst [jetzt indes, mit Rekurs auf den einzigen in diesem Kontext bekannteren Maler Konrad Witz, T. Elsig, La peinture à Bâle au temps du concile, in: Enea Silvio Piccolomini. Uomo di lettere … A cura di M. A. Terzoli. Basel 2006, 117–128; Konrad Witz (Ausstellungskatalog Basel). Ostfildern 2011], szenischer Aufführung [10: *Le concil de Basle*] sowie der Musik [K. Pietschmann; vgl. 283: A. Cadili, Il concilio di Basilea, 673]. Substantielle Fortschritte stehen aber von der künftigen Publikation der Akten einer Doppeltagung in Basel und Venedig (2011/12) zu „Musik, Kunst und Kultur zur Zeit des Basler Konzils" zu erwarten.

Humanistica, Kunst, Theater und Musik als Forschungsfelder

Ein weiteres Strukturelement, das Mitgliederprofil der Versammlung, hat geradezu als – noch über Pisa und Konstanz hinausreichendes – „Alleinstellungsmerkmal" Basels zu gelten: Der Umstand, dass die Synode vornehmlich von mittlerem und in der Spätphase auch niederem Klerus sowie von der gelehrten Welt, viel weniger aber von Bischöfen als traditionellen Trägern des Generalkonzils besucht wurde, fand schon bei Zeitgenossen, v. a. natürlich auf päpstlicher Seite, polemisch-ablehnende Aufmerksamkeit, zumal er sich über die Inkorporation mit vollem Stimmrecht verband. Statistische Aufbereitungen mit Angaben von Inkorporationsdatum, Stand und Herkunft der Väter liegen seit langem in indes nicht immer fehlerfreier und zudem nur ungedruckter Form vor [M. Lehmann, Die Mitglieder des Basler Konzils von seinem Anfang bis August 1442. Diss. (Masch.schrift) Wien 1945; D. L. Bilderback, The Membership of the Council of Basle. Diss. (Microfilm: Ann Arbor 66 – 7868) Washington D. C. 1966]. Überdies fehlt eine auswertende Darstellung – es sei denn, man nimmt eine 1961 publizierte und seinerzeit breit rezipierte Studie von P. Ourliac als solche [319: Sociologie du concile de Bâle]. Sie scheint genau jene zeitgenössischen Attacken der Baselgegner zu bestätigen, doch bliebe ihre quantitativ sicher zutreffende Aussage über den „parti populaire" m. E. von „qualitativer" Warte aus zu überprüfen: Ungeachtet solch numerischer Dominanz nichtbischöflicher Teilnehmer scheint doch ein höherrangiger Führungszirkel

Die Teilnehmer: Numerische Dominanz des „parti populaire"

Stimmrecht

Soziologie des Konzils: eine unerledigte Thematik

zumeist im Prälatenrang, an der Spitze mit ca. einem Dutzend und in der Breite mit gut vierzig Vätern, bis ungefähr 1438/39 in der Regel auf den Gang der Dinge leitenden Einfluss genommen zu haben [vgl. auch 296: J. Helmrath, Basler Konzil, 60–63]. Er stieß nur bei Reformmaterien i. e. S. an Grenzen, wenn er mit seinen Einsprüchen gegen die aus den Vorstellungen der Mehrheit resultierenden, nicht nur für den Papst, sondern auch für ihn selbst negativen Konsequenzen meist finanzieller Art teilweise kein Gehör fand. Jedoch bedürfte diese für die Gesamtinterpretation des Basiliense relevante Neubewertung noch des – erst durch detaillierte Untersuchungen erbringbaren – gesicherten Nachweises [vgl. vorerst 213: H. Müller, Universitäten, 135ff.].

7.3 Prosopographica und Biographica

Prosopographica

Erste Gruppen- und Netzwerkstudien

Geleistet wurden indes erste, meist prosopographisch angelegte Untersuchungen einzelner Teilnehmergruppen nach Rang, Funktion oder Herkunft, die Einblicke in personelle Netze und Verflechtungen erlauben, welche – zum Teil divergierende – Interessen innerhalb eines Standes [286: W. Decker, Kardinäle] oder die Sekundärfunktion des Konzils als einer Kontakt- und Karrierebörse [291: R. Gramsch, Erfurter Juristen] oder im Falle der Teilnehmer aus Valoisfrankreich auch starke Rückbindungseffekte hervortreten lassen, an denen wiederum die – den generellen Aufstieg der Monarchie in der letzten Phase des Hundertjährigen Kriegs spiegelnde – Einflussnahme des Königshofs unter Karl VII. auf das Konzilsgeschehen festzumachen ist [311: H. Müller, Franzosen]. Der Umstand, dass sich, wenn auch in kleinerem Umfang, solch personelle Verbindungen ebenfalls zwischen bayerischen Konzilsteilnehmern und wittelsbachischen Herzogtümern, allen voran Bayern-München, nachweisen lassen, zeigt nur, wie erfolgversprechend der bei einem Konzil eigentlich naheliegende, indes bislang viel zu wenig angewendete prosopographische Ansatz ist, der in diesem konkreten Fall zwar nicht immer optimal genutzt wurde, jedoch ein vor allem um den Freisinger Generalvikar und späteren Konzilskardinal Johann Grünwalder, Bastardsohn eines Münchner Herzogs, gruppiertes Geflecht konzils- und reformorientierter Kräfte klar hervortreten lässt [318: W. Müller, Bayern; s. auch H. Müller, Konzil von Basel, in: Histor. Lexikon Bayerns, URL: <http://www.historisches-lexikon-bayerns.de/artikel/artikel/_45761> (29.03.2011)].

Biographica – a) allgemein

Wie sehr prosopographische Faktoren natürlich auch die einzelnen Väterbiographien mit bestimmen, zeigt exemplarisch die Arbeit von Chr. Kleinert über den während des Hundertjährigen Krieges

– Ein Modell: Chr. Kleinert, Philibert de Montjeu

im Parteiendreieck Burgund-Lancaster-Valois aufgestiegenen Bischof Philibert de Montjeu von Coutances, der reiche Erfahrungen aus dem konziliaren Zeitalter in sein Basler Engagement u. a. als zeitweiliger Konzilspräsident und als ein bis zu seinem Tod 1439 in Prag ansässiger Verantwortlicher der Synode für die Hussitenfrage einbringen konnte [301]. Maßstäbe wird küftig auch das Werk von Th. Woelki über den Juristen und aragonesischen Gesandten Lodovico Pontano setzen [L.P. (ca. 1409-1439). Eine Juristenkarriere an Universität, Fürstenhof, Kurie und Konzil. Leiden/Boston 2011] Eine ähnlich konzipierte Biographie des die zweite Konzilshälfte dominierenden Präsidenten Louis Aleman wäre, ungeachtet der für den Zeitpunkt ihrer Publikation (1904) beachtlichen Studie von G. Pérouse über den „Kardinal von Arles", sehr vonnöten, der ja auch vielfach als Werber für Basel und Felix V. im Reich auf den Plan trat und erheblichen Anteil an einer Liquidation der „Restsynode" zu honorablen Bedingungen hatte. Gleiches gilt für Kardinal Juan de Carvajal, in gewisser Weise Alemans erfolgreichen kurialen Gegenspieler, der im Verein mit Enea Silvio wohl mehr als bislang erkannt für die Obödienzwende im Reich und bei Friedrich III. verantwortlich sein dürfte und auf den wesentlich der Abschluss des Wiener Konkordats zurückgeht. Denn die Biographie von L. Gomez Canedo [Don Juan de Carvajal … Un Español al servicio de la Santa Sede. Madrid 1947] ist zwar teilweise direkt aus unedierten Quellen geschrieben, verzeichnet aber das Bild des seinerzeit wohl fähigsten Kuriendiplomaten durch dezidiert päpstliche Parteinahme und hagiographische Tendenzen.

– Zwei Desiderate: Aleman- und Carvajalbiographien

– b) mit Blick auf das Reich

Wenn sich im Folgenden der biographische Blick nunmehr auf Basler Teilnehmer aus dem Reich konzentriert, so ist, wie im Fall von Konstanzer Väterbiographien, darauf hinzuweisen, dass die Basler Jahre nur einen Teil der Vita dieser Geistlichen ausmachen. Doch bleibt in diesem Rahmen zu fragen, welche Erfahrungen und Einstellungen sie in die Synode einbrachten, welche Prägekraft diese anziehend oder auch abstoßend ausübte und wie sie sich auf den späteren Lebensgang auswirkte, vor allem wenn die Betroffenen in exponierte Positionen aufstiegen wie etwa der von 1432 an auf Jahrzehnte im Reich weilende Enea Silvio Piccolomini oder ein Nikolaus von Kues, wobei sich der Forschungsfokus bei beiden immer wieder auf die zwischen karrieregeleitetem Opportunismus und Sorge um die kirchliche Einheit vermuteten Motive für ihren Übergang vom Konzil zum Papst richtete. Arbeiten etwa von M. A. Terzoli, L.Totaro, A. Amicarelli Scalisi oder S. Iaria [alle Angaben in 283: A. Cadili, Il concilio di Basilea, 663f.] markieren ein – deutlich durch die Feier seines 600. Geburts-

– Enea Silvio Piccolomini

tags 2005 verstärktes – Interesse jüngster italienischer Forschung auch an jenen von Enea/Pius II. selbst später kunstvoll-negativ verzeichneten, für seinen Ruf und seine Karriere indes entscheidenden Jahren am Konzil, an der Kurie Felix' V. und am Hof Friedrichs III. [jüngster allgemeiner Literaturüberblick bei C. Märtl, Pius II. …, in: Eigenbild im Konflikt. Krisensituationen des Papsttums zwischen Gregor VII. und Benedikt XV. Hrsg. v. M. Matheus/L. Klinkhammer. Darmstadt 2009, 82f.]. Auch im Fall des Kusaners findet neben dessen synodalen Aktivitäten – erinnert sei etwa an den Trierer Bistumsstreit [302: E. Meuthen, Trierer Schisma] oder an seine mit dem Konzilstraktat *De concordantia catholica* unter den Vorzeichen von Konkordanz und Konsens entworfene geistlich-weltliche Gesamtordnung [letzte Literaturübersicht in 283: A. Cadili, Il concilio di Basilea, 704f., 714–723; s. auch 343: Th. A. Brady, German Histories, 83–86] – ebenjene Frage nach den Gründen seines Parteiwechsels immer wieder Aufmerksamkeit. Zu all dem steuern speziell Mitglieder der „American Cusanus Society“ schon seit einigen Jahrzehnten Beiträge in bemerkenswerter Zahl bei [e. g. 326: J. W. Stieber, ‚Hercules of the Eugenians‘; vgl. Cadili, 703–710], die sich ihrerseits wiederum stark den einschlägigen Forschungen von E. Meuthen, allen voran besagt magistraler Materialaufbereitung in den Acta Cusana [2], verpflichtet wissen.

– Nikolaus v. Kues

– Acta Cusana

Das gilt in gewisser Weise auch für ein Werk von P. Weigel, das zwar weniger Biographie denn Beitrag zum Thema „Ordensreform und Konziliarismus“ [330] sein will, dieses aber an der Person des sächsischen Franziskanerprovinzials Matthias Döring festmacht. Immerhin ein Drittel des voluminösen Bands umfassen Regesten und Quellenauszüge zu seiner Vita und zwar in einer Form, die sich an der oft als singulär gerühmten Präsentation der Acta Cusana ausrichtet. Zu begrüßen wäre es, wenn sich solch weit über „Normalregesten“ hinausgehende, Biographien vorbereitende Erfassung und Aufbereitung spätmittelalterlicher Quellenmengen als Modell mit Zukunft erweisen sollte.

– Matthias Döring

Mit den Lebensbildern des Trierer Erzbischofs Jakob von Sierck (1439–1456) von I. Miller [309] und des Mainzer Oberhirten Dietrich von Erbach (1434–1459) von W. Voss [329] – dieser bescheidet sich wegen besagter Quellenüberfülle mit „Studien zu“ ausgewählten Bereichen von dessen Vita – wurde erneut die Leistungskraft moderner, insbesondere auch prosopographisch verankerter Biographik dokumentiert, die im Fall von Sierck, dem herausragenden Kurfürsten seiner Zeit, dank dessen angevinischer Lehrjahre weit in europäische Dimensionen vorstößt. Dem kann – aus bei einem fast fünfzigjährigen Pontifikat (1414–1463) leicht ersichtlichem Grund – bislang keine vergleichba-

– Jakob von Sierck/Dietrich v. Erbach

– Zwei Desiderate: Arbeiten über Dietrich von Moers

re Arbeit über den Kölner Erzbischof Dietrich von Moers an die Seite gestellt werden [s. vorläufig 350: W. JANSSEN, Erzbistum Köln. T. 1, 258–276], obwohl sich an seiner Person das Phänomen eines angeblichen „rheinischen Konziliarismus" festmachen bzw. falsifizieren ließe. Denn dieser dürfte für ihn realiter v. a. in einer Territorialpolitik bestanden haben, welche ihn in den vierziger Jahren im Gefolge Siercks zeitweise – unter antiburgundischen Vorzeichen – Basel, dem Savoyer Felix' V. und einem im Hintergrund agierenden Frankreich nahebrachte, womit sich auch für die Reichsgeschichte im Westen von der deutschen Forschung bislang weniger beachtete Perspektiven eröffnen [vgl. neben I. MILLER vorläufig 313: H. MÜLLER, Les pays rhénans].

– und Johannes Schele

Hinzuweisen bleibt auch auf den Lübecker Bischof Johannes Schele (1420–1439), der wie kein Zweiter in Basel für die Wahrnehmung von Reichs- und Königsinteressen unter Sigismund und Albrecht II. steht und sich zugleich als reformengagierter Konziliarist für die Synode im Reich einsetzte – die Arbeit von H. AMMON [J. Sch., Bischof von Lübeck auf dem Basler Konzil ... Lübeck 1931], kaum mehr als eine (unvollständige) Materialsammlung, und ein kurzer Abriss von G. HÖDL [299] dürfen angesichts solch wichtiger Scharnierfunktion nicht das letzte biographische Wort gewesen sein. Seine Tätigkeit steht in besonders engem Konnex mit Sigismund, dessen Beziehungen zu Basel seinerseits u. a. wegen Kompetenzzwistigkeiten, aber auch schwindender Autorität recht spannungsreich waren; ein Umstand, der kürzlich überhaupt erstmals eigens thematisiert wurde [324: H.-J. SCHMIDT, Sigismund und das Konzil von Basel; vgl. randhaft auch 327: ST. SUDMANN, Basler Konzil, 345–348; H. MÜLLER, a) 314: Besançon, b) 316: Jean de Rochetaillée], wie dieser „Kaiser in Europa" [99] generell erst in jüngerer Zeit wieder biographisches Interesse gefunden hat. Die hier geäußerten prinzipiellen Zweifel an der Leistbarkeit einer solchen Biographie [s. oben Kap. 5.4] wollen sich nicht minder bei seinem noch länger regierenden Nachfolger Friedrich III. einstellen, wobei die – nach heutigen Aufbewahrungsorten erfolgende – systematische Materialaufnahme in Form der „Regesten Kaiser Friedrichs III." [19] zwar stetig fortschreitet, indes erst recht den ganzen Umfang der Aufgabe erahnen lässt.

– Sigismund und Friedrich III.: Schwierigkeiten adäquater Biographik

– Gelehrte Räte

Selbstredend bedurften Könige und Fürsten gerade im Fall des Basiliense gelehrten Beistands, um ihre Position im Streit von Konzil und Papst zu definieren, zumal dieser Streit seit den späten dreißiger Jahren ja auch verstärkt auf den Reichsversammlungen ausgetragen wurde, und vor allem um auf die letztlich ausschlaggebenden politischen Entscheidungen im Kreis der Mitfürsten vorbereitet zu sein. Mehr noch als die nur fallweise angegangenen Universitäten [213: H. MÜLLER, Universitäten] dürften dabei die – indes aus den Hochschulen rekrutierten – theologisch und v. a. juristisch beschlagenen Räte von einer Bedeutung gewesen sein, die schon seit den Arbeiten von Heimpel, Boockmann und Moraw generell außer Frage steht [s. hier Kap. 5.1]. Doch lang noch ist die Liste der im Konzilszusammenhang zu bearbeitetenden „Kandidaten" [vgl. 325: J. W. STIEBER, Eugenius IV, 140ff.; 296: J. HELMRATH, Basler Konzil, 277], ja selbst ein Gregor Heimburg harrt seines neuen Joachimsohn. Momentan steht allerdings m. W. nur eine Dissertation von T. Daniels über den mainzischen Rat Johann von Lieser vor dem Abschluss. Im Übrigen wäre auch eine Analyse der eigenen und von den jeweiligen, obendrein häufig wechselnden Dienstherren unabhängigen Beziehungsgeflechte dieser Räte lohnenswert.

– Das Beispiel Johann v. Lieser

7.4 Reich und Konzil

Die Quellen zu besagten, zur Zeit des Basiliense abgehaltenen Reichstagen – mit G. ANNAS [80: Hoftag] verdiente aus o. g. Gründen [s. oben Kap. 5.4] eigentlich der offenere Begriff „Reichsversammlungen" den Vorzug – wurden innerhalb der „Deutsche[n] Reichstagsakten" [7] bis 1445, und zwar im Gegensatz zu denen der Konstanzer Jahre, in extenso publiziert: eine mithin auch für die Konzilsforschung unentbehrliche Quelle, wobei die Versammlung zu Basel 1433/34 spezielleres Interesse findet, wenn hier, wie schon in Konstanz 1415 und 1417, Reich und Kirche am selben Ort zusammenkamen und allein durch ihre personelle Besetzung zu partieller Identität fanden, was einmal mehr auch an das kirchlich inspirierte Thema Reichsreform denken lässt [vgl. oben Kap. 4.3]. Vor allem aber gilt die Aufmerksamkeit natürlich jenen auf den Versammlungen zu Mainz, Frankfurt und Nürnberg in den späten dreißiger und vierziger Jahren von Basels und des römischen Papstes Vorleuten geschlagenen oratorischen Schlachten. Diese großen und überaus langen Reden, mit all ihren theologischen und kanonistischen Subtilitäten wohl nur für besagte Räte nachvollziehbar, stellen eine Art (anti)konziliaristische Summa im Zeichen des sich ankündigenden und dann eingetretenen neuen Schismas dar, die eine oft bis hin zur Person der Redner an Einzelaspekten interessierte Spezialforschung zwar durchaus zur Kenntnis nimmt, ohne dass sie aber im Gesamt bislang systematische Auswertung erfahren hätte. (Hier ist im Übrigen einmal mehr der generelle Hinweis angebracht, dass gerade diese Bände der „Reichstagsakten" weitaus mehr zu bieten haben als ihr Titel besagt, was zuweilen selbst deutsche und erst recht internationale

Reichsversammlung am Konzilsort

Reichsversammlungen zur Konzilsfrage

Bedeutung der Reichstagsakten-Edition

Forschung ignoriert.) Der noch ausstehende Band XVIII (1446–1452) mit Quellen im ersten Teil zur – auch von den landeskirchlichen Interessen der Territorialfürsten mitbestimmten – Rolle des Reichs bei der Liquidation des Basiliense wird sich aufgrund neuer editorischer Vorgaben der das Unternehmen verantwortenden Historischen Kommission bei der Bayerischen Akademie der Wissenschaften dagegen in wieder verkürzter Form präsentieren, wobei aber schon jetzt auf die auch die Frankfurter Versammlung von 1446 mit berücksichtigenden Acta Cusana wie auf eine zwar ungedruckte, doch über die Frankfurter Arbeitsstelle „Deutsche Reichstagsakten/Ältere Reihe" am Historischen Seminar der Goethe-Universität und seit kurzem auch über die Bayer. Staatsbibliothek zugängliche Habilitationsschrift von H. Quirin hinzuweisen ist, die seinerzeit als Vorarbeit zu dieser Edition konzipiert wurde [Studien zur Reichspolitik König Friedrichs III. von den Trierer Verträgen bis zum Beginn des Süddeutschen Städtekriegs (1445–1448). Berlin 1963]. Einschlägig wird auch der bald erscheinende, im nächsten Abschnitt aufgeführte Sammelband „Das Ende des konziliaren Zeitalters (1440–1450)" sein. Nach jetzigem Kenntnisstand hat es den Anschein, dass die Leitlinien für jene Liquidation vorrangig von der französischen Krone und weniger von einer Reichsgewalt vorgegeben wurden, die indes ihrerseits – ungeachtet grundsätzlich zunehmender Kurienferne – mit dem Wiener Konkordat von 1448 zu langfristigem Modus vivendi mit Rom fand [360: A. Meyer, Wiener Konkordat].

Forschungen in deren Umkreis zu Spätzeit und Ende des Konzils

Abnehmende Bedeutung des Reichs im europäischen Kontext. Beispiele:

– Mailand

Auch manche Entwicklung an der Peripherie des Reichs oder unmittelbar jenseits der Grenzen scheint darauf hinzudeuten, dass das Reich in europäischem Maßstab schon in der Spätzeit Sigismunds zunehmend zu Mittelmäßigkeit, ja Nachrangigkeit tendierte. Dies schlug sich in Basel nieder: Ob es um Mailand ging, dessen Herzog eine ausschließlich an seinen eigenen, vornehmlich italienischen Interessen ausgerichtete Konzilspolitik betrieb – zu ihr bereitet A. Cadili eine Darstellung auf prosopographischer Grundlage vor – oder um die (in Basel allerdings im Vergleich zu Konstanz weniger spektakulären) Auseinandersetzungen des Deutschen Ordens mit Polen [181: Th. Wünsch, Konziliarismus, 117ff.] oder aber um das Savoyen Amadeus' VIII.-Felix' V., es sind kaum entsprechende Interventionen von König oder Reichsständen am Konzil mit nachhaltigen Folgen zu verzeichnen. Immerhin wurde mit dem ehemaligen Vorsteher des 1416 von Sigismund zum Herzogtum erhobenen Savoyen am 5. XI. 1439 ein Reichsfürst zum Konzilspapst gewählt, ohne dass im Vorfeld König – der deutsche Thron war ja erst seit Albrechts II. Tod am 27.X. des Jahres vakant – oder Fürsten darauf erkennbar Einfluss genommen hät-

– Savoyen

ten, wie 1449 eben auch Felix' V. Resignation wohl unter vorwaltend französischen Auspizien erfolgte. Zwar musste der Konzilspapst schon um der Obödienz willen mit seiner Benefizial- und Privilegienpolitik auch im Reich präsent sein (eine Edition seiner Bullenregister ist seit langem angekündigt) und dort – wie im Fall Sachsen und Pfalz – familiär fundierte Allianzen suchen [Miller, H. Müller: s. oben Kap. 7.3], allein für ihn waren die Verbindungen nach Frankreich, Burgund und Mailand ungleich wichtiger, um das eigene, weniger als konziliarer denn fürstlicher Papat verstandene Amt wie auch die Zukunft des von ihm als Landes(kirchen)herr gesetzesintensiv regierten Fürstentums zu sichern – der Versuch seines Sohnes Ludwig, sich in Basel anlässlich der Erhebung seines Vaters als von nun an selbständiger Herrscher in Szene zu setzen, blieb im Übrigen weitgehend folgen- und erfolglos. [J. W. Stieber, Amédée VIII et le concile de Bâle, in 282: Amédée VIII – Felix V, 339–362; künftig grundlegend die – ältere Monographien von Stutz und Marie-José ersetzende – Berliner Dissertation von U. Lehmann sowie Beiträge beider Autoren in dem in der Reihe „Schriftenreihe des Histor. Kollegs" erscheinenden Sammelband: Das Ende des konziliaren Zeitalters (1440–1450). Hrsg. v. H. Müller/E. Müller-Luckner. München 2012. – Zu Ludwig in Basel E. Pibiri, Une double consécration? Le duc Louis de Savoie au couronnement de Félix V. à Bâle (1440), in: Mémoires de cours. Études offertes à A. Paravicini Bagliani ... Hrsg. v. B. Andenmatten u. a. Lausanne 2008, 275–302].

– Felix V. und das Reich

Felix V., Herzog Ludwig und Savoyen zur Zeit des Basiliense

Wenn Sigismund gegen Ende seiner Tage noch allgemeine Anerkennung als böhmischer König fand, hatte er dies – neben persönlichen Zugeständnissen und vor allem der Niederlage der Taboriten – nicht eigener Stärke, sondern sogar umgekehrt einem Konzil zu verdanken, das mit den Iglauer Kompaktaten zu prekärem Ausgleich mit den Hussiten fand, den vor allem Philibert de Montjeu als Basels Dauerlegat in Prag bis zu seinem Tod 1439 auszutarieren verstand. Deutscherseits wird man auch hierfür einmal mehr das übersetzte opus magnum von F. Šmahel [275: Hussitische Revolution; vgl. hier Kap. 5.3] als Referenz konsultieren; speziell für die theologische Diskussion zwischen Vätern und hussitischen Delegierten in Basel sind zudem W. Krämer [302: Konsens, 61–124] und J. Helmrath [296: Basler Konzil, 353–372] von Nutzen. Weitere Beiträge dazu – es bliebe die auffällige handschriftliche Verbreitung dieser Debatte aufzuarbeiten und nach deren Gründen zu fragen – mag eine internationale Spezialforschung erbringen, während die Beschäftigung mit „Basel in Böhmen" – hierfür wollen auch die Iglau vorausgehenden Konzilsgesandtschaften berücksichtigt sein,

Ausgleich mit den Hussiten: Politische Faktoren und theologische Diskussion

Offene Fragen, mögliche Fortschritte, sprachliche Barrieren

deren Berichte [13: MC I] noch vertiefter Analyse harren – über weite Strecken Tschechischkenntnisse erfordert. Dass aber gerade in die diplomatisch-kirchenpolitische Tätigkeit der Väter in Prag selbst über Šmahel hinaus noch neue Einsichten möglich sind, legen bereits die – eben aus sprachlichen Gründen nur vorläufigen – Ausführungen von Chr. Kleinert zu dem von Šmahel in seiner Bedeutung wenig gewürdigten Montjeu nahe [301: 371–425].

7.5 Rang- und Sitzstreitigkeiten – „Konziliarer Nationalismus": eine Forschungsaufgabe

Das Konzil und die Mächte (J. Helmrath, V. Á. Álvarez Palenzuela)

Von einer Tendenz des Reichs zu Mittelmaß, gar Nachrangigkeit im europäischen Rahmen war die Rede (wobei sich die Forschungslage hinsichtlich der Politik der einzelnen Mächte gegenüber Basel seit J. Helmraths großem Überblick im Jahr 1987 und einer Darstellung aus vorwiegend kastilischer Perspektive von 1992 kaum geändert hat [296: Basler Konzil, 179–326; V. Á. Álvarez Palenzuela, La situación europea en época del Concilio de Basilea ... León 1992]). Sinnenfällig demonstriert wurde sie in der Konzilsaula, als am Ende des Streits zwischen den Gesandten der sich immerhin als „Säulen des Reichs" verstehenden Kurfürsten und den Vertretern Burgunds um den von beiden beanspruchten ersten Rang und Sitz hinter den königlichen Mächten ein Kompromiss mit gewissem, zukunftsweisendem Vorteil für den Aufsteiger par excellence in der europäischen Staatenwelt gefunden wurde [315: H. Müller, Théâtre de la préséance; vgl. J. Toussaint, Les relations diplomatiques de Philippe le Bon avec le concile de Bâle. Löwen 1942, 49–67]. Die von der jüngeren, zunächst v. a. frühneuzeitlich ausgerichteten Zeremonialforschung (wieder)entdeckte generelle Bedeutung des Themas, in dem sich weit über Protokollfragen hinaus Macht- und Weltordnung spiegeln, hatte, bevor es auch die Mediävistik aufgriff, mit Blick gerade auf Basel indes schon H. Heimpel erkannt, darüber allerdings nur noch in Ansätzen arbeiten können [293: Eine unbekannte Schrift; 294: Sitzordnung].

Bedeutung des Themas „Rang und Sitz"

H. Heimpels Pionierrolle

Es dürfte kaum Zufall sein, dass für Mächte, die von Burgund über Savoyen und Bretagne bis nach Kastilien und den „Absteiger" England direkt oder indirekt in die Verwerfungen des Hundertjährigen Kriegs involviert waren, das Konzil mit seiner Sitzordnung als eine Tradition wie Veränderungen seismographisch verzeichnende Mächtebörse besondere Bedeutung besaß; im Falle Burgunds wird der spezifische Faktor des politischen „Parvenü" hinzukommen. Abgesehen vom kurfürstlich-burgundischen Zwist harrt die Thematik indes erstaunlicherweise noch

Das Konzil als Mächtebörse

systematischer Aufarbeitung [einige vorläufige Hinweise bei C. Zwierlein, Normativität und Empirie. Denkrahmen der Präzedenz zwischen Königen auf dem Basler Konzil. ..., in: HJb 125 (2005) 119–124]. Dabei bleibt insbesondere die Analyse der neue Ansprüche begründenden wie alte Positionen verteidigenden Argumentationsketten in den Reden der Mächterepräsentanten ein Desiderat, in denen scheinbare Nichtigkeiten mit Faktoren wie militärischer Stärke, territorialer Größe oder dynastischer Dignität und vor allem mit virtuos gehandhabten historischen Konstruktionen verknüpft werden. Dies ist nicht neu – erinnert sei nur an Poltons Preis englischer Größe in Konstanz [s. oben Kap. 5.6] –, hier aber intensiviert und verdichtet es sich auffällig. Wegweiser für künftige Arbeit an den Texten sollte in jedem Fall die eindringliche Interpretation der Rede des kastilischen Vertreters Alonso García durch J. Helmrath sein [189: Rangstreite]. Die Argumentation der Gesandten trug natürlich auch jetzt zunächst althergebrachten fürstlich-dynastischen Interessen Rechnung, doch über die traditionelle *laus principis et patriae* hinaus schärfte nunmehr die mit zunehmenden Rang- und Sitzstreitigkeiten gleichfalls gesteigerte Notwendigkeit der Reflexion über die eigenen Grundlagen und Werte – und zwar in konkurrierender Hervorhebung wie Abgrenzung gegenüber den Ansprüchen (Fast-)Gleicher – wesentlich das Bewusstsein eigener Identität: sicherlich eine wichtige Voraussetzung für die Genese von Nationalbewusstsein. Zudem konnte man fortan, selbst wenn Basler Streitigkeiten nicht national konnotiert gewesen waren, auf ein national verwendbares Instrumentarium und Reservoir zur Bedienung von Vorrangambitionen, Abgrenzungsmechanismen und Stereotypen zugreifen, was sich dann in der Tat bis ins 18. Jahrhundert verfolgen lässt [317: H. Müller, Basler Konzil]. Die folgenden Überlegungen hierzu verdanken Manches den gerade den kirchlichen Bereich einbeziehenden Arbeiten von H.-J. Schmidt [202: Kirche, 440–517; 203: Was ist eine Nation?] sowie dem Buch von C. Hirschi [348: Wettkampf], der bei seiner Untersuchung des Vorfelds des nationalen Argumentationsarsenals deutscher Humanisten um 1500 zwar auf das Konstanzer, doch kaum auf das m. E. für die Thematik noch wichtigere Basler Konzil rekurrierte. Ergänzend sei daher auch auf die vorstehend zitierte eigene Studie verwiesen, auf die nachfolgend ebenfalls Bezug genommen wird.

Präzedenzargumentationen: Identität und Abgrenzung

Voraussetzung für die Genese von Nationalbewusstsein

Zukunftsrelevanz

Von der Konzils- zur Partikularnation

In Basel gab es ungeachtet der Deputationsordnung weiterhin eine zwar nur inoffizielle, so doch für politische Weichenstellungen und Ämterbesetzungen bedeutsame Substruktur der Konzilsnationen, deren Mitgliedsgruppen – Partikularnationen, darunter je eine Prinzipalnation oder „Hauptkönigreich“ – wiederum eigene Zusammenkünfte abhielten. So traf sich eine *communitas ecclesiarum Alamanniae*, wie sich die ebenfalls zur deutschen Konzilsnation gehörenden Polen, Ungarn, Dänen und Schweden separat trafen. Die lothringischen und savoyischen Väter, aus dem Reich kommende Mitglieder der *natio gallicana*, forderte Sigismund eigens zur Wahrung der Reichsinteressen auf. Hatte mithin der in Konstanz gegen England polemisierende Valoisfranzose Pierre d'Ailly mit der *natio particularis* eine durch die Konzilien beförderte grundsätzliche Entwicklung auf den Begriff gebracht [s. oben Kap. 5.6]? Waren nunmehr zu Basel im Aufeinandertreffen und Zusammensein – zumal bei einer Synode solcher Dauer – Prozesse der Trennung wie der Kohäsion nicht verstärkt angelegt; waren Generalkonzilien und Konzilsnationen im 15. Jahrhundert also letztlich nicht (mit) Geburtshelfer der aufgrund historisch-politischer und teilweise kirchlicher, räumlicher und sprachlicher Gegebenheiten homogeneren Partikularnationen? Das schloss indes (Re-)Integrationsprozesse keineswegs aus, ermöglichte ein Konzil – entsprechendes Einverständnis der jeweiligen Fürstenhöfe vorausgesetzt – doch auch die Annäherung verfeindeter, aber eigentlich zusammengehörender bzw. in engem Verbund stehender „Partikularer" auf neutralem Terrain, wie sie im Fall von Valoisfrankreich und Burgund dem Ausgleich von Arras 1435 vorausgegangen sein dürfte [312: H. Müller, Konzil und Frieden, 352f.]. Zu beachten bliebe des weiteren, dass die Synoden in Konstanz und Basel für Frankreich mit der zweiten Phase des Hundertjährigen Kriegs zusammenfielen und solche Koinzidenz von äußerer Bedrohung und „konziliarem Nationalismus" eine sich gegenseitig noch verstärkende Wirkung auf die Ausbildung der Königsnation ausgeübt haben dürfte.

Konstanz und Basel – Hauptstädte auf Zeit für das Reich

Dies war im Reich nicht gegeben, wo das Vordringen der Türken und der Einfall des Burgunderherzogs Karls d. Kühnen erst in der zweiten Hälfte des 15. Jahrhunderts zu zeitweiligen patriotischen Manifestationen mit nationalem Vokabular, doch ohne konziliaren Verstärkereffekt führte. Allerdings will das Konzil hier als innerer Kohäsionsfaktor beachtet sein: Basel wie auch Konstanz erfüllten in einem hauptstadtlosen Reich über Jahre hin eine Zentralfunktion; hier fanden bei Präsenz des Herrschers Reichsversammlungen statt, hier kam eine geistliche und weltliche Elite aus allen Teilen dieses Reichs zusammen und tauschte sich aus, um später als Multiplikator ihre Erfahrungen weiterzugeben, wozu gerade auf einer vielsprachigen Großveranstaltung sicher auch das verbindende Element gemeinsamer Muttersprache gehört haben wird. Das Konzil zeitigte zudem dies verstärkende Komplementäreffekte, so in Gestalt der eben wegen der andrängenden Kirchenfrage seit 1438 in dichter Folge einberufenen

Reichsversammlungen als Komplementärfaktor

Reichsversammlungen, auf denen übrigens erstmals in aller Form Klagen über die Beschwerungen (*gravamina*) der Nation durch Papst und Kurie laut wurden.

Reich und Frankreich: National inspirierte Konkurrenz um Unions- und Drittes Konzil?

Zu fragen wäre des weiteren, ob gewisse Konkurrenzen zwischen den die Synode dominierenden Deutschen und Franzosen nicht bereits vom Trachten nach nationalem Reputationsgewinn mit motiviert waren: So wenn man sich stritt, ob das Unionskonzil mit den Griechen an einem Ort im Reich oder in Avignon stattfinden solle, oder wenn sich nach Ausbruch des Schismas der deutsche und französische Königshof über Jahre hin hartnäckig um die Feier eines dritten Konzils jeweils in ihrer Herrschaft bemühten. Die einzige größere Studie hierzu [R. Bäumer, Eugen IV. und der Plan eines ‚Dritten Konzils', in: Reformata Reformanda. Festschrift für H. Jedin. Hrsg. v. E. Iserloh/K. Repgen. Münster 1965, 87–128] beachtet diesen deutsch-französischen Aspekt kaum, für den u. a. der jüngst edierte *Pentalogus* des an den Geschehnissen nicht unbeteiligten Enea Silvio Piccolomini von Belang ist [3]. Schließlich will die Schlussphase des Basiliense bis zu seiner Liquidation in diese Thematik hineingenommen sein. Sie fand zwar schon etliche faktengeschichtlich ausgerichtete Darstellungen, die ausführlich auf die Bemühungen beider Mächte um ein Ende von Konzil und Schisma eingehen [so 328: N. Valois, Pape; 325: J. W. Stieber, Eugenius IV; H. Quirin, Studien: s. hier Kap. 7.4], indes gibt es keine Untersuchung, welche diese Bemühungen auf besagtes Motiv kompetitiven Reputationsgewinns hin fokussierte. Hier scheint sich überdies auch ein Empfinden jener erwähnten Nachrangigkeit abzuzeichnen, da man sich deutscherseits wohl im Bewusstsein, die Konkurrenz mit dem am Ausgang des Hundertjährigen Kriegs von Jahr zu Jahr beherrschenderen *roi très victorieux* kaum mehr zu bestehen, offensichtlich zusehends auf ein von Enea inspiriertes Arrangement mit dem Papsttum beschränkte, mithin Karl VII. die auch nationales Prestigekapital mehrende Rolle eines macht- und reputationsstarken Schiedsrichters *in rebus ecclesiasticis* nicht ernsthaft streitig machte: *car à luy et à sa nation a donné Dieu l'honneur de cette œuvre,* bemerkte dazu Jacques Juvénal des Ursins, Leiter der französischen Liquidationsgesandtschaft.

Nationaler Prestigegewinn für die französische Königsnation

Fazit: Obgleich die Forschung sich mit dem Phänomen Nation im 15. Jahrhundert durchaus auseinandergesetzt hat, dürfte eine verstärkte Berücksichtigung des Faktors Generalkonzil, und zwar unter vergleichender Analyse von Konstanz und Basel, durchaus noch weitere Erkenntnisse versprechen.

7.6 Exkurs: „Jubiläumsarbeiten" zum Konzil von Ferrara-Florenz (1438–1445[?])

Wenn das Reich auf dem von Eugen IV. nach Ferrara transferierten und dort am 24.I.1438 mit dem Ziel der Griechenunion eröffneten Konzil faktisch nicht vertreten war, mag man dies mit E. Meuthen [336: Eugen IV.] als Ausfluss jener der „Akzeptation" vorausgegangenen kurfürstlichen Neutralität, tiefergreifend als Indiz schon langwährender Entfremdung im Verhältnis von Reich und Kurie werten, allein diese Versammlung blieb auch aufs Ganze eine mehr oder minder italienische, bis auf Burgund und Anjou von kaum einem europäischen Fürsten beschickte Synode [zu Burgund zuletzt O. Krafft, Illuminierte Unionsbullen. Burgund, das Konzil von Florenz und die Urkunden *Letentur celi* und *Cantate Domino* von 1439 und 1442, in: Visualisierte Kommunikation im Mittelalter ... Hrsg. v. S. Arndt/A. Hedwig. Marburg 2010, 111–135]. Mit dem als Deutschordensprokurator an der Kurie wirkenden, neu ernannten Bischof von Ösel befand sich ein einziger deutscher Zufallsvertreter unter den Prälaten [vgl. zuletzt A. Selart, Schismatiker, Vereinigung der Kirchen und das Geld. Livland und die Union von Florenz (1439), in: ZHF 36 (2009) 19f.]; selbst der Frontwechsler Kues war für Eugen IV. als päpstlicher Werber auf den Reichsversammlungen wichtiger denn als Teilnehmer des alsbald nach Florenz verlegten Konzils, und die wenigen deutschen „Überläufer" aus Basel haben gleich den ebenfalls rangniederen Kurialen deutscher Herkunft als quantité négligeable zu gelten. Der ephemere, für Eugen indes zunächst im Kampf gegen Basel spektakuläre Erfolg der Griechenunion vom 5. VII. 1439 gab im Jubiläumsjahr 1989 Anlass zu einer Reihe von Kongressen [342: J. Helmrath, Florenz und sein Konzil; vgl. die unter 336–339 aufgelisteten Tagungsakten], die in der Summe einen erheblichen Fortschritt für die bis dahin stark von den „papalistischen" Beiträgen des Jesuiten J. Gill [s. etwa 340: Council of Florence; 341: Eugenius IV] geprägte Forschung zum Ferrariense-Florentinum erbrachten und im wesentlichen als letzter, seitdem kaum mehr beförderter Stand der Dinge zu gelten haben, was eine ohnehin überfällige neue Gesamtdarstellung nur noch dringlicher erscheinen lässt. Die Bedeutung dieser Studien des Jubiläumsjahrs insbesondere zu den West- und Ostkirche trennenden theologischen Themen (Filioque, Purgatorium, Azymen, Primat), zum griechischen Stimulans für den westlichen Humanismus wie zur italienischen und auch zur lokalen ferraresisch-florentinischen Situierung der Synode steht außer Frage, allerdings besitzen sie speziell für die deutsche Geschichte kaum

Päpstliches Unionskonzil als italienische Synode

Marginale Beteiligung von Deutschen

Die Union v. 1439: Ephemerer Prestigegewinn für Eugen IV.

Das Jubiläum v. 1989: Neue Forschungsaktivitäten (Theologica, Humanistica)

Relevanz. Zu ihr schlug dann aber J.-L. VAN DIETEN den Bogen mit seiner Behauptung, dass Ferrara-Florenz durch seine Vernachlässigung der dringlichen Kirchenreform den Weg für die Reformation bereitet habe [Konzil zu Ferrara-Florenz, in 34: 4, 393].

7.7 „Die Forschung erklärt die Basler Reform für ebenso gescheitert wie das Konzil selbst“

Reform: Intention und Realität

Hierfür wäre aber ungleich stärker der Fokus auf Basel zu richten. Denn dort und nicht auf dem stark theologieorientierten Griechenkonzil wurde die Reform eigens thematisiert und zu diesem Zweck eine eigene Deputation eingerichtet. Die *causa reformationis* war sogar der eigentliche Kern der Basiliensia, begriff man doch alle Probleme und Missstände als Ausweis bzw. Folge fundamentalen Reformnotstands. Den großen Wurf, wie er dem Konzilspräsidenten Cesarini vorschwebte [284: G. CHRISTIANSON, Cesarini, 113–148], blieb Basel indes, nicht zuletzt aufgrund interner Interessengegensätze und auch individueller Intentionen [327: ST. SUDMANN, Basler Konzil, 290 u. ö.], seinen Vorgängern gleich schuldig. Mithin: „Die Forschung erklärt die Basler Reform für ebenso gescheitert wie das Konzil selbst“ [296: J. HELMRATH, Basler Konzil, 341].

Zu den Arbeiten v. R. Zwölfer, J. Miethke und J. Helmrath

Zu Recht? Wer sich mit dem Thema beschäftigt, kann über die für ihre Zeit (1929/30) verdienstliche Studie von R. ZWÖLFER [335: Reform] hinaus einmal mehr auf Beiträge von J. MIETHKE und J. HELMRATH selbst zurückgreifen: Ersterer bietet neben einem weit gespannten Überblick [Kirchenreform, in 48: Studien. Bd. 1, 13–42] im zweiten Teil der wesentlich von ihm verantworteten „Quellen zur Kirchenreform“ über 20 Texte mit Übersetzung: Basler Reformschriften, Dekrete und Zeugnisse der Rezeption samt umfassender Einleitung [15]; der zweite resümiert in seiner Dissertation wiederum nicht nur die frühere Forschung, sondern benennt schon zentrale Probleme [296: Basler Konzil, 341–352; kompakter Überblick in 67: Ökumenische Kirchengeschichte, 152ff.], um darüber selbst in gleich drei Aufsätzen zu handeln, die Basels Bemühungen im größeren Kontext spätmittelalterlicher Kirchenreform situieren [186: Reform; Theorie und Praxis] bzw. speziell auf Initiativen zur Ordensreform am Beispiel der Benediktiner im Reich eingehen [*Capitula*, in 48: Studien. Bd. 1, 87–121]. Die Vorstellung von Ordensreform als Modell und integralem Bestandteil allgemeiner Reform hat beileibe nicht nur, aber auch als konziliares Gemeingut zu gelten [193: D. MERTENS, Reformkonzilien], und so versuchten sich die Basler im Rahmen ihres irrealen Ideals

Exemplarische Erfolglosigkeit: Ordensreform im Widerstreit der Interessen

einer zentral gelenkten Reform aller Orden denn auch, indes ohne sonderlichen Erfolg, an derjenigen der obendrein zumeist papstnahen Mendikanten. F. Egger hat die daraus resultierenden Spannungen im Dominikanerkonvent am Ort – einer zentralen Versammlungsstätte der Väter – analysiert [288: Beiträge], während P. Weigel in ihrer zunächst an Leben und Werk des sächsischen Franziskanerprovinzials und Konventualen Matthias Döring orientierten Arbeit beispielhaft aufzeigte, in welch komplex-kompliziertem Beziehungsgefüge zeitgenössische Ordensreformen zwischen internen Richtungskämpfen sowie landesherrlichen, städtischen und bischöflichen Interessen, doch nicht zuletzt auch päpstlichen und eben konziliaren Ansprüchen eingezwängt waren [330], um sodann dieses spannungsvolle Mit- und Gegeneinander für alle Bettelorden zu analysieren [Reform als Paradigma …, in 209: Konzilien, 289–335]. Künftige Spezialforschung wird, gerade mit Blick auf das Reich, von solch reformerschwerenden Gemengelagen auszugehen haben, wobei generell ein ja bereits zu Konstanz auffällig starkes deutsches Reforminteresse zur beachten bleibt wie auch die Tatsache, dass Umsetzungsversuche synodaler Ordensreformbeschlüsse über Basel und dessen Umland hinaus bisher fast nur im (süd)deutschen Raum nachweisbar sind, was wohl nicht ausschließlich auf geographischer Nähe beruht.

Deutsches Reformengagement

Somit hatten die beiden Autoren des im Rahmen der 10. Auflage des „Handbuch[s] der deutschen Geschichte“ („Gebhardt“) über das 15. Jahrhundert handelnden Bands gute Gründe, wenn sie diesen schon im Titel unter das Signum von Konzilien und Reform stellten [40]. Auch die päpstlicherseits zu konstatierenden Reformbemühungen wurden von Martin V. über das Institut der Legation insbesondere auf das Reich fokussiert [s. oben Kap. 5.2], wogegen sich natürlich auch Widerstände formierten, wie sie noch 1451/52 einen im Reich als Legaten wirkenden Nikolaus von Kues trafen [2: Acta Cusana I/3a,b]. Und schließlich dürfte eine längst überfällige systematische Untersuchung der v. a. über Provinzial- und Diözesansynoden, aber auch Visitationen – dazu gehört des Kusaners Legation – erfolgenden Rezeption von Basler Reformdekreten *stricto sensu* außer für Frankreich (dort auch über die Pragmatische Sanktion) insbesondere für das Reich (hier auch unter Einschluss der Mainzer Akzeptation), im Gegensatz etwa zu Spanien oder Italien, den Nachweis wohl relativ starker Übernahme erbringen, wie einige zu Kirchen im baselnah-süddeutschen Raum vorliegende Studien bereits erkennen lassen [Präsentation in J. Helmrath, a) 296: Basler Konzil, 342–348, b) 186: Reform, 126ff.; Theorie und Praxis, 54], wobei solche Übernahme nicht zwangsläufig schon erfolgreiche

Rezeption von Reformdekreten v. a. in (Süd-)Deutschland

Umsetzung bedeuten musste [63: F. Machilek, Einführung]. Sicher wäre es dem Verständnis dieser – im Übrigen die Basler Bemühungen auch um eine *reformatio in membris* belegenden – Beschlüsse vom Konkubinarier- bis zum Juden- und Neophytendekret förderlich, wenn sich noch, wie im Falle von Konstanz [258: Ph. H. Stump, Reforms; vgl. hier Kap. 5.2], Belege für deren Genese auffinden ließen und wenn genaue Einzelanalyse sie zwischen bloßer Weitergabe von Traditionsgut und Neuerung verortete [vorläufig zu beiden gen. Dekreten 327: St. Sudmann, Basler Konzil, 255–260, 279–278; Kurzanalyse aller einschlägigen Dekrete in 186: J. Helmrath, Reform, 112–119; vgl. Theorie und Praxis, 52f.]. Allein grundsätzlich dürfte wohl schon jetzt davon auszugehen sein, dass den Basler Bestimmungen durchgängig ein verschärfend-rigoristischer, bereits auf das 16. Jahrhundert vorweisender Zug eignet. (Man wird in weiterem Zusammenhang auch an jene damals im Savoyen Amadeus' VIII.-Felix' V. und im Dauphiné zuerst einsetzenden Hexenverfolgungen zu denken haben, deren Motive und Hintergründe mehrere Arbeiten aus der Lausanner Schule von A. Paravicini Bagliani zu erhellen suchten, wobei Basel für die Diskussion und Diffusion der neuen Hexenberichte von besonderer Bedeutung gewesen zu sein scheint, ohne dass die Synode dies offiziell thematisiert hätte [W. Tschacher, Der *Formicarius* des Johannes Nider von 1437/38 … Aachen 2000, 329–333; St. Sudmann, Hexen – Ketzer – Kirchenreform. Drei Debatten des Basler Konzils im Vergleich, in: Chasses aux sorcières et démonologie … Hrsg. v. M. Ostorero u. a. Florenz 2010, 169–197; K. Utz-Tremp, Von der Häresie zur Hexerei … Hannover 2008, 39, 272, 433–439, 622 u. ö.]).

Rigoristischer Grundzug

Hexenverfolgungen im Dauphiné und in Savoyen

8. „Von Basel nach Wittenberg und Worms" – (Verhinderte?) Reform und Reformation

Rigorismus, deutscher Reformdruck, Rezeption Basler Reformdekrete im Reich: Diese wohlgemerkt noch durch Spezialforschungen zu erhärtenden Befunde lenken die Aufmerksamkeit auf den Umstand, dass gerade im hierfür sensiblen Deutschland ein Zusammenhang zwischen Basler Konzil und Reformation hergestellt wurde. Schon für einen Nationalprotestanten wie J. Haller bestand kein Zweifel, dass der deutsche Weg geradezu teleologisch von „Basel nach Wittenberg und Worms" führe [Die Kirchenreform auf dem Konzil zu Basel, in: Korr.blatt des Gesamtvereins der deutschen Geschichts- und Alter-

Vom Basler Konzil zur Reformation?

J. Haller, J. Lortz, K. A. Fink

tumsvereine 58 (1910) 26], und unter katholischen Kirchenhistorikern, von denen mancher diesen Weg durch eine in vielfachem Missstand und Verfall befangene Kirche geradezu konditioniert sah [prägend 356: J. Lortz, Reformation], hat K. A. Fink solchen Konnex unter negativen Vorzeichen mit der zitierten Behauptung hergestellt, dass Rom durch seine Hinderung konziliarer Arbeit die Reform vereitelt und sich damit die Reformation eingehandelt habe [58: Handbuch, 588; vgl. K. A. F., Papsttum und Kirche im abendländischen Mittelalter. München 1994, 59. Dazu 296: J. Helmrath, Basler Konzil, 348–352]. Faktoren, die dieser auch schon von Zeitgenossen vertretenen These [zu Gratius s. G.-R. Tewes, Kirchliche Ideale und nationale Realitäten ..., in 209: Konzilien, 362–367] entgegenstehen, wurden bereits im Darstellungsteil benannt [s. oben I, Kap. 6; vgl. auch die in 63: F. Machilek, Einführung, 82 A. 427, verzeichneten ablehnenden Stellungnahmen], wobei die jüngere Forschung Dreierlei betont: Zum ersten lässt sich zeigen, dass gewisse konziliar-reformerische Impulse sogar an der Kurie selbst „Nach dem Basler Konzil“ [362] durchaus fortwirkten, zumindest solange dort noch eine baselerfahrene Generation lebte (wobei sich in Rom die Diskussion über korporative Elemente in der Kirchenspitze zunehmend auf das Kardinalskolleg konzentrierte). Zum zweiten begegnet wiederholt der richtige und schon alte Hinweis, der im Kern das zitierte Dictum Luthers [s. oben I, Kap. 6; Zitat: WA 38, 271; vgl. Luthers Konzilsidee in ihrer historischen Bedingtheit und ihrem reformatorischen Neuansatz. Hrsg. v. C. Tecklenburg-Johns. Berlin 1966] aufnimmt, dass es den konziliaren Kräften nur um einen systemimmanenten Umbau der Kirchenverfassung, nicht aber um deren (unvermeidlichen?) Neubau gegangen sei und sie sich darüber, befangen in Gruppen- und Standesegoismen und ohne jede Exekutivmacht, in Einzelheiten und Stückwerk verloren hätten [z. B. J. Miethke, Kirchenreform, in 48: Studien. Bd. 1, 41f.]. Zum dritten werden diese synodalen Reformanstrengungen innerhalb eines großen Gesamt überaus zahlreicher Reformen und Reformversuche im ausgehenden Mittelalter gesehen, in das auch bischöfliche und landesherrliche Anordnungen situiert sein wollen, die wiederum oft von Ordensreformern wie z. B. dem Benediktinerabt Adam Meyer von Groß St. Martin/Köln durchgeführt wurden [zuletzt 345: Th. Feuerer, Klosterpolitik; Chr. Volkmar, a) 370: Reform, b) 369: Stunde, ebd. 376 A. 34 weitere Hinweise; zur Tätigkeit von Reformern in diesem Kontext 347: E.-U. Hammer, Monastische Reform (Meyer)]. Diese Reformen aber standen zum größeren Teil – so vor allem in Südeuropa – weder mit Konzilien noch Reformation in irgendwelchem Zusam-

Gegenargumente

– Wirkkraft konziliar-reformerischer Impulse

– Unzulänglichkeit des systemimmanten Ansatzes

– Fülle konzils- und reformations-unabhängiger Reformen

menhang, und im Falle Italiens und Spaniens mag man sie schon unter vortridentinischem Aspekt sehen.

Das deutsche 15. Jh. – ein Saeculum der Widersprüche

Der protestantische Kirchenhistoriker B. Moeller hatte durchaus Recht mit seiner Feststellung, gerade am deutschen 15. Jahrhundert falle eine in ihrer Intensität singuläre Kirchlichkeit und Frömmigkeit auf [66: Spätmittelalter, 32–40; Frömmigkeit in Deutschland um 1500 (1965, Ndr.), in 361: Ders., Reformation, 73–85, 307–317], womit er in gewisser Weise die positive Sicht des katholischen Geschichtsschreibers J. Janssen auf jene Epoche in dessen „Geschichte des deutschen Volkes seit dem Ausgang des Mittelalters“ (1878ff.) revalorisierte [B. Moeller, Probleme des kirchlichen Lebens in Deutschland vor der Reformation (1970, Ndr.), in: 361: Ders., Reformation, 95f.]. Andererseits konstatierten aber auch die Verfechter der Missstandstheorie durchaus Richtiges, konnten sie doch auf viele gerade im Reich unüberhörbare, kritisch-anklagende Stimmen verweisen, die ihrerseits wiederum gesteigerte religiöse Sensibilität und Ansprüche und, daraus resultierend, starkes Reformverlangen belegen. Einmal mehr gilt, dass dieses Saeculum eben Diversität, Widerspruch und Unübersichtlichkeit charakterisieren: Reformation steht gleicherweise in Kontinuität wie im Kontrast zu einer Vor-Zeit der Reformen und zugleich des Niedergangs, sie ist Schlusspunkt reformerischer Aufbrüche des 15. Jahrhunderts wie sie tatsächlichen und später auch mythisch überhöhten Umbruch bedeutet.

Reformation: Vorlauf und Umbruch

Dass am Ende dieser Vor-Zeit eben ein unvorhersehbarer und unberechenbarer, systemsprengender Innovationsschub von entscheidender Bedeutung werden sollte, der wohl weniger aus langfristigem kulturellem Wandel als aus der Kraft reformatorischer Persönlichkeiten, allen voran Martin Luthers, resultierte (H. A. Oberman: „Ohne Reformatoren keine Reformation“), sei hier zumindest erwähnt. [Näheres zuletzt bei 351: Th. Kaufmann, Geschichte; V. Leppin, a) 354: Polarität, b) 355: Zeitalter; B. Hamm, in 346: Ders./M. Welker, Reformation; 73: G. Seebass, Geschichte III; 364: L. Schorn-Schütte, Reformation].

Zunehmende Distanz von Reich und Kurie

Besonders laut waren besagte Stimmen aus dem Reich, wenn es um (gefühlte) Ungerechtigkeiten der Kurie in finanzieller Hinsicht ging [zu den in der Darstellung zitierten Schreiben von 1451 und 1457 vgl. 348: C. Hirschi, Wettkampf, 145, 151f.; Chr. B. Krebs, *Negotiatio Germaniae* ... Göttingen 2005, 139ff.]. Sie vertieften eine ohnehin zum römischen System bestehende Distanz weiter, zumal auch ein bei aller Unterschiedlichkeit seiner Mitglieder vielleicht noch als gewisse Klammer zwischen Rom und Reich wirksamer „deutscher“ Freundeskreis an der Kurie Mitte der sechziger Jahre mit dem Tod Pius' II. und des Cusanus fast an sein Ende gekommen war. (Dessen Aufdeckung durch

E. Meuthen demonstriert im Übrigen exemplarisch die Tragfähigkeit des personengeschichtlich-prosopographischen Ansatzes [358].) Römische List, so war man überzeugt, suchte über ein ohnehin für Papst und Kurie günstiges Wiener Konkordat das Reich auszuplündern. Wobei dieses Vertragswerk – nicht unbedingt in der Sache, so doch wegen der Eindeutigkeit seiner Bestimmungen „eine erfolgreiche Reform des Spätmittelalters“ [360: A. Meyer, Wiener Konkordat] – sich trotz mancher in der Tat für Rom vorteilhafter Bestimmungen in die Serie jener anderen damals getroffenen und einen veritablen „siècle des concordats“ (F. Rapp) einleitenden Abmachungen einreiht, die nach Ausweis jüngerer Forschung grundsätzlich eher als Zeichen für ein geschwächtes Papsttum zu gelten haben, das die Basler Synode ja nur mit Hilfe der weltlichen Mächte besiegt und diesen jetzt seinen Preis zu entrichten hatte: Als „Successful Defeat“ stellt sich nach M. Decaluwe aus römischer Perspektive das Ergebnis des konziliaren Zeitalters dar [285], und J. Engel glaubte mit solch baselbedingtem Hineinzwingen des Papsttums in die Welt, in ein Europa der Mächte, das nunmehr an die Stelle der mittelalterlichen *res publica christiana* trat, gar ein wesentliches Moment der Epochenzäsur Mittelalter-Neuzeit ausgemacht zu haben, weil damit die Jahrhunderte universaler Ansprüche, wie sie im Übrigen das Basler Konzil selbst bis 1449 erhoben hatte, unwiderruflich dahin waren [43: Handbuch der europäischen Geschichte. Bd. 3, 29–37; kritisch dazu 296: J. Helmrath, Basler Konzil, 496ff.]. Doch bliebe hinsichtlich eines Epochenjahrs 1450 zu bedenken, dass die eine „Fragmentation Europas“ anzeigenden kirchlich-weltlichen Bruchlinien spätestens mit dem großen abendländischen Schisma, wenn nicht schon um 1300 unübersehbar geworden waren [140: P. Payan, Entre Rome et Avignon; s. oben Kap. 2].

Zur Bewertung des Wiener Konkordats

1449 – Scheidejahr zwischen Mittelalter und Neuzeit?

Warum aber jener mental-finanzielle Faktor der Unzufriedenheit und (gefühlten) Übervorteilung gerade im Reich so wirkmächtig werden konnte, das hat ebenfalls erst jüngere Forschung [G.-R. Tewes, a) 367: Kurie, b) 368: Deutsches Geld; vgl. 359: E. Meuthen, Reiche] vor allem aufgrund des Vergleichs der Beziehungen (bzw. zunehmender Beziehungslosigkeit) dieses Reichs mit denen anderer Staaten Lateineuropas zur Kurie herausgearbeitet [Generell zu Distanz und Diastase aber schon H. Angermeier und P. Schmid, in 97: Reichstage und Kirche, 55–88]. In diesen Staaten proklamierte man landeskirchliche Prinzipientreue, um gleichzeitig durch fallweise und partiell verdeckte Zahlungen den Einfluss auf die Heimatkirche wie in Rom selbst zu wahren und zu festigen, wo deutsche Kuriale hingegen kaum mehr in Führungspositionen, geschweige denn im Kardinalat begegnen [143:

Der Weg des Reichs in die Kurienferne – ein Sonderweg

Mangel an pragmatischer Flexibilität

Chr. Schuchardt: Die Deutschen]. Waren die Deutschen, so steht am Ende zu fragen, nicht auch deshalb auf einem Sonderweg, weil sie, kaum dass erstmals allgemeine Konzilien – obendrein mit starken Reformintentionen – in ihrem Reich stattgefunden hatten, sich eigentlich von deren Grundsätzen und Idealen nicht verabschieden wollten bzw. sich um deren Erbe betrogen fühlten, derweil man andernorts zur Tagesordnung überging und pragmatisch-flexibel geistliche Geschäfte zu gegenseitigem Vorteil tätigte? Während etwa Frankreich, das sich in der Vergangenheit aufs Ganze sicher stärker konziliar engagiert hatte, integraler Bestandteil des Systems war und blieb, geriet das ob seiner imperial-kaiserlichen Italienansprüche ohnehin suspekte und schon vom 13. Jahrhundert an kurienferner gewordene Reich unter konziliaren Generalverdacht, den solche „Systemdistanz“ nur zu bestätigen schien. Von römischer Warte aus mochte man durchaus einen Zusammenhang sehen, wenn ausgerechnet von jenem Land, das mit zwei Reformsynoden – denn dies waren sie ja zumindest von ihrem Selbstverständnis her – konziliare Bedrohung hatte Wirklichkeit werden lassen, wenig später dann auch die Reformation ihren Ausgang nahm.

Festhalten an konziliaren Idealen?

Das Reich aus römischer Sicht: Hort konziliarer Bedrohung, Hort der Reformation

III. Quellen und Literatur

1. Quellen

1. Acta concilii Constanciensis. Hrsg. v. H. Finke u. a. 4 Bde. Münster 1896–1928 (Ndr. 1981).
2. Acta Cusana. Quellen zur Lebensgeschichte des Nikolaus von Kues. Bd. I/1–4. Hrsg. v. E. Meuthen. Hamburg 1976–2000.
3. Aeneas Sylvius Piccolominus/Enea Silvio Piccolomini (Pius II.): De gestis concilii Basiliensis commentariorum libri II [1440]. Hrsg. v. D. Hay/ W. K. Smith. 2. Aufl. Oxford 1992 – Commentarii rerum memorabilium que temporibus suis contigerunt [1458 sqq.]. Hrsg. v. A. Van Heck. 2 Bde. Vatikanstadt 1984 – Der Briefwechsel … Hrsg. v. R. Wolkan. Abt. I /1–2, II (ebd. 164–228: De concilio Basiliensi [1450/51]). Wien 1909–1912 – Pentalogus. Hrsg. v. Chr. Schingnitz. Hannover 2009 – B. Widmer, … Ausgewählte Texte aus seinen Schriften. Basel/Stuttgart 1960.
4. Concilium Basiliense. Studien und Quellen zur Geschichte des Concils von Basel. Hrsg. v. J. Haller u. a. 8 Bde. Basel 1896–1936 (Ndr. 1976).
5. Concilium Florentinum. Documenta et Scriptores. Ser. A: I–XI, Ser. B: I–IX. Hrsg. v. G. Hofmann u. a. Rom 1940–1977.
6. Dekrete der ökumenischen Konzilien. Hrsg. v. J. Wohlmuth. Bd. 2: Konzilien des Mittelalters. Paderborn u. a. 2000.
7. Deutsche Reichstagsakten. Hrsg. durch die Historische Kommission bei der Bayerischen Akademie der Wissenschaften. Ältere Reihe. Bd. 1 ff. München u. a. 1867 ff. (z. T. Ndr. 1956/57) (bis 1445 reichend, sodann zu 1453/54 und 1468–71).
8. Die Rotamanualien des Basler Konzils. Verzeichnis der in den Handschriften der Basler Universitätsbibliothek behandelten Rechtsfälle. Bearb. v. H.-J. Gilomen. Tübingen 1998; vgl. dazu G. Dolezalek, Rechtsprechung der *Sacra Romana Rota* – unter besonderer Berücksichtigung der Rotamanualien des Basler Konzils, in: Stagnation oder Fortbildung? Aspekte des allgemeinen Kirchenrechts im 14. und 15. Jahrhundert. Hrsg. v. M. Bertram. Tübingen 2005, 133–157.

9. Hus in Konstanz. Der Bericht des Peter von Mladoniowitz. Übers., eingel. u. erklärt v. J. Bujnoch. Graz u. a. 1963.
10. *Le concil de Basle* (1434). Les origines du theatre réformiste et partisan en France. Edition, introduction, glossaire et notes critiques. Hrsg. v. J. Beck. Leiden 1979.
11. Magnum Oecumenicum Constantiense Concilium. Hrsg. v. H. Von Der Hardt. 6 Bde. Frankfurt/Leipzig 1696/1700 (Index-Bd. 1742).
12. J. D. Mansi, Sacrorum Conciliorum nova, et amplissima collectio … t. XXVI–XXXII, XXXV. Venedig 1784–98 (Ndr. 1901–1906/1961–1962).
13. Monumenta Conciliorum Generalium sec. decimi quinti. 4 Bde. Wien/Basel 1857–1935.
14. Oswald von Wolkenstein, Die Lieder. Hrsg. v. K. K. Klein, überarb. v. H. Moser/N. Richard/N. Wolf. 3. Aufl. Tübingen 1987.
15. Quellen zur Kirchenreform im Zeitalter der großen Konzilien des 15. Jahrhunderts. Ausgewählt und übersetzt v. J. Miethke/L. Weinrich. T. 1: Die Konzilien von Pisa (1409) und Konstanz (1414–1418); T. 2: Die Konzilien von Pavia/Siena (1423/24), Basel (1431–1449) und Ferrara/Florenz (1438–1445). Darmstadt 1995/2002.
16. Quellen zur Reichsreform im Spätmittelalter. Ausgewählt und übersetzt v. L. Weinrich. Darmstadt 2001.
17. Regesta Imperii XI: Die Urkunden Kaiser Sigmunds. Verz. v. W. Altmann. Innsbruck 1896–1900 (Ndr. 1967) – XII: Albrecht II. 1438–1439. Bearb. v. G. Hödl. Wien u. a. 1975.
18. Regesten der Pfalzgrafen am Rhein 1214–1508. Bd. 2: Regesten König Ruprechts. Bearb. v. L. von Oberndorff/Nachträge … v. M. Krebs. Innsbruck 1912/1939.
19. Regesten Kaiser Friedrichs III. (1440–1493), nach Archiven und Bibliotheken geordnet. Hrsg. v. H. Koller und ab H. 9 v. P. J. Heinig. Bisher 25 Hefte, 2 Sonderbde. und 1 Supplement. Wien u. a. 1982 ff.
20. Repertorium Germanicum. Verzeichnis der in den päpstlichen Registern und Kameralakten vorkommenden Personen, Kirchen und Orte des Deutschen Reiches, seiner Diözesen und Territorien vom Beginn des Schismas bis zur Reformation. Hrsg. v. Deutschen Historischen Institut in Rom. Bisher Bd. 1–9 (1378–1471). Berlin/Tübingen 1916 ff.
21. Ulrich Richental, Chronik des Constanzer Concils – 1414 bis 1418. Hrsg. v. M. R. Buck. Tübingen 1882 (Ndr. 2008) – Ulrich Richen-

tal, Das Konzil zu Konstanz. Faks.-Abdruck der Chronik. Hrsg. v. O. Feger. 2 Bde. Konstanz 1964 – Chronik des Konstanzer Konzils 1414–1418 von Ulrich Richental. Eingel. u. hrsg. v. Th. M. Buck. Ostfildern 2010.

22. J. Vincke, Acta concilii Pisani, in: RQA 46 (1938/41) 81–331.
23. J. Vincke, Briefe zum Pisaner Konzil. Bonn 1940.
24. J. Vincke, Schriftstücke zum Pisaner Konzil. Ein Kampf um die öffentliche Meinung. Bonn 1942.

2. Lexika und Nachschlagewerke

25. Atlas zur Kirchengeschichte. Aktualisierte Neuausgabe. Hrsg. v. H. Jedin u. a., bearb. v. J. Martin. Freiburg u. a. 1987.
26. Biographisch-bibliographisches Kirchenlexikon. Hrsg. v. F. W. u. T. Bautz. Bisher 32 Bde. Nordhausen 1990–2011.
27. Dictionnaire d'histoire et de géographie ecclésiastiques. Hrsg. v. A. Baudrillart u. a. Bisher 31 Bde. (A-L). Paris 1912 ff.
28. Dictionnaire de spiritualité ascétique et mystique. Doctrine et histoire. Begr. v. M. Viller. 16 Bde. und 1 Registerbd. Paris 1932–95.
29. Die Bischöfe des Heiligen Römischen Reiches 1198–1448/1448–1648. Ein biographisches Lexikon. Hrsg. v. E. Gatz. 2 Bde. Berlin 2001/1996.
30. Die Bistümer des Heiligen Römischen Reichs. Hrsg. v. E. Gatz. Bd. 1: Von ihren Anfängen bis zur Säkularisation. Freiburg u. a. 2004.
31. Die deutsche Literatur des Mittelalters. Verfasserlexikon. Begr. v. W. Stammler. Hrsg.v. K. Ruh. 11 Bde. und 3 Registerbde. 2. Aufl. Berlin/New York 1978–2008 (Bd. 1–11 Ndr. 2010).
32. Germania Sacra. Historisch-statistische Darstellung der deutschen Bistümer, Domkapitel, Kollegial- und Pfarrkirchen, Klöster und der sonstigen kirchlichen Institute. Hrsg. v. Kaiser-Wilhelm-Institut für deutsche Geschichte bzw. v. Max-Planck-Institut für Geschichte. 7 Bde. bzw. Teilbde. Berlin (/Leipzig) 1929–1941 bzw. Berlin (/New York) 1966–1972 – NF.: Historisch-statistische Beschreibung der Kirche des Alten Reiches. Hrsg. v. Max-Planck-Institut für Geschichte. 63 Bde. bzw. Teilbde. Berlin (/New York) 1962–2007 – Dritte F.: Historisch-statistische Beschreibung … Bisher 1 Bd. Berlin (/New York) 2009.

33. Helvetia Sacra. Hrsg. v. Kuratorium der Helvetia Sacra. 27 Bde. und 1 Registerbd. Bern u. a. 1972–2007.
34. Lexikon des Mittelalters. Hrsg. v. R. Auty u. a. 10 Bde. München 1980–1999 (Studienausgabe: 1999, Ndr. 2009; dtv-Taschenbuchausgabe: 2. Aufl. 2003).
35. Lexikon für Theologie und Kirche. Hrsg. v. W. Kasper. 3. Aufl. 11 Bde. Freiburg u. a. 1993–2001 (Ndr. 2009, 2011).
36. Religion in Geschichte und Gegenwart. Hrsg. v. H.-D. Betz u. a. 4. Aufl. 8 Bde. und 1 Registerbd. Tübingen 1998–2007.
37. Theologische Realenzyklopädie. Hrsg. v. G. Krause (teilw.)/G. Müller (teilw.). 36 Bde., 2 Registerbde. u. Abkürzungsverzeichnis. Berlin/New York 1977–2007 (Studienausgabe: 36 Bde. in 3 Tln. 1993–2006).

3. Handbücher und übergreifende Darstellungen von Kirche und Reich im Spätmittelalter

3.1 Allgemein

38. Europa 1400. Die Krise des Spätmittelalters. Hrsg. v. F. Seibt/W. Eberhard. Stuttgart 1984.
39. Europa 1500. Integrationsprozesse im Widerstreit: Staaten, Regionen, Personenverbände, Christenheit. Hrsg. v. F. Seibt/W. Eberhard. Stuttgart 1987.
40. Gebhardt, Handbuch der deutschen Geschichte. 10. Aufl. Bd. 8: H. Boockmann/H. Dormeier, Konzilien, Kirchen- und Reichsreform (1410–1495). Stuttgart 2005.
41. B. Guenée, L'Occident aux XIVe et XVe siècles. Les États. 6. Aufl. Paris 1998 (engl. Ausgabe: States and Rulers in Later Medieval Europe. New York 1985).
42. Handbook of European History 1400–1600. Late Middle Ages, Renaissance and Reformation. 2 Bde. Hrsg. v. Th. A. Brady jr. u. a. Leiden u. a. 1994/95.
43. Handbuch der europäischen Geschichte. Hrsg. v. Th. Schieder. Bd. 2: Europa im Hoch- und Spätmittelalter. Hrsg. v. F. Seibt. Stuttgart 1987 – Bd. 3: Die Entstehung des neuzeitlichen Europa. Hrsg. v. J. Engel. Stuttgart 1971 (Ndr. 1994).
44. Histoire du monde au XVe siècle. Hrsg. v. P. Boucheron. Paris 2009.

45. M. North, Europa expandiert: 1250–1500. Stuttgart 2007.
46. Oldenbourg Grundriss der Geschichte. Bd. 8: U. Dirlmeier/G. Fouquet/B. Fuhrmann, Europa im Spätmittelalter 1215–1378. 2. Aufl. München 2009; Bd. 9: E. Meuthen, Das 15. Jahrhundert. 4. Aufl. überarbeitet von C. Märtl. München 2006.
47. B. Schneidmüller, Grenzerfahrung und monarchische Ordnung. Europa 1200–1500. München 2011.
48. Studien zum 15. Jahrhundert. Festschrift für E. Meuthen. Hrsg. v. J. Helmrath/H. Müller. 2 Bde. München 1994.
49. The New Cambridge Medieval History. Bd. 6: c. 1300–c. 1415. Hrsg. v. M. Jones. Cambridge 2000; Bd. 7: c. 1415–c. 1500. Hrsg. v. Chr. Allmand. Cambridge 1998.

3.2 Kirche

50. A. Angenendt, Geschichte der Religiosität im Mittelalter. 4. Aufl. Darmstadt 2009.
51. M. Basse, Von den Reformkonzilien bis zum Vorabend der Reformation. Leipzig 2008.
52. M. Borgolte, Die mittelalterliche Kirche. 2. Aufl. München 2004.
53. P. Chaunu, Le temps des réformes. Histoire religieuse et système de civilisation. La crise de la chrétienté. L'éclatement (1250–1550). Paris 1975 (Ndr. 2003).
54. J. Chélini, L'Église au temps des schismes (1294–1449). Paris 1982.
55. Die Geschichte des Christentums. Religion – Politik – Kultur. Bd. 6: Die Zeit der Zerreißproben (1274–1449). Hrsg. v. M. Mollat Du Jourdin/A. Vauchez. Freiburg u. a. 1991; Bd. 7: Von der Reform zur Reformation (1450–1530). Hrsg. v. M. Venard. Freiburg u. a. 1995.
56. H. E. Feine, Kirchliche Rechtsgeschichte. Bd. 1. 5. Aufl. Weimar 1972.
57. Gestalten der Kirchengeschichte. Hrsg. v. M. Greschat. Bd. 4: Mittelalter II; Bd. 12: Das Papsttum II. 2. Aufl. Stuttgart u. a. 1994.
58. Handbuch der Kirchengeschichte. Hrsg. v. H. Jedin. Bd. III/2: Vom kirchlichen Hochmittelalter bis zum Vorabend der Reformation. Freiburg u. a. 1968 (Ndr. 1985/99).
59. Handbuch der Religionsgeschichte im deutschsprachigen Raum. Hrsg. v. P. Dinzelbacher. Bd. 2: Hoch- und Spätmittelalter. Paderborn u. a. 2000.

60. A. Hauck, Kirchengeschichte Deutschlands. Bd. V/1–2. 9. Aufl. Berlin 1958.
61. Histoire de l'Église („Fliche-Martin"). Bd. XIV/1–2: É. Delaruelle/E.-R. Labande/P. Ourliac, L'Église au temps du grand schisme et de la crise conciliaire (1378–1449). Paris 1962/64; Bd. XV: R. Aubenas/R. Ricard, L'Église et la Renaissance (1450–1517). Paris 1951.
62. Th. M. Izbicki, Reform, Ecclesiology and the Christian Life in the Late Middle Ages. Aldershot/Burlington 2008.
63. F. Machilek, Einführung: Beweggründe, Inhalte und Probleme kirchlicher Reformen des 14./15. Jahrhunderts (mit besonderer Berücksichtigung der Verhältnisse im östlichen Mitteleuropa), in: Kirchliche Reformimpulse in Ostmitteleuropa. Hrsg. v. W. Eberhard/F. M. Köln u. a. 2006, 1–121.
64. A. Meyer, *Dominus noster vult*. Anmerkungen zur päpstlichen Gesetzgebung im Spätmittelalter, in: HZ 289 (2009) 607–626.
65. L. Mezzadri, Storia della Chiesa tra medioevo ed epoca moderna. I: Dalla crisi della cristianità alle riforme (1294–1492). Rom 2001.
66. B. Moeller, Spätmittelalter (Die Kirche in ihrer Geschichte. II H 1). Göttingen 1966.
67. Ökumenische Kirchengeschichte. Bd. 2: Vom Hochmittelalter bis zur frühen Neuzeit. Hrsg. v. Th. Kaufmann/R. Kottje. Darmstadt 2008.
68. S. Ozment, The Age of Reform 1250–1550. An Intellectual and Religious History of Late Medieval and Reformation Europe. New Haven/London 1980.
69. F. Rapp, L'Église et la vie religieuse en Occident à la fin du Moyen Age. 6. Aufl. Paris 1999.
70. F. Rapp, Christentum IV: Zwischen Mittelalter und Neuzeit (1378–1552). Stuttgart 2006.
71. C. M. Richardson, Reclaiming Rome. Cardinals in the Fifteenth Century. Leiden/Boston 2009.
72. B. Schimmelpfennig, Das Papsttum. Grundzüge seiner Geschichte von der Antike bis zur Renaissance. 6. Aufl. Darmstadt 2009.
73. G. Seebass, Geschichte des Christentums III: Spätmittelalter – Reformation – Konfessionalisierung. Stuttgart 2006.
74. R. N. Swanson, Religion and Devotion in Europe, c. 1215–c. 1515. Cambridge 1995.
75. The Cambridge History of Christianity. Bd. 4: Christianity in Western Europe c. 1100–c. 1500. Hrsg. v. M. Rubin/w. Simons. Cambridge 2009.

76. The Church, the Councils, and Reform. The Legacy of the Fifteenth Century. Hrsg. v. G. CHRISTIANSON/TH. M. IZBICKI. Washington D.C. 2008.
77. J. VAN ENGEN, Multiple Options: The World of the Fifteenth-Century Church, in: ChurchH 77 (2008) 257–284.
78. C. Vincent, Église et société en Occident, XIIIe–XVe siècle. Paris 2009.
79. H. ZSCHOCH, Die Christenheit im Hoch- und Spätmittelalter. Von der Kirchenreform des 11. Jahrhunderts zu den Reformbestrebungen des 15. Jahrhunderts. Göttingen 2004.

3.3 Reich

80. G. ANNAS, Hoftag – Gemeiner Tag – Reichstag. Studien zur strukturellen Entwicklung deutscher Reichsversammlungen des späten Mittelalters (1349–1471). 2 Bde. u. CD-ROM. Göttingen 2004.
81. H. BOOCKMANN, Stauferzeit und spätes Mittelalter. Deutschland 1125–1517. Berlin 1987.
82. H. BOOCKMANN, Das fünfzehnte Jahrhundert in der deutschen Geschichte, in: Mittelalterforschung nach der Wende 1989. Hrsg. v. M. BORGOLTE. München 1995, 485–511.
83. Das Zeitalter König Sigismunds in Ungarn und im Deutschen Reich. Hrsg. v. T. SCHMIDT/P. GUNST. Debrecen 2000.
84. Deutsche Geschichte in Quellen und Darstellung. Bd. 2: Spätmittelalter 1250–1495. Hrsg. v. J.-M. MOEGLIN/R.A. MÜLLER. Stuttgart 2000.
85. Die deutschen Herrscher des Mittelalters. Historische Portraits von Heinrich I. bis Maximilian I. (919–1519). Hrsg. v. B. SCHNEIDMÜLLER/ST. WEINFURTER. München 2003 (Beiträge von M. KINTZINGER, O. AUGE/K.-H. SPIESS, P.-J. HEINIG).
86. H. HEIMPEL, Das deutsche fünfzehnte Jahrhundert in Krise und Beharrung, in: [237: 9–29].
87. H. HEIMPEL, Die Vener von Gmünd und Straßburg 1162–1447. Studien und Texte zur Geschichte einer Familie sowie des gelehrten Beamtentums in der Zeit der abendländischen Kirchenspaltung und der Konzilien von Pisa, Konstanz und Basel. 3 Bde. Göttingen 1982.
88. P.-J. HEINIG, Kaiser Friedrich III. (1440–1493). Hof, Regierung und Politik. 3 Bde. Köln u. a. 1997.

89. J. K. Hoensch, Die Luxemburger. Eine spätmittelalterliche Dynastie gesamteuropäischer Bedeutung 1308–1437. Stuttgart u. a. 2000.
90. J. K. Hoensch, Kaiser Sigismund. Herrscher an der Schwelle zur Neuzeit 1368–1437. München 1996/Darmstadt 1997.
91. K. F. Krieger, Die Habsburger im Mittelalter. Von Rudolf I. bis Friedrich III. 2. Aufl. Stuttgart u. a. 2004.
92. K. F. Krieger, König, Reich und Reichsreform im Spätmittelalter. 2. Aufl. München 2005.
93. P. Moraw, Von offener Verfassung zu gestalteter Verdichtung. Das Reich im späten Mittelalter 1250–1490. Berlin 1985 (Ndr. 1989).
94. P. Moraw, Über König und Reich. Aufsätze zur deutschen Verfassungsgeschichte des späten Mittelalters. Hrsg. v. R.-Chr. Schwinges. Sigmaringen 1995.
95. M. Prietzel, Das Heilige Römische Reich im Spätmittelalter. 2. Aufl. Darmstadt 2010.
96. F. Rapp, Les origines médiévales de l'Allemagne moderne. De Charles IV à Charles Quint (1346–1519). Paris 1989.
97. Reichstage und Kirche. Hrsg. v. E. Meuthen. Göttingen 1991.
98. E. Schubert, Einführung in die Grundprobleme der deutschen Geschichte im Spätmittelalter. 2. Aufl. Darmstadt 1998.
99. Sigismund von Luxemburg. Ein Kaiser in Europa. Hrsg. v. M. Pauly/F. Reinert. Mainz 2006.
100. H. Thomas, Deutsche Geschichte des Spätmittelalters 1250–1500. Stuttgart u. a. 1983.

4. Krise des Spätmittelalters? – Krise der Kirche

101. G. Bois, La grande dépression médiévale (XIVe et XVe siècles). Paris 2000.
102. M. Bordeaux, Aspects économiques de la vie de l'Église aux XIVe et XVe siècles. Paris 1969.
103. Das 14. Jahrhundert. Krisenzeit. Hrsg. v. W. Buckl. Regensburg 1995.
104. W. Eberhard, Die Krise des Spätmittelalters: Versuch einer Zusammenfassung, in: [38: 303–319].

105. F. GRAUS, Das Spätmittelalter als Krisenzeit. Ein Literaturbericht als Zwischenbilanz, in: Mediaevalia Bohemica. Supplementum 1 (1969) 3–55.
106. F. GRAUS, Vom ‚Schwarzen Tod' zur Reformation. Der krisenhafte Charakter des europäischen Spätmittelalters, in: Revolte und Revolution in Europa. Hrsg. v. P. BLICKLE. München 1975, 10–30.
107. F. GRAUS, Pest – Geißler – Judenmorde. Das 14. Jahrhundert als Krisenzeit. 3. Aufl. Göttingen 1994. Dazu J. LE GOFF, František Graus et la crise du XIVe siècle: Les structures et le hasard, in: Basler Zs. für Geschichte und Altertumskunde 90 (1990) 23–30.
108. Häresie und vorzeitige Reformation im Spätmittelalter. Hrsg. v. F. ŠMAHEL/E. MÜLLER-LUCKNER. München 1998.
109. J. HUIZINGA, Herbst des Mittelalters. Studien über Lebens- und Geistesformen des 14. und 15. Jahrhunderts in Frankreich und in den Niederlanden. 12. Aufl. mit einer Einleitung v. B. FRANKE/B. WELZEL. Stuttgart 2006 [niederländ. Or. 1919].
110. H. KAMINSKY, From Lateness to Waning to Crisis: The Burden of the Middle Ages, in: Journal of Early Modern History 4 (2000) 85–125.
111. E. MEUTHEN, Gab es ein spätes Mittelalter?, in: Spätzeit. Studien zu den Problemen eines historischen Epochenbegriffs. Hrsg. v. J. KUNISCH. Berlin 1990, 91–135.
112. P. SCHUSTER, Die Krise des Spätmittelalters. Zur Evidenz eines sozial- und wirtschaftsgeschichtlichen Paradigmas in der Geschichtsschreibung des 20. Jahrhunderts, in: HZ 269 (1999) 19–55.
113. F. SEIBT, Zu einem neuen Begriff von der Krise des Spätmittelalters [1984] – Die Krise der Frömmigkeit – die Frömmigkeit aus der Krise. Zur Religiosität des späteren Mittelalters [1975] (Ndr. in: F. S., Mittelalter und Gegenwart. Ausgewählte Aufsätze. Hrsg. v. W. EBERHARD/H.-D. HEIMANN. Sigmaringen 1987, 218–234, 235–253).
114. PH. WOLFF, Automne du Moyen Age ou printemps des temps nouveaux? L'économie européenne aux XIVe et XVe siècles. Paris 1986.

5. Das große abendländische Schisma (1378–1417)

115. A Companion to the Great Western Schism (1378–1417). Hrsg. v. J. Rollo-Koster/Th. M. Izbicki. Leiden/Boston 2009.
116. A Companion to Jean Gerson. Hrsg. v. B. P. McGuire. Leiden/Boston 2006.
117. L. Binz, Vie religieuse et réforme ecclésiastique dans le diocèse de Genève pendant le grand schisme et la crise conciliaire (1378–1450). Bd. 1 (mehr nicht erschienen). Genf 1973.
118. R. Blumenfeld-Kosinski, Poets, Saints and Visionaries of the Great Schism, 1378–1417. University Park/PA 2006.
119. W. Brandmüller, Papst und Konzil im Großen Schisma (1378–1431). Studien und Quellen. Paderborn u. a. 1990.
120. A. Esch, Bonifaz IX. und der Kirchenstaat. Tübingen 1969.
121. Ph. Genequand, Entre ‚Regnum' et ‚Imperium'. Les attitudes des pays d'Empire de langue française au début du grand schisme d'Occident (1378–1380), in: Regnum et Imperium. Die französisch-deutschen Beziehungen im 14. und 15. Jahrhundert. Hrsg. v. St. Weiss. München 2008, 165–195.
122. Genèse et débuts du grand schisme d'Occident (Colloques internat. du C.N.R.S., 586: Avignon 25–28 IX 1978). Paris 1980.
123. D. Girgensohn, Wie wird man Kardinal? Kuriale und außerkuriale Karrieren an der Wende des 14. zum 15. Jahrhundert, in: QuFiAB 57 (1977) 138–162.
124. D. Girgensohn, Ein Schisma ist nicht zu beenden ohne die Zustimmung der konkurrierenden Päpste. Die juristische Argumentation Benedikts XIII., in: ArchHPont 27 (1989) 197–247.
125. D. Girgensohn, Francesco Zabarella aus Padua. Gelehrsamkeit und politisches Wirken eines Rechtsprofessors während des großen abendländischen Schismas, in: ZKiG 110 (1993) 232–277.
126. B. Guenée, Entre l'Église et l'État. Quatre vies de prélats français à la fin du Moyen Age (XIIIe–XVe siècle). Paris 1987, 125–299, 461–477 (zu Pierre d'Ailly).
127. B. Hotz, Der Ausbruch des großen abendländischen Schismas als Chance offensiver landesherrlicher Kirchenpolitik. Motive der Parteinahme Herzog Leopolds III. von Österreichs für Clemens VII., in: Francia 37 (2010) 353–374.
128. A. Jamme, Renverser le pape. Droits, complots et conceptions politiques aux origines du grand schisme d'Occident, in : Coups d'État à la fin du Moyen Age ? Au fondement du pouvoir poli-

tique en Europe occidentale. Hrsg. v. F. Foronda u. a. Madrid 2005, 433–482.

129. D. Jank, Das Erzbistum Trier während des Großen Abendländischen Schismas (1378–1417/1418). Mainz 1983.
130. H. Kaminsky, Simon de Cramaud and the Great Schism. New Brunswick/NJ 1983.
131. B. P. McGuire, Jean Gerson and the Last Medieval Reformation. University Park/PA 2005.
132. M. Maillard-Luypaert, Papauté, clercs et laïcs: Le diocèse de Cambrai à l'épreuve du grand schisme d'Occident (1378–1417). Brüssel 2001.
133. H. Millet, Le grand schisme d'Occident (1378–1417)/La France et le grand schisme d'Occident: Chronologie/La prière pour l'unité de l'Église/Conclusion, in: Cahiers de Fanjeaux 39 (Le Midi et le grand schisme d'Occident) (2004), 21–37, 39–46, 533–570, 585–600.
134. H. Millet, L'Église du Grand Schisme 1378–1417. Paris 2009.
135. P. Moraw, 1400. Papstschisma und Krise der Monarchien, in: Das Jahrtausend im Spiegel der Jahrhundertwenden. Hrsg. v. L. Gall. Berlin 1999, 177–204.
136. Th. E. Morrissey, Cardinal Franciscus Zabarella (1360–1417) as a Canonist and the Crisis of His Age: Schism and the Council of Constance, in: ZKiG 96 (1985) 196–208.
137. M. Nuding, Mobilität und Migration von Gelehrten im Großen Schisma, in: Politische Reflexion in der Welt des späten Mittelalters. Festschrift für J. Miethke. Hrsg. v. M. Kaufhold. Leiden/Boston 2005, 269–285.
138. M. Nuding, Matthäus von Krakau. Theologe, Politiker, Kirchenreformer in Krakau, Prag und Heidelberg zur Zeit des Großen Abendländischen Schismas. Tübingen 2007.
139. L. B. Pascoe, Church and Reform. Bishops, Theologians and Canon Lawyers in the Thought of Pierre d'Ailly: 1351–1420. Leiden/Boston 2005.
140. P. Payan, Entre Rome et Avignon. Une histoire du grand schisme (1378–1417). Paris 2009.
141. G. H. M. Posthumus Meyjes, Jean Gerson – Apostle of Unity. His Church Politics and Ecclesiology. Leiden u. a. 1999.
142. J. Rollo-Koster, Raiding Saint Peter: Empty Sees, Violence, and the Initiation of the Great Western Schism. Leiden/Boston 2008.
143. Chr. Schuchardt, Die Deutschen an der päpstlichen Kurie im späten Mittelalter (1378–1447). Tübingen 1987.

144. B. SCHWARZ, Die römische Kurie im Zeitalter des Schismas und der Reformkonzilien, in: Institutionen und Geschichte. Theoretische Aspekte und mittelalterliche Befunde. Hrsg. v. G. MELVILLE. Köln u. a. 1992, 231–258.
145. H. THOMAS, Frankreich, Karl IV. und das große Schisma, in: „Bündnissysteme" und „Außenpolitik" im späteren Mittelalter. Hrsg. v. P. MORAW. Berlin 1988, 69–104.
146. M. TÖNSING, Johannes Malkaw aus Preußen (ca. 1360–1416). Ein Kleriker im Spannungsfeld von Konzil, Ketzerprozeß und Kirchenspaltung. Warendorf 2004.
147. N. VALOIS, La France et le grand schisme d'Occident. 4 Bde. Paris 1896–1902 (Ndr. 1967).
148. TH. VOGTHERR, Das Bistum Verden und seine Bischöfe im Großen Schisma, in: RQA 94 (1999) 131–148.
149. ST. WEISS, Onkel und Neffe. Die Beziehungen zwischen Deutschland und Frankreich unter Kaiser Karl IV. und König Karl V. und der Ausbruch des Großen Abendländischen Schismas, in: [121: 101–164].
150. ST. WEISS, Prag – Paris – Rom. Der Ausbruch des Großen Abendländischen Schismas im Kontext der deutsch-französisch-päpstlichen Beziehungen, in: Vom Zentrum zum Netzwerk. Raumüberwindung in der hoch- und spätmittelalterlichen Kirche. Hrsg. v. G. DROSSBACH/H.-J. SCHMIDT, Berlin-New York 2008, 183–246.
151. D. WILLIMAN, Schism Within the Curia: The Twin Papal Elections of 1378, in: JEcclH 59 (2008) 29–47.

6. Der Konziliarismus

152. G. ALBERIGO, Il movimento conciliare (XIV–XV sec.) nella ricerca storica recente, in: Studi Medievali III/19 (1978) 913–950.
153. G. ALBERIGO, Chiesa conciliare. Identità e significato del conciliarismo. Brescia 1981.
154. H. ANGERMEIER, Das Reich und der Konziliarismus, in: HZ 192 (1961) 529–583 (Ndr. in: DERS., Das alte Reich in der deutschen Geschichte. Studien über Kontinuitäten und Zäsuren. München 1991, 145–193).

155. H.-J. Becker, Die Appellation vom Papst an ein allgemeines Konzil. Historische Entwicklung und kanonistische Diskussion im späten Mittelalter und in der frühen Neuzeit. Köln/Wien 1988.
156. Chr. M. Bellitto, Il conciliarismo, in: Il cristianesimo. Grande Atlante. Hrsg. v. G. Alberigo u. a. Bd. 3. Turin 2006, 1092–1101.
157. A. Black, Monarchy and Community. Political Ideas in the Later Conciliar Controversy 1430–1450. Cambridge 1970 (Ndr. 2005).
158. A. Black, Council and Commune. The Conciliar Movement and the Fifteenth-Century Heritage. London/Shepherdstown 1979.
159. A. Black, Political Thought in Europe 1250–1450. Cambridge 1992.
160. A Black, Church, State and Community: Historical and Comparative Perspectives. Aldershot 2003.
161. Conciliarismo, stati nazionali, inizi dell'umanesimo. Atti del XXV convegno storico internaz. Todi 9–12 X 1988. Spoleto 1990.
162. Y. Congar, Die Lehre von der Kirche. Vom Abendländischen Schisma bis zur Gegenwart. Freiburg u. a. 1971.
163. Die Entwicklung des Konziliarismus. Werden und Nachwirken der konziliaren Idee. Hrsg. v. R. Bäumer. Darmstadt 1976.
164. J. N. Figgis, Studies of Political Thought from Gerson to Grotius (1414–1625). Cambridge 1907 (letzter Ndr. 1978).
165. H. Hofmann, Repräsentation. Studien zur Wort- und Begriffsgeschichte von der Antike bis ins 19. Jahrhundert. 4. Aufl. Berlin 2003.
166. W. Krämer, Korporationstheorie contra Monarchietheorie. Der Basler Konziliarismus (1431–1448), in: Katholizismus in Geschichte und Gegenwart. Hrsg. v. R. Faber. Würzburg 2005, 65–78.
167. G. Kreuzer, Konrad von Gelnhausen, in: [31: 5, 179–181; 11, 877f.].
168. G. Kreuzer, Heinrich von Langenstein. Studien zur Biographie und zu den Schismatraktaten unter besonderer Berücksichtigung der *Epistola pacis* und der *Epistola concilii pacis*. Paderborn u. a. 1987.
169. G. Kreuzer, Die konziliare Idee, in: Pipers Handbuch der politischen Ideen. Hrsg. v. I. Fetscher/H. Münkler. Bd. 2. München/Zürich 1993, 447–465.
170. H. Küng, Strukturen der Kirche. Freiburg u. a. 1962 (Ndr. 1987 mit einem Vorwort zur Taschenbuchausgabe und einem Epilog).
171. J. Miethke, Konziliarismus – die neue Doktrin einer neuen Kirchenverfassung, in: [214: 29–59].

172. F. Oakley, Natural Law, Conciliarism and Consent in the Late Middle Ages. Studies in Ecclesiastical and Intellectual History. London 1984.
173. F. Oakley, Constance, Basel and the two Pisas: The Conciliarist Legacy in 16th and 17th Century England, in: AHC 26 (1994) 87–118.
174. F. Oakley, Conciliarism, in: The Oxford Encyclopedia of Reformation 1 (1996), 394–397.
175. F. Oakley, Politics and Eternity. Studies in the History of Medieval and Early Modern Political Thought. Leiden u. a. 1999.
176. F. Oakley, The Conciliarist Tradition. Constitutionalism in the Catholic Church 1300–1870. Oxford 2003.
177. H. Schneider, Der Konziliarismus als Problem der neueren katholischen Theologie. Die Geschichte der Auslegung der Konstanzer Dekrete von Febronius bis zur Gegenwart. Berlin/New York 1976.
178. H. J. Sieben, Traktate und Theorien zum Konzil. Vom Beginn des Großen Schismas bis zum Vorabend der Reformation (1378–1521). Frankfurt a.M. 1983.
179. B. Tierney, Foundations of the Conciliar Theory. The Contribution of the Medieval Canonists from Gratian to the Great Schism. Leiden u. a. 1998 [zuerst 1955]; vgl. dazu A. Frenken, in: AHC 32 (2000) 405–415; B. T., Reflections on a Half Century of Conciliar Studies, in: [76: 313–327].
180. K. Wriedt, Die deutschen Universitäten in den Auseinandersetzungen des Schismas und der Reformkonzilien (1378–1449). Kirchenpolitische Ziele und korporative Interessen (Habil.-Schrift). Kiel 1972.
181. Th. Wünsch, Konziliarismus und Polen. Personen, Politik und Programme aus Polen zur Verfassungsfrage der Kirche in der Zeit der mittelalterlichen Reformkonzilien. Paderborn u. a. 1998; vgl. dazu AHC 32 (2000) 146–156 (Th. Prügl) u. 157–161 (Th. Wünsch).

7. Die Konzilien

7.1 Allgemeines und Spätmittelalter

182. H. Boockmann, Reichstag und Konzil im 15. Jahrhundert, in: [97: 15–24].

183. C. M. D. Crowder, Unity, Heresy and Reform, 1378–1460. The Conciliar Response to the Great Schism. London 1977.

184. Geschichte der Konzilien. Vom Nicaenum bis zum Vaticanum II. Hrsg. v. G. Alberigo. Düsseldorf 1993.

185. J. Helmrath, Kommunikation auf den spätmittelalterlichen Konzilien, in: Die Bedeutung der Kommunikation für Gesellschaft und Wirtschaft. Hrsg. v. H. Pohl. Wiesbaden/Stuttgart 1989, 116–172.

186. J. Helmrath, Reform als Thema der Konzilien des Spätmittelalters, in: [337: 75–152]; in etwas veränderter Form erschienen unter dem Titel: Theorie und Praxis der Kirchenreform im Spätmittelalter, in: Rottenburger Jb. f. Kirchengeschichte 11 (1992) 41–70.

187. J. Helmrath, *Locus concilii.* Die Ortswahl für Generalkonzilien vom IV. Lateranum bis Trient, in: AHC 27/28 (1995/96) 593–662.

188. J. Helmrath, Partikularsynoden und Synodalstatuten des späteren Mittelalters im europäischen Vergleich, in: Das europäische Mittelalter im Spannungsbogen des Vergleichs. Hrsg. v. M. Borgolte. Berlin 2001, 135–169.

189. J. Helmrath, Rangstreite auf den Generalkonzilien des 15. Jahrhunderts als Verfahren, in: Vormoderne politische Verfahren. Hrsg. v. B. Stollberg-Rilinger. Berlin 2001, 139–173.

190. J. Helmrath, *Geistlich und werntlich.* Zur Beziehung von Konzilien und Reichsversammlungen im 15. Jahrhundert, in: Deutscher Königshof, Hoftag und Reichstag im späteren Mittelalter. Hrsg. v. P. Moraw. Stuttgart 2002, 477–517.

191. H. Jedin, Kleine Konziliengeschichte. Neuausgabe der 8. Aufl. Freiburg u. a. 1978.

192. Konziliengeschichte. Hrsg. v. W. Brandmüller. Reihe A: Darstellungen. Paderborn u. a. 1981 ff.; Reihe B: Untersuchungen. Paderborn u. a. 1979 ff.

193. D. Mertens, Reformkonzilien und Ordensreform im 15. Jahrhundert, in: Reformbemühungen und Observanzbestrebungen im spätmittelalterlichen Ordenswesen. Hrsg. v. K. Elm. Berlin 1989, 439–457.

194. J. Miethke, Die Konzilien als Forum der öffentlichen Meinung im 15. Jahrhundert, in: DA 37 (1981) 736–773.

195. J. Miethke, Raumerfassung und Raumbewußtsein auf den Allgemeinen Konzilien des Spätmittelalters, in: Raumerfassung und Raumbewußtsein im späteren Mittelalter. Hrsg. v. P. Moraw. Stuttgart 2002, 127–154.

196. J. Miethke, Die Konzilien im 15. Jahrhundert als Drehscheibe internationaler Beziehungen, in: Zwischen Habsburg und Burgund. Der Oberrhein als europäische Landschaft im 15. Jahrhundert. Hrsg. v. K. Krimm/R. Brüning. Ostfildern 2003, 257–274.
197. J. Miethke, Die großen Konzilien des 15. Jahrhunderts als Medienereignis: Kommunikation und intellektueller Fortschritt auf den Großtagungen, in: University, Council, City. Intellectual Culture on the Rhine (1300–1550). Hrsg. v. L. Cesalli u. a. Turnhout 2007, 291–322.
198. J. Miethke, Formen der Repräsentation auf Konzilien des Mittelalters, in: Politische Versammlungen und ihre Rituale. Repräsentationsformen und Entscheidungsprozesse des Reichs und der Kirche im späten Mittelalter. Hrsg. v. J. Peltzer u. a. Ostfildern 2009, 21–36.
199. N. H. Minnich, Councils of the Catholic Reformation: Pisa I (1409) to Trent (1545–63). Aldershot/Burlington 2008.
200. H. Müller, Konzilien des 15. Jahrhunderts und Zweites Vatikanisches Konzil. Historiker und Theologen als Wissenschaftler und Zeitgenossen, in: Historie und Leben. Der Historiker als Wissenschaftler und Zeitgenosse. Festschrift für L. Gall. Hrsg. v. D. Hein u. a. München 2006, 115–135.
201. K. Schatz, Allgemeine Konzilien – Brennpunkte der Kirchengeschichte. 2. Aufl. Paderborn u. a. 2008.
202. H.-J. Schmidt, Kirche, Staat, Nation. Raumgliederung der Kirche im mittelalterlichen Europa. Weimar 1999 [Kap. VIII: Land, Sprengel und Nation auf den ökumenischen Konzilien des Spätmittelalters].
203. H.-J. Schmidt, Was ist eine Nation? Debatten auf den Konzilien des 15. Jahrhunderts, in: Nation und Nationalismus in Europa. Kulturelle Konstruktion von Identitäten. Festschrift für K. Altermatt. Hrsg. v. C. Bosshart-Pfluger u. a. Frauenfeld u. a. 2002, 139–154.
204. H. J. Sieben, Die Konzilsidee des lateinischen Mittelalters (847–1378). Paderborn u. a. 1984.
205. H. J. Sieben, Vom Apostelkonzil zum Ersten Vatikanum. Studien zur Geschichte der Konzilsidee. Paderborn u. a. 1996.
206. H. J. Sieben, Studien zur Gestalt und Überlieferung der Konzilien. Paderborn u. a. 2005.
207. H. J. Sieben, Studien zum Ökumenischen Konzil ... Paderborn u. a. 2010.
208. G.-R. Tewes, Die Konzilien des ausgehenden Mittelalters und ih-

re Bedeutung für das Verhältnis des Deutschen Reiches zu Rom, in: Heiliges Römisches Reich deutscher Nation 962 bis 1806. Von Otto dem Großen bis zum Ausgang des Mittelalters. Essays. Hrsg. v. M. PUHLE/CL.-P. HASSE. Dresden 2006, 453–462.

7.2 Die Konzilien von Pisa (1409), Konstanz (1414–1418), Basel (1431–1449) und Ferrara-Florenz (1438–1445 [?]) – Übergreifende Darstellungen

209. Die Konzilien von Pisa (1409), Konstanz (1414–1418) und Basel (1431–1449). Institution und Personen. Hrsg v. H. MÜLLER/J. HELMRATH. Ostfildern 2007.
210. J. GILL, Konstanz und Basel – Florenz. Mainz 1967.
211. J. GROHE, Spanien und die großen Konzilien von Konstanz und Basel, in: ‚Das kommt mir spanisch vor'. Eigenes und Fremdes in den deutsch-spanischen Beziehungen des späten Mittelalters. Hrsg. v. K. HERBERS/N. JASPERT. Münster 2004, 493–510.
212. J. HELMRATH, Diffusion des Humanismus und Antikerezeption auf den Konzilien von Konstanz, Basel und Ferrara/Florenz, in: Die Präsenz der Antike im Übergang vom Mittelalter zur Frühen Neuzeit. Hrsg. v. L. GRENZMANN u. a. Göttingen 2004, 9–54.
213. H. MÜLLER, Universitäten und Gelehrte auf den Konzilien von Pisa (1409), Konstanz (1414–1418) und Basel (1431–1449), in: Universität, Religion und Kirchen. Hrsg. v. R. CHR.SCHWINGES. Basel 2011, 109–144.
214. Reform von Kirche und Reich zur Zeit der Konzilien von Konstanz (1414–1418) und Basel (1431–1449). Hrsg. v. I. HLAVÁČEK/ A. PATSCHOVSKY. Konstanz 1996.
215. P. DE VOOGHT, Der Konziliarismus bei den Konzilien von Konstanz und Basel, in: Das Konzil und die Konzile. Ein Beitrag zur Geschichte des Konzilslebens in der Kirche. Stuttgart 1962, 165–210 (Teilndr. unter dem Titel „Der Konziliarismus auf dem Konzil von Konstanz", in: [163: 177–197]).
216. J. WOHLMUTH, Universität und Konzil. Verfassungsrechtliche und wissenschaftstheoretische Einflüsse der Universitäten auf den Konzilien von Konstanz und Basel, in: *Scientia* und *Ars* im Hoch- und Spätmittelalter. Hrsg. v. I. CREMER-RUEGENBERG/A. SPEER. Berlin/New York 1994, 877–892.

7.3 Das Konzil von Pisa (1409)

217. F. ENGEL, Die Kölner Kirche und das Konzil von Pisa (1409), in: *O felix Agrippina nobilis Romanorum Colonia* … Festschrift für M. Groten. Hrsg. v. A. RUTZ/T. WULF. Köln 2009, 33–55.
218. A. GERLICH, Territorium, Bistumsorganisation und Obödienz. Die Mainzer Kirchenpolitik in der Zeit des Konzils von Pisa, in: ZKiG 72 (1961) 46–86 (Ndr. in: DERS., Territorium, Reich und Kirche. Ausgew. Beiträge … Hrsg. v. C. HEINEMANN u. a. Wiesbaden 2005, 133–173).
219. D. GIRGENSOHN, Konzil von Pisa, in: [37: 26, 646–649].
220. D. GIRGENSOHN, *More sanctorum patrum alias utiliter in ecclesia observato*: die Einberufung des Pisaner Konzils von 1409, in: AHC 27/28 (1995/96) 325–382.
221. D. GIRGENSOHN, Kirche, Politik und adelige Regierung in der Republik Venedig zu Beginn des 15. Jahrhunderts. Göttingen 1996.
222. D. GIRGENSOHN, Materialsammlungen zum Pisaner Konzil von 1409: Erler, Finke, Schmitz-Kallenberg, Vincke, in: AHC 30 (1998) 456–519.
223. A. LANDI, Il papa deposto (Pisa 1409). L'idea conciliare nel grande scisma. Turin 1985; vgl. dazu W. DECKER, in: AHC 18 (1986) 226–229.
224. H. MILLET, Le concile de Pise. Qui travaillait à l'union de l'Église en 1409? Turnhout 2010.
225. H. MILLET, La représentativité, source de la légitimité du concile de Pise (1409), in: [224: 285–308].

7.4 Das Konzil von Konstanz (1414–1418)

226. H. BOOCKMANN, Zur politischen Geschichte des Konstanzer Konzils, in: ZKiG 85 (1974) 45–63.
227. H. BOOCKMANN, Johannes Falkenberg, der Deutsche Orden und die polnische Politik. Untersuchungen zur politischen Theorie des späteren Mittelalters. Mit einem Anhang: Die *Satira* des Johannes Falkenberg. Göttingen 1975.
228. W. BRANDMÜLLER, Besitzt das Konstanzer Dekret *Haec Sancta* dogmatische Verbindlichkeit?, in: AHC 1 (1969) 96–113 (Ndr. in: [119: 225–242] und in: [163: 247–271]).
229. W. BRANDMÜLLER, Das Konzil von Konstanz 1414–1418. 2 Bde. Bd. 1: 2. Aufl. Paderborn u. a. 1999, Bd. 2: Paderborn u. a. 1997.

230. W. Brandmüller, Johannes XXIII. im Urteil der Geschichte – oder die Macht des Klischees, in: AHC 32 (2000) 106–145 (Ndr. in: W. B., Scripta maneant. Raccolta di studi. Hrsg. v. C. Semerano. Città del Vaticano 2009, 251–287).
231. Th. M. Buck, Zu den historiographischen Prinzipien Ulrich Richentals, in: Schriften des Vereins f. Geschichte des Bodensees ... 117 (1999) 11–32.
232. Th. M. Buck, Zur Überlieferung der Konstanzer Konzilschronik Ulrich Richentals, in: DA 66 (2010) 95–108.
233. M. J. Cable, *Cuius regio, eius ... Papa*? The Decree on 'Real Obedience' at the Council of Constance (1414–18) ..., in: ZRG KA 94 (2008) 66–102.
234. Das Konstanzer Konzil. Hrsg. v. R. Bäumer. Darmstadt 1977.
235. Das Konzil von Konstanz. Beiträge zu seiner Geschichte und Theologie. Hrsg. v. A. Franzen/W. Müller. Freiburg u. a. 1964.
236. M. Decaluwe, A New and Disputable Text-Edition of the Decree *Haec Sancta* of the Council of Constance, in: Cristianesimo nella storia 27 (2006) 417–445.
237. Die Welt zur Zeit des Konstanzer Konzils. Hrsg. v. Konstanzer Arbeitskreis für mittelalterliche Geschichte. Konstanz/Stuttgart 1965.
238. A. Frenken, Die Erforschung des Konstanzer Konzils (1414–1418) in den letzten 100 Jahren = AHC 25 (1993; erschienen 1995).
239. A. Frenken, Nürnberger Angelegenheiten in Konstanz. Präsenz und Interessenvertretung der Reichsstadt auf dem Konzil und den Reichstagen von 1414–1418, in: AHC 27/28 (1995/96) 383–433.
240. A. Frenken, Theologischer Sachverstand in der Auseinandersetzung um aktuelle und grundsätzliche Fragen. Der Rückgriff der Konstanzer *facultas theologica* auf die Heilige Schrift, die Kirchenväter und die alten Konzilien, in: AHC 35 (2003) 345–362.
241. A. Frenken, Der König und sein Konzil – Sigmund auf dem Konstanzer Konzil. Macht und Einfluß des römischen Königs im Spiegel institutioneller Rahmenbedingungen und personeller Konstellationen, in: AHC 36 (2004) 177–242.
242. A. Frenken, Wohnraumbewirtschaftung und Versorgungsdeckung beim Konstanzer Konzil (1414–1418): Zur logistischen Bewältigung eines Großereignisses im Spätmittelalter, in: ZGO 156 (2008) 109–146.
243. D. Girgensohn, Berichte über Konklave und Papstwahl auf dem Konstanzer Konzil, in: AHC 19 (1987) 351–391.

244. Humanisme et culture géographique à l'époque du concile de Constance autour de Guillaume Fillastre. Hrsg. v. D. Marcotte. Turnhout 2002.
245. St. Kwiatkowski, Der Deutsche Orden im Streit um Polen-Litauen. Eine theologische Kontroverse über Krieg und Frieden auf dem Konzil von Konstanz (1414–1418). Stuttgart u. a. 2000.
246. W. Matthiesen, Ulrich Richentals Chronik des Konstanzer Konzils. Studien zur Behandlung eines universalen Großereignisses durch die bürgerliche Chronistik, in: AHC 17 (1985) 71–191, 323–455.
247. H. Maurer, Konstanz im Mittelalter. 2 Bde. Konstanz 1989.
248. J. Miethke, Heiliger Heidenkrieg? Theoretische Kontroversen zwischen Deutschem Orden und dem Königreich Polen vor und auf dem Konstanzer Konzil, in: Heilige Kriege. Religiöse Begründungen militärischer Gewaltanwendung ... Hrsg. v. K. Schreiner/E. Müller-Luckner. München 2008, 109–125.
249. H. Millet, Les successeurs du pape aux ours. Histoire d'un livre prophétique médiéval illustré. Turnhout 2004.
250. Th. E. Morrissey, The Decree *Haec Sancta* and cardinal Zabarella ..., in: AHC 10 (1978) 145–176.
251. W. Paravicini, Signes et couleurs au Concile de Constance: le témoignage d'un héraut d'armes portugais, in: Signes et couleurs des identités politiques. Du Moyen Age à nos jours. Sous la dir. de D. Turrel e. a. Rennes 2008, 155–187, XVIII–XXII.
252. W. Paravicini, Das Schwert in der Krone, in: Institution und Charisma. Festschrift für G. Melville. Hrsg. v. F. J. Felten u. a. Köln u. a. 2009, 279–304.
253. A. Patschovsky, Der italienische Humanismus auf dem Konstanzer Konzil (1414–1418). Konstanz 1999.
254. Th. Rathmann, Geschehen und Geschichten des Konstanzer Konzils. Chroniken, Briefe, Lieder und Sprüche als Konstituenten eines Ereignisses. München 2000.
255. A. A. Strnad, Konstanz und der Plan eines deutschen Nationalkardinals ... (1964, Ndr.), in: Ders., Dynast und Kirche. Studien zum Verhältnis von Kirche und Staat im späteren Mittelalter und in der Neuzeit. Innsbruck 1997, 279–306.
256. B. Studt, Papst Martin V. (1417–1431) und die Kirchenreform in Deutschland. Köln u. a. 2004.
257. B. Studt, Reformverbände und Reformzirkel in der politischen Kommunikation von Kirche und Reich im Spätmittelalter, in: [150: 299–328].

258. PH. H. STUMP, The Reforms of the Council of Constance (1414–1418). Leiden u. a. 1994; vgl. dazu A. FRENKEN, in: AHC 26 (1994) 376–388.
259. P. DE VOOGHT, Les pouvoirs du concile et l'autorité du pape au concile de Constance. Le décret *Haec sancta synodus* du 6 avril 1415. Paris 1965.
260. S. WEISS, Salzburg und das Konstanzer Konzil (1414–1418). Ein epochales Ereignis aus lokaler Perspektive ..., in: Mitt. der Ges. für Salzburger Landeskunde 132 (1992) 143–307; 134 (1994), 173–189.
261. F. WELSH, The Battle for Christendom: The Council of Constance, 1415, and the Struggle to Unite Against Islam. London 2008.

7.4.1 Johannes Hus, Konstanz und die hussitische Bewegung

262. D. GIRGENSOHN, Peter von Pulkau und die Wiedereinführung des Laienkelchs. Göttingen 1964.
263. F. GRAUS, Der Ketzerprozeß gegen Magister Johannes Hus (1415), in: Macht und Recht. Große Prozesse in der Geschichte. Hrsg. v. A. DEMANDT. München 1990, 103–118, 299f.
264. P. HILSCH, Johannes Hus (um 1370–1415). Prediger Gottes und Ketzer. Regensburg 1999.
265. K. HRUZA, Die Verbrennung von Jan Hus auf dem Konstanzer Konzil 1415, in: Höhepunkte des Mittelalters. Hrsg. v. G. SCHEIBELREITER. Darmstadt 2004, 202–220, 248 f.
266. Jan Hus. Zwischen Zeiten, Völkern, Konfessionen. Hrsg. v. F. SEIBT. München 1997.
267. J. KEJŘ, Die Causa Johannes Hus und das Prozessrecht der Kirche. Regensburg 2005.
268. O. MARIN, L'archevêque, le maître et le dévot. Genèses du mouvement réformateur prageois. Années 1360 –1419. Paris 2005.
269. J. MIETHKE, Die Prozesse in Konstanz gegen Jan Hus und Hieronymus von Prag, ein Konflikt unter Kirchenreformern?, in: [108: 147–167].
270. A. PATSCHOVSKY, Ekklesiologie bei Johannes Hus, in: Lebenslehren und Weltentwürfe im Übergang vom Mittelalter zur Neuzeit ... Hrsg. v. H. BOOCKMANN u. a. Göttingen 1989, 370–429.
271. A. PATSCHOVSKY, Das Revolutionäre an der hussitischen Revolution, in: Mediaevalia Augiensia ... Hrsg. v. J. PETERSOHN. Stuttgart 2001, 407–428.

272. T. Schmidt, König Sigmund und Johannes Hus, in: [83: 145–159].
273. F. Seibt, Hussitica. Zur Struktur einer Revolution. 2. Aufl. Köln u. a. 1990.
274. F. Seibt, Nicht überführt und nicht geständig. Der Hus-Prozeß in Konstanz, in: Große Prozesse. Recht und Gerechtigkeit in der Geschichte. Hrsg. v. U. Schultz. 3. Aufl. München 2001, 89–102, 430 f., 450f.
275. F. Šmahel, Die hussitische Revolution. 3 Bde. Hannover 2002; vgl. dazu B. Töpfer, in: ZfG 52 (2004) 205–217; F. Rapp, in: MA 111 (2005) 339–342; P. Hilsch, in: HJb 127 (2007) 395–413.
276. B. Studt, Zwischen Kurfürsten, Kurie und Konzil. Die Hussitenpolitik König Sigismunds, in: [99: 113–126].
277. P. De Vooght, L'hérésie de Jan Hus. Löwen 1960/Hussiana. Löwen 1960 [Eine teilw. veränderte und erweiterte Neuaufl. beider Werke erschien 1975 unter dem Titel des ersten Bands].
278. H. G. Walther, Magister Jan Hus, 1370–1415. Sein Weg nach Konstanz, in: Johannes Hus in Konstanz. 2. Aufl. Konstanz 1985, 27–73.
279. E. Werner, Jan Hus. Welt und Umwelt eines Prager Frühreformators. Weimar 1991.

7.5 Das Konzil von Pavia – Siena (1423/24)

280. W. Brandmüller, Das Konzil von Pavia – Siena 1423–1424. Bd. 1. 2. Aufl. Paderborn u. a. 2002; Bd. 2. Münster 1974.
281. M.C. Miller, Participation at the Council of Pavia – Siena 1423–1424, in: ArchHPont 22 (1994) 389–406.

7.6 Das Konzil von Basel (1431–1449)

282. Amédée VIII – Félix V. Premier duc de Savoie et pape (1383–1451). Hrsg. v. B. Andenmatten/A. Paravicini Bagliani. Lausanne 1992.
283. A. Cadili, Il concilio di Basilea nella produzione storiografica degli ultimi vent'anni, in: Cristianesimo nella storia 30 (2009) 635–727.
284. G. Christianson, Cesarini: The Conciliar Cardinal. The Basel Years, 1431–1438. St. Ottilien 1979.

285. M Decaluwe, A Successful Defeat. Eugene IV's Struggle with the Council of Basel for Ultimate Authority in the Church, 1431–1449. Brüssel/Rom 2009.
286. W. Decker, Die Politik der Kardinäle auf dem Basler Konzil (bis Herbst 1434), in: AHC 9 (1977) 112–153, 315–400.
287. J. Dendorfer, Inszenierung von Entscheidungsfindung auf den Konzilien des 15. Jahrhunderts. Zum Zeremoniell der *sessio generalis* auf dem Basler Konzil, in: [198: 37–53].
288. F. Egger, Beiträge zur Geschichte des Predigerordens. Die Reform des Basler Konvents 1429 und die Stellung des Ordens am Basler Konzil 1431–1448. Bern u. a. 1999.
289. Th. Frenz, Die Urkunden des Konzils von Basel, in: Lectiones eruditorum extraneorum in Facultate Philosophica Universitatis Carolinae Pragensis factae 2 (1993) 7–26.
290. H.-J. Gilomen, ... *facto realiter in scriptis*: Schriftlichkeit und Mündlichkeit im Verfahren vor der Basler Konzilsrota, in: Als die Welt in die Akten kam. Prozeßschriftgut im europäischen Mittelalter. Hrsg. v. S. Lepsius/Th. Wetzstein. Frankfurt a. M. 2008, 197–251.
291. R. Gramsch, Erfurter Juristen im Spätmittelalter. Die Karrieremuster und Tätigkeitsfelder einer gelehrten Elite des 14. und 15. Jahrhunderts. Leiden/Boston 2003 [Kap. 5.1.b].
292. F. Hamann, Das Siegel der Ewigkeit. Universalwissenschaft und Konziliarismus bei Heymericus de Campo. Münster 2006.
293. H. Heimpel, Eine unbekannte Schrift über die Kurfürsten auf dem Basler Konzil, in: Institutionen, Kultur und Gesellschaft im Mittelalter. Festschrift für J. Fleckenstein. Hrsg. v. L. Fenske u. a. Sigmaringen 1984, 469–482.
294. H. Heimpel, Sitzordnung und Rangstreit auf dem Basler Konzil, in: [48: 1–9].
295. J. Helmrath, Selbstverständnis und Interpretation des Basler Konzils, in: AKG 66 (1984) 215–229 [zu 302].
296. J. Helmrath, Das Basler Konzil. Forschungsstand und Probleme. Köln/Wien 1987.
297. J. Helmrath, Basel, the Permanent Synod? Observations on Duration and Continuity at the Council of Basel (1431–1449), in: Nicholas of Cusa on Christ and the Church. Hrsg. v. G. Christianson/Th. M. Izbicki. Leiden u. a. 1996, 35–56.
298. J. Helmrath, Das Konzil als Behörde. Eine unbekannte Kanzleiordnung des Basler Konzils von 1439, in: Kurie und Region.

Festschrift für B. Schwarz. Hrsg. v. B. Flug u. a. Stuttgart 2005, 93–112.

299. G. Hödl, Zur Reichspolitik des Basler Konzils. Bischof Johannes Schele (1420–1439), in: MIÖG 75 (1967) 46–65.

300. Chr. Jörg, Teure, Hunger, Großes Sterben. Hungersnöte und Versorgungskrisen in den Städten des Reiches während des 15. Jahrhunderts. Stuttgart 2008 [u. a. zu Basel 1437–1440].

301. Chr. Kleinert, Philibert de Montjeu (um 1374–1439). Ein Bischof im Zeitalter der Reformkonzilien und des Hundertjährigen Krieges. Ostfildern 2004.

302. W. Krämer, Konsens und Rezeption. Verfassungsprinzipien der Kirche im Basler Konziliarismus. Münster 1980.

303. P. Lazarus, Das Basler Konzil. Seine Berufung und Leitung, seine Gliederung und seine Behördenorganisation. Berlin 1912 (Ndr. 1965).

304. E. Meuthen, Das Trierer Schisma auf dem Basler Konzil. Zur Lebensgeschichte des Nikolaus von Kues. Münster 1964.

305. E. Meuthen, Rota und Rotamanuale des Basler Konzils …, in: Festschrift für H. Hoberg. Hrsg. v. E. Gatz. Bd. 2. Rom 1979, 473–518.

306. E. Meuthen u. a., Überlegungen zur Interpretation des Basler Konzils, in: Theol. Zs. 38 (1982) 271–366.

307. E. Meuthen, Zur Protokollführung auf dem Basler Konzil, in: AHC 16 (1984) 348–368.

308. E. Meuthen, Das Basler Konzil als Forschungsproblem der europäischen Geschichte. Opladen 1985.

309. I. Miller, Jakob von Sierck 1398/99–1456. Mainz 1983.

310. H. Müller, L'érudition gallicane et le concile de Bâle …, in: Francia 9 (1981) 531–555.

311. H. Müller, Die Franzosen, Frankreich und das Basler Konzil (1431–1449). 2 Bde. Paderborn u. a. 1990.

312. H. Müller, Konzil und Frieden. Basel und Arras (1435), in: Träger und Instrumentarien des Friedens im hohen und späten Mittelalter. Hrsg. v. J. Fried. Sigmaringen 1996, 333–390.

313. H. Müller, Les pays rhénans, la France et la Bourgogne à l'époque du concile de Bâle …, in: Francia 30/I (2003) 107–133.

314. H. Müller, Besançon, Burgund und das Reich: der Streit um die *causa Bisuntina* auf dem Basler Konzil (1433–1435), in: Retour aux sources. Textes, études et documents offerts à Michel Parisse. Hrsg. v. S. Gouguenheim u. a. Paris 2004, 303–322.

315. H. Müller, Théâtre de la préséance. Les ducs de Bourgogne face aux grandes assemblées dans le Saint-Empire. Ostfildern 2007.
316. H. Müller, Une carrière ecclésiastique dans l'Europe du XVe siècle: le cardinal Jean de Rochetaillée († 1437), in: Relations, échanges et transferts en Europe dans les derniers siècles du Moyen Age, sous la dir. de B. Guenée/J.-M. Moeglin. Paris 2010, 87–113.
317. H. Müller, Das Basler Konzil (1431–1449) und die europäischen Mächte: universaler Anspruch und nationale Wirklichkeiten, in: HZ 293 (2011) 593–629.
318. W. Müller, Bayern und Basel. Studien zu Herzogshaus, Kirche und Konzil (1431–1449), in: AHC 29 (1997) 1–164, 335–500.
319. P. Ourliac, Sociologie du concile de Bâle, in: RHE 56 (1961), 5–32 (Ndr. in: Ders., Études d'histoire du droit médiéval. t. I. Paris 1979, 331–356).
320. Th. Prügl, Die Ekklesiologie Heinrich Kalteisens OP in der Auseinandersetzung mit dem Basler Konziliarismus. Paderborn u. a. 1995.
321. Th. Prügl, *Antiquis iuribus et dictis sanctorum conformare*. Zur antikonziliaristischen Interpretation von *Haec Sancta* auf dem Basler Konzil, in: AHC 31 (1999) 72–143.
322. Th. Prügl, Ökumenisches Konzil oder *Sacrosancta synodus*? Zur Diskussion um die Ökumenizität des Basler Konzils, in: AHC 40 (2008) 131–166.
323. É. Rosenblieh, La juridiction du concile de Bâle ou la tentative d'instaurer la communauté conciliare dans l'Église, in: Hypothèses 10 (2006) 127–136.
324. H.-J. Schmidt, Sigismund und das Konzil von Basel, in: [99: 127–141].
325. J. W. Stieber, Pope Eugenius IV, the Council of Basel and the Secular and Ecclesiastical Authorities in the Empire. The Conflict over Supreme Authority and Power in the Church. Leiden 1978.
326. J. W. Stieber, The 'Hercules of the Eugenians' at the Crossroads: Nicholas of Cusa's Decision for the Pope and Against the Council in 1436/1437 – Theological, Political, and Social Aspects, in: Nicholas of Cusa in Search of God and Wisdom. Essays in Honor of M. Watanabe … Hrsg. v. G. Christianson/Th. M. Izbicki. Leiden u. a. 1991, 221–255.
327. St. Sudmann, Das Basler Konzil. Synodale Praxis zwischen Routine und Revolution. Frankfurt a. M. u. a. 2005.

328. N. Valois, Le pape et le concile (1418–1450) (La crise religieuse du XVe siècle). 2 Bde. Paris 1909.
329. W. Voss, Dietrich von Erbach. Erzbischof von Mainz (1434–1459). Studien zur Reichs-, Kirchen- und Landespolitik sowie zu den erzbischöflichen Räten. Mainz 2004.
330. P. Weigel, Ordensreform und Konziliarismus. Der Franziskanerprovinzial Matthias Döring (1427–1461). Frankfurt a. M. u. a. 2005.
331. K. Weissen, Die Bank von Cosimo und Lorenzo de' Medici am Basler Konzil, in: VSWG 82 (1995) 350–386.
332. B. Widmer, Geleitbriefe und ihre Anwendung in Basel zur Zeit des hier tagenden Generalkonzils von 1431–1449, in: Basler Zs. für Geschichte und Altertumskunde 92 (1992) 9–99.
333. J. Wohlmuth, Verständigung in der Kirche. Untersucht an der Sprache des Konzils von Basel. Mainz 1983.
334. J. Wohlmuth, Zur Ekklesiologie des Basler Konzils (1431–1449) im Streit um Reform und Autorität, in: Société et Église. Textes et discussions dans les universités d'Europe centrale pendant le moyen âge tardif. Hrsg. v. S. Włodek. Turnhout 1995, 21–43.
335. R. Zwölfer, Die Reform der Kirchenverfassung auf dem Basler Konzil, in: Basler Zs. für Geschichte und Altertumskunde 28 (1929) 141–247; 29 (1930) 1–58.

7.7 Das Konzil von Ferrara-Florenz (1438–1445 [?])

336. AHC 21 (1989) 267–407; 22 (1990) 131–241 [Beiträge beider Bände handeln über dieses Konzil; s. insbes. E. Meuthen, Eugen IV. Ferrara-Florenz und der lateinische Westen, in: 22, 219–233].
337. Christian Unity. The Council of Ferrara-Florence 1438/39–1989. Hrsg. v. G. Alberigo. Löwen 1991.
338. Ferrara e il concilio, 1438–1439. Hrsg. v. P. Castelli. Ferrara 1992.
339. Firenze e il concilio del 1439. Hrsg. v. P. Viti. 2 Bde. Florenz 1994.
340. J. Gill, The Council of Florence. Cambridge/Mass. 1959 (Ndr. 1979).
341. J. Gill, Eugenius IV, Pope of Christian Union. London 1961.
342. J. Helmrath, Florenz und sein Konzil. Forschungen zum Jubiläum des Konzils von Ferrara-Florenz 1438/39–1989, in: AHC 29 (1997) 202–216.

8. Ausblick: Reich und Rom – Von der Entfremdung zur Abkoppelung

343. TH. A. BRADY, German Histories in the Age of Reformations, 1400–1650. Cambridge/New York 2009.
344. Die deutsche Reformation zwischen Spätmittelalter und früher Neuzeit. Hrsg. v. TH. A. BRADY/E. MÜLLER-LUCKNER. München 2001.
345. TH. FEUERER, Die Klosterpolitik Herzog Albrechts IV. von Bayern. Statistische und prosopographische Studien zum vorreformatorischen landesherrlichen Klosterregiment im Herzogtum Bayern von 1465 bis 1508. München 2008.
346. B. HAMM/M. WELKER, Die Reformation – Potentiale der Freiheit. Tübingen 2008.
347. E.-U. HAMMER, Monastische Reform zwischen Person und Institution. Zum Wirken des Abtes Adam Meyer von Groß St. Martin in Köln (1454–1499). Göttingen 2001.
348. C. HIRSCHI, Wettkampf der Nationen. Konstruktionen der deutschen Ehrgemeinschaft an der Wende vom Mittelalter zur Neuzeit. Göttingen 2005.
349. H. HOBERG, Die Einnahmen der Apostolischen Kammer am Vorabend der Glaubensspaltung, in: Hundert Jahre deutsches Priesterkolleg beim Campo Santo Teutonico 1876–1976. Beiträge zu seiner Geschichte. Hrsg. v. E. GATZ. Rom u. a. 1977, 69–85; vgl. RQA 74 (1979) 178–185.
350. W. JANSSEN, Das Erzbistum Köln im späten Mittelalter (1191–1515). 2 Teile. Köln 1995/2003.
351. TH. KAUFMANN, Geschichte der Reformation. Frankfurt a. M. 2009.
352. Kirche und Gesellschaft im Heiligen Römischen Reich des 15. und 16. Jahrhunderts. Hrsg. v. H. BOOCKMANN. Göttingen 1994.
353. A. LANDI, Concilio e papato nel Rinascimento (1449–1516). Un problema irrisolto. Turin 1997.
354. V. LEPPIN, Von der Polarität zur Vereindeutigung. Zu den Wandlungen in Kirche und Frömmigkeit zwischen spätem Mittelalter und Reformation, in: Frömmigkeit – Theologie – Frömmigkeitstheologie … Festschrift für B. Hamm. Hrsg. v. G. LITZ u. a. Leiden/Boston 2005, 299–315.
355. V. LEPPIN, Das Zeitalter der Reformation. Eine Welt im Übergang. Darmstadt 2009.

356. J. Lortz, Die Reformation in Deutschland. 6. Aufl. mit einem Nachwort v. P. Manns. Freiburg u.a. 1982; vgl. dazu W. Damberg, Das Spätmittelalter. Wandel eines Epochenbildes und Konsequenzen für die Reformationsdeutung von Joseph Lortz, in: HJb 117 (1997) 168–180.
357. E. Meuthen, Nikolaus von Kues und die deutsche Kirche am Vorabend der Reformation, in: Mitt. u. Forschungsbeiträge der Cusanus-Gesellschaft 21 (1994) 39–77.
358. E. Meuthen, Ein „deutscher" Freundeskreis an der römischen Kurie in der Mitte des 15. Jahrhunderts. Von Cesarini bis zu den Piccolomini, in: AHC 27/28 (1995/96) 487–542.
359. E. Meuthen, Reiche, Kirchen und Kurie im späten Mittelalter, in: HZ 265 (1997) 597–637.
360. A. Meyer, Das Wiener Konkordat von 1448 – eine erfolgreiche Reform des Spätmittelalters, in: QuFiAB 66 (1986) 108–152.
361. B. Moeller, Die Reformation und das Mittelalter. Kirchenhistorische Aufsätze. Hrsg. v. J. Schilling. Göttingen 1991.
362. Nach dem Basler Konzil. Die Neuordnung der Kirche zwischen Konziliarismus und monarchischem Papat (ca. 1450–1475). Hrsg. v. J. Dendorfer/C. Märtl. Münster 2008.
363. Rom und das Reich vor der Reformation. Hrsg. v. N. Staubach. Frankfurt a. M. u. a. 2004.
364. L. Schorn-Schütte, Die Reformation. Vorgeschichte – Verlauf – Wirkung. 5. Aufl. München 2011.
365. B. Schwarz, Römische Kurie und Pfründenmarkt im Spätmittelalter, in: ZHF 20 (1993) 129–152.
366. K. Stadtwald, Roman Popes and German Patriots. Antipapalism in the Politics of the German Humanist Movement from Gregor Heimburg to Martin Luther. Genf 1996.
367. G.-R. Tewes, Die römische Kurie und die europäischen Länder am Vorabend der Reformation. Tübingen 2001.
368. G.-R. Tewes, Deutsches Geld und römische Kurie. Zur Problematik eines gefühlten Leides, in: [298: 209–239].
369. Chr. Volkmar, Die Stunde des Laienstandes? Landesherrliche Kirchenreform am Vorabend der Reformation, in: HJb 128 (2008) 367–407.
370. Chr. Volkmar, Reform statt Reformation. Die Kirchenpolitik Herzogs Georg von Sachsen, 1488–1525. Tübingen 2008.

Register

1. Register der Personen und Autoren

Bei den Päpsten des Großen Schismas wurde bewusst auf die Unterscheidung zwischen Papst und Gegenpapst verzichtet.

2. Register der Orte, Regionen, Länder

Unter dem betreffenden Stichwort werden auch die jeweiligen Einwohner erfasst.

3. Register der Sachen, Begriffe, Institutionen, Gemeinschaften

Enzyklopädie deutscher Geschichte
Themen und Autoren

Mittelalter

Gesellschaft

Agrarwirtschaft, Agrarverfassung und ländliche Gesellschaft im Mittelalter (Werner Rösener) 1992. EdG 13
Adel, Rittertum und Ministerialität im Mittelalter (Werner Hechberger) 2. Aufl. 2010. EdG 72
Die Stadt im Mittelalter (Frank G. Hirschmann) 2009. EdG 84
Die Armen im Mittelalter (Otto Gerhard Oexle)
Frauen- und Geschlechtergeschichte des Mittelalters (N. N.)
Die Juden im mittelalterlichen Reich (Michael Toch) 2. Aufl. 2003. EdG 44

Wirtschaft

Wirtschaftlicher Wandel und Wirtschaftspolitik im Mittelalter (Michael Rothmann)

Kultur, Alltag, Mentalitäten

Wissen als soziales System im Frühen und Hochmittelalter (Johannes Fried)
Die ritterlich-höfische Kultur des Mittelalters (Werner Paravicini) 3., um einen Nachtrag erw. Aufl. 2011. EdG 32

Religion und Kirche

Die mittelalterliche Kirche (Michael Borgolte) 2. Aufl. 2004. EdG 17
Grundformen der Frömmigkeit im Mittelalter (Arnold Angenendt) 2. Aufl. 2004. EdG 68

Politik, Staat, Verfassung

Die Germanen (Walter Pohl) 2. Aufl. 2004. EdG 57
Das römische Erbe und das Merowingerreich (Reinhold Kaiser) 3., überarb. u. erw. Aufl. 2004. EdG 26
Die Herrschaften der Karolinger 714–911 (Jörg W. Busch) 2011. EdG 88
Die Entstehung des Deutschen Reiches (Joachim Ehlers) 3., um einen Nachtrag erw. Aufl. 2010. EdG 31
Königtum und Königsherrschaft im 10. und 11. Jahrhundert (Egon Boshof) 3., aktual. und um einen Nachtrag erw. Aufl. 2010. EdG 27
Der Investiturstreit (Wilfried Hartmann) 3., überarb. u. erw. Aufl. 2007. EdG 21
Könige und Fürsten, Kaiser und Papst im 12. Jahrhundert (Bernhard Schimmelpfennig) 2. Aufl. 2010. EdG 37
Deutschland und seine Nachbarn 1200–1500 (Dieter Berg) 1996. EdG 40
Die kirchliche Krise des Spätmittelalters (Heribert Müller) 2012. EdG 90
König, Reich und Reichsreform im Spätmittelalter (Karl-Friedrich Krieger) 2., durchges. Aufl. 2005. EdG 14
Fürstliche Herrschaft und Territorien im späten Mittelalter (Ernst Schubert) 2. Aufl. 2006. EdG 35

Frühe Neuzeit

Gesellschaft

Bevölkerungsgeschichte und historische Demographie 1500–1800 (Christian Pfister) 2. Aufl. 2007. EdG 28
Migration in der Frühen Neuzeit (Matthias Asche)
Umweltgeschichte der Frühen Neuzeit (Reinhold Reith) 2011. EdG 89
Bauern zwischen Bauernkrieg und Dreißigjährigem Krieg (André Holenstein) 1996. EdG 38

Bauern 1648–1806 (Werner Troßbach) 1992. EdG 19
Adel in der Frühen Neuzeit (Rudolf Endres) 1993. EdG 18
Der Fürstenhof in der Frühen Neuzeit (Rainer A. Müller) 2. Aufl. 2004. EdG 33
Die Stadt in der Frühen Neuzeit (Heinz Schilling) 2. Aufl. 2004. EdG 24
Armut, Unterschichten, Randgruppen in der Frühen Neuzeit (Wolfgang von Hippel) 1995. EdG 34
Unruhen in der ständischen Gesellschaft 1300–1800 (Peter Blickle) 2., stark erw. Aufl. 2010. EdG 1
Frauen- und Geschlechtergeschichte 1500–1800 (N. N.)
Die deutschen Juden vom 16. bis zum Ende des 18. Jahrhunderts (J. Friedrich Battenberg) 2001. EdG 60

Wirtschaft

Die deutsche Wirtschaft im 16. Jahrhundert (Franz Mathis) 1992. EdG 11
Die Entwicklung der Wirtschaft im Zeitalter des Merkantilismus 1620–1800 (Rainer Gömmel) 1998. EdG 46
Landwirtschaft in der Frühen Neuzeit (Walter Achilles) 1991. EdG 10
Gewerbe in der Frühen Neuzeit (Wilfried Reininghaus) 1990. EdG 3
Kommunikation, Handel, Geld und Banken in der Frühen Neuzeit (Michael North) 2000. EdG 59

Kultur, Alltag, Mentalitäten

Renaissance und Humanismus (Ulrich Muhlack)
Medien in der Frühen Neuzeit (Andreas Würgler) 2009. EdG 85
Bildung und Wissenschaft vom 15. bis zum 17. Jahrhundert (Notker Hammerstein) 2003. EdG 64
Bildung und Wissenschaft in der Frühen Neuzeit 1650–1800 (Anton Schindling) 2. Aufl. 1999. EdG 30
Die Aufklärung (Winfried Müller) 2002. EdG 61
Lebenswelt und Kultur des Bürgertums in der Frühen Neuzeit (Bernd Roeck) 2., um einen Nachtrag erw. Aufl. 2011. EdG 9
Lebenswelt und Kultur der unterständischen Schichten in der Frühen Neuzeit (Robert von Friedeburg) 2002. EdG 62

Religion und Kirche

Die Reformation. Voraussetzungen und Durchsetzung (Olaf Mörke) 2., aktualisierte Aufl. 2011. EdG 74
Konfessionalisierung im 16. Jahrhundert (Heinrich Richard Schmidt) 1992. EdG 12
Kirche, Staat und Gesellschaft im 17. und 18. Jahrhundert (Michael Maurer) 1999. EdG 51
Religiöse Bewegungen in der Frühen Neuzeit (Hans-Jürgen Goertz) 1993. EdG 20

Politik, Staat, Verfassung

Das Reich in der Frühen Neuzeit (Helmut Neuhaus) 2. Aufl. 2003. EdG 42
Landesherrschaft, Territorien und Staat in der Frühen Neuzeit (Joachim Bahlcke) 2012. EdG 91
Die Landständische Verfassung (Kersten Krüger) 2003. EdG 67
Vom aufgeklärten Reformstaat zum bürokratischen Staatsabsolutismus (Walter Demel) 2., um einen Nachtrag erw. Aufl. 2010. EdG 23
Militärgeschichte des späten Mittelalters und der Frühen Neuzeit (Bernhard R. Kroener)

Staatensystem, internationale Beziehungen

Das Reich im Kampf um die Hegemonie in Europa 1521–1648 (Alfred Kohler) 2., um einen Nachtrag erw. Aufl. 2010. EdG 6
Altes Reich und europäische Staatenwelt 1648–1806 (Heinz Duchhardt) 1990. EdG 4

19. und 20. Jahrhundert

Gesellschaft

Bevölkerungsgeschichte und Historische Demographie 1800–2000 (Josef Ehmer) 2004. EdG 71
Migration im 19. und 20. Jahrhundert (Jochen Oltmer) 2010. EdG 86
Umweltgeschichte im 19. und 20. Jahrhundert (Frank Uekötter) 2007. EdG 81
Adel im 19. und 20. Jahrhundert (Heinz Reif) 1999. EdG 55
Geschichte der Familie im 19. und 20. Jahrhundert (Andreas Gestrich) 2. Aufl. 2010. EdG 50
Urbanisierung im 19. und 20. Jahrhundert (Christoph Bernhardt)
Von der ständischen zur bürgerlichen Gesellschaft (Lothar Gall) 1993. EdG 25
Die Angestellten seit dem 19. Jahrhundert (Günter Schulz) 2000. EdG 54
Die Arbeiterschaft im 19. und 20. Jahrhundert (Gerhard Schildt) 1996. EdG 36
Frauen- und Geschlechtergeschichte im 19. und 20. Jahrhundert (Gisela Mettele)
Die Juden in Deutschland 1780–1918 (Shulamit Volkov) 2. Aufl. 2000. EdG 16
Die deutschen Juden 1914–1945 (Moshe Zimmermann) 1997. EdG 43
Pazifismus im 19. und 20. Jahrhundert (Benjamin Ziemann)

Wirtschaft

Die Industrielle Revolution in Deutschland (Hans-Werner Hahn) 3., um einen Nachtrag erw. Aufl. 2011. EdG 49
Die deutsche Wirtschaft im 20. Jahrhundert (Wilfried Feldenkirchen) 1998. EdG 47
Ländliche Gesellschaft und Agrarwirtschaft im 19. Jahrhundert (Clemens Zimmermann)
Agrarwirtschaft und ländliche Gesellschaft im 20. Jahrhundert (Ulrich Kluge) 2005. EdG 73
Gewerbe und Industrie im 19. und 20. Jahrhundert (Toni Pierenkemper) 2., um einen Nachtrag erw. Aufl. 2007. EdG 29
Handel und Verkehr im 19. Jahrhundert (Karl Heinrich Kaufhold)
Handel und Verkehr im 20. Jahrhundert (Christopher Kopper) 2002. EdG 63
Banken und Versicherungen im 19. und 20. Jahrhundert (Eckhard Wandel) 1998. EdG 45
Technik und Wirtschaft im 19. und 20. Jahrhundert (Christian Kleinschmidt) 2007. EdG 79
Unternehmensgeschichte im 19. und 20. Jahrhundert (Werner Plumpe)
Staat und Wirtschaft im 19. Jahrhundert (Rudolf Boch) 2004. EdG 70
Staat und Wirtschaft im 20. Jahrhundert (Gerold Ambrosius) 1990. EdG 7

Kultur, Alltag, Mentalitäten

Kultur, Bildung und Wissenschaft im 19. Jahrhundert (Hans-Christof Kraus) 2008. EdG 82
Kultur, Bildung und Wissenschaft im 20. Jahrhundert (Frank-Lothar Kroll) 2003. EdG 65
Lebenswelt und Kultur des Bürgertums im 19. und 20. Jahrhundert (Andreas Schulz) 2005. EdG 75

Lebenswelt und Kultur der unterbürgerlichen Schichten im 19. und 20. Jahrhundert (Wolfgang Kaschuba) 1990. EdG 5

Religion und Kirche

Kirche, Politik und Gesellschaft im 19. Jahrhundert (Gerhard Besier) 1998. EdG 48
Kirche, Politik und Gesellschaft im 20. Jahrhundert (Gerhard Besier) 2000. EdG 56

Politik, Staat, Verfassung

Der Deutsche Bund 1815–1866 (Jürgen Müller) 2006. EdG 78
Verfassungsstaat und Nationsbildung 1815–1871 (Elisabeth Fehrenbach) 2., um einen Nachtrag erw. Aufl. 2007. EdG 22
Politik im deutschen Kaiserreich (Hans-Peter Ullmann) 2., durchges. Aufl. 2005. EdG 52
Die Weimarer Republik. Politik und Gesellschaft (Andreas Wirsching) 2., um einen Nachtrag erw. Aufl. 2008. EdG 58
Nationalsozialistische Herrschaft (Ulrich von Hehl) 2. Aufl. 2001. EdG 39
Die Bundesrepublik Deutschland. Verfassung, Parlament und Parteien (Adolf M. Birke) 2. Aufl. 2010 mit Ergänzungen von Udo Wengst. EdG 41
Militär, Staat und Gesellschaft im 19. Jahrhundert (Ralf Pröve) 2006. EdG 77
Militär, Staat und Gesellschaft im 20. Jahrhundert (Bernhard R. Kroener) 2011. EdG 87
Die Sozialgeschichte der Bundesrepublik Deutschland bis 1989/90 (Axel Schildt) 2007. EdG 80
Die Sozialgeschichte der DDR (Arnd Bauerkämper) 2005. EdG 76
Die Innenpolitik der DDR (Günther Heydemann) 2003. EdG 66

Staatensystem, internationale Beziehungen

Die deutsche Frage und das europäische Staatensystem 1815–1871 (Anselm Doering-Manteuffel) 3., um einen Nachtrag erw. Aufl. 2010. EdG 15
Deutsche Außenpolitik 1871–1918 (Klaus Hildebrand) 3., überarb. und um einen Nachtrag erw. Aufl. 2008. EdG 2
Die Außenpolitik der Weimarer Republik (Gottfried Niedhart) 2., aktualisierte Aufl. 2006. EdG 53
Die Außenpolitik des Dritten Reiches (Marie-Luise Recker) 2., um einen Nachtrag erw. Aufl. 2009. EdG 8
Die Außenpolitik der Bundesrepublik Deutschland 1949 bis 1990 (Ulrich Lappenküper) 2008. EdG 83
Die Außenpolitik der DDR (Joachim Scholtyseck) 2003. EdG 69

Hervorgehobene Titel sind bereits erschienen.

Stand: Januar 2012